JN430563

미네와 함께 하는
'우리 가족 소잉 소품과 의상'

HANDIS

Intro 작가의 말

이미영(미녜)

현) 한국머신소잉협회(KSMA) 이사, 경상지부장
아시아소잉연구학회 회원
심플소잉NCC 동래 온천점 운영

"언제부터 재봉틀 시작하셨어요?" 혹은 "이 일을 하신 지는 얼마나 되셨어요?"라는 질문을 샵을 운영하면서 인연을 맺은 분들께 가장 많이 듣고 있습니다. 아무래도 샵을 운영하는 모습을 보면 어릴 때부터 이런 꿈을 꿔왔거나 관련 분야를 전공했으리라 짐작하시고 질문을 하시는 듯합니다.

어려서부터 사람들과 어울리기를 좋아했고, 정적인 활동보다는 동적인 활동들을 좋아했던 저는 패밀리 레스토랑이 붐을 일으키던 시기에 외식업계에서 관리자로 근무하면서 저의 성향과 어울리는 직업을 하고 있다고 생각하며 열정 가득한 10여년을 보냈습니다. 그러다 흔히들 직장생활 10년 차에 가지는 권태기를 저도 경험했던 것 같습니다. 그즈음 내 것으로 만들 수 있는 새로운 일을 찾아보자는 생각을 하게 되었고, 그 고민 끝에 찾게 된 아이템이 "재봉틀" 이었습니다.

긴 직장생활로 쌓아 왔던 경력 앞에 새로운 일을 시작하는 것에 대한 두려움이 없었다고는 말할 수 없지만, 생각에서만 그치면 발전이 없을 거라는 생각에 새로운 다짐으로 의지를 다지며 재봉틀에 한 걸음 다가섰습니다. 샵을 시작하기 전 미싱을 구매하고 배우며 1년이 조금 넘는 시간을 보냈고, 심플소잉을 운영하며 보낸 시간이 어언 6년.. 이렇게 재봉틀과 인연을 맺은 지는 8년 정도가 되었습니다.

심플소잉을 운영하기 시작하며 제가 새롭게 목표로 삼은 과제 중 하나였던 서적 출간.. 그때는 나의 이름으로 서적이 출간된다면 아주 멋질 것 같다는 생각을 했었고, 체계적인 계획도 없이 그저 해 보고 싶다는 바람만 가졌었습니다. 이러한 꿈 하나 가지지 않으면 새롭게 시작한 일에 너무 나태한 시간을 보낼 것 같았습니다. 틈틈이 서적을 출간하기 위한 공부를 하고, 마음에 드는 아이템들을 볼 때마다 서적과 연결해서 구상하기도 하였습니다.

"우리 가족 소잉 소품과 의상" 서적은 그런 저의 일상이 녹아내린 서적입니다. 일상에서 두루두루 사용할 수 있고, 누구나 한 번쯤은 비용을 들여 구매했을 듯한 작품들.. 내 생활의 일부분이 될 수 있는 작품들을 만들고 싶었고 그걸 나누고 싶었습니다. 뛰어난 기법을 사용하지 않아도, 특별한 형태가 아니어도 나와 나의 아이, 나의 배우자에게.. 우리 가족이 함께 사용할 수 있는, 일상에 선물이 될 수 있는 아이템들을 담았습니다.

서적 출간 제안에 세상을 다 얻은 듯한 기쁨도 있었고, 작업 중간중간 의도한 방향으로 작품의 결과물이 나오지 않을 때는 상실감과 절망감에도 빠졌다가 또다시 한 작품이 완성되면 뿌듯함에 설레어도 보고, 이 작품을 많은 분이 좋아해 주실까 하는 불안함에 초조해지기도 했습니다.

가수 김현철 씨가 한 라디오 방송에서 이런 말씀을 하셨습니다. 곡 작업을 오래 하다 보니 최근에 생각이 많이 바뀌었다고.. 예전에는 노래는 만드는 사람의 것이라고 생각했었는데, 지금은 노래는 만드는 사람의 것이 아닌 듣는 사람의 것이라고 생각한다고.. 제가 만들어낸 이 작품들 또한 저만의 작품이 아닌, 만드는 여러분들의 작품으로 일상에 묻어나길 바라봅니다.

끝으로 서적을 준비하는 짧고도 길었던 여정에 함께해 주신 임정하 작가님, 임희정 작가님, 진미영 작가님, 황혜진 작가님.. 같은 길을 걷는 바느질 동반자로서 해주셨던 격려와 조언들이 있었기에 무사히 이 한 권을 완성할 수 있었습니다.

그리고 〈하루에 22〉를 위해 애써주신 서적 출간 관계자님들께도 깊은 감사의 인사를 드립니다. 늘 제 마음의 안식처가 되어주는 가족들과 어딘가에서 저를 지켜보고 계실 어머니께 이 책을 선물해 드리고 싶습니다.
"사랑합니다".

Prologue

[Sewing harue Vol.22] 에서는 나와 내 가족을 위해

직접 만드는 다양한 소품들을 소개합니다.

처음 소잉을 시작하는 분들도 부담 없이 차근차근

나아갈 수 있도록 친절한 설명과 함께 당장 만들고

싶어지는 예쁘고 실용적인 작품들을 모아두었습니다.

바로 지금, 행복한 소잉을 시작해보세요.

목차

Index

작품번호. 작품명
화보 / 제작설명서
패턴 면수

Index 보는 방법

작품의 화보가 실린 페이지, 일러스트 제작 설명서 페이지, 그리고 작품의 패턴이 있는 면
수를 게재하고 있습니다. 이 페이지에서 작품을 한 눈에 보고 제작설명서와 패턴을 쉽게
찾아보세요. 본 서적에 사용된 원단은 심플소잉(http://www.simplesewing.co.kr)과
패션스타트(http://www.fashionstart.net)에서 확인하실 수 있습니다.

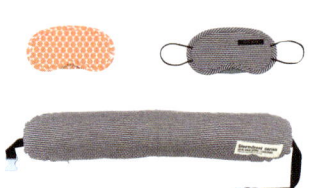    

※ [소잉하루에 Vol.22] 작품에 사용된 자수 도안 파일을 1년 동안 무료로 드립니다.

무료 자수 도안 문의 : https://blog.naver.com/mine011

2020.07.29 이후에는 자수플러스 (http://www.jasuplus.com/)에서 해당 자수 도안 파일을 구입할 수 있습니다.

07. 브런치 에코백
p.24 / p.120
Pattern A면 no.07

08. 납작 지퍼 클러치
p.26 / p.122
Pattern B면 no.08

09. 버킷 백
p.28 / p.125
Pattern B면 no.09

10. 원피스형 에이프런
p.30 / p.128
Pattern C면 no.10

11. 핀턱 블라우스
p.32 / p.130
Pattern D면 no.11

12. 스커트
p.34 / p.132
Pattern C면 no.12

19. 웨이스트백
p.50 / p.147
Pattern A면 no.19

20. 페이크 목폴라
p.52 / p.151
Pattern A면 no.20

21. 맨투맨(2종)
p.54 / p.152
Pattern D면 no.21

22. 수면 조끼
p.56 / p.155
Pattern C면 no.22

23. 실내복
p.58 / p.157
Pattern D면 no.23

29. 카시트 정리함
p.72 / p.171
Pattern A면 no.29

30. 슈즈백
p.74 / p.174
Pattern D면 no.30

31. 미니 크로스백
p.76 / p.176
Pattern D면 no.31

32. 빅 크로스백
p.78 / p.179
Pattern C면 no.32

33. 보스턴백
p.80 / p.182
Pattern A면 no.33

Theme 1

- -

– 나를 위한 소잉 –

어렵고 낯설었던, 하지만 배울수록 뿌듯한

소잉의 세계에 첫발을 내딛습니다.

첫 번째 작품은 만드는 내가 직접 사용할

소품 중에서 골라 만들어 보는 건 어떨까요?

완성하고 난 후의 뿌듯함이 앞으로의 소잉 라이프에

든든한 밑거름이 되어줄 것입니다.

자주 쓰는 곳에 두고 사용할 생활용품, 파우치부터

늘 함께하고 싶은 가방, 의상까지 가득 담았습니다.

- -

· 생활용품 ·	· 파우치 ·	· 가방 ·	· 의상 ·
면생리대	사각 파우치	브런치 에코백	원피스형 에이프런
휴지 케이스(2종)	하트 파우치	납작 지퍼 클러치	핀턱 블라우스
여성용품 보관함(2종)	텀블러 파우치	버킷 백	스커트

[사각 휴지 케이스] 사용 원단 : 코하스아이디 에어리 플로렌스 콘플라워 덕블루
기요하라 코튼린넨 스테이시 무지 네이비

[원형 휴지 케이스] 사용 원단 : 코하스아이디 에어리 플로렌스 콘플라워 인디핑크
기요하라 코튼린넨 스테이시 무지 버건디

03. 여성용품 보관함(2종)

How to make ... p.110

여성용품을 정리, 보관할 수 있는 보관함입니다.

욕실용과 서랍용 두 가지 디자인으로 제작할 수 있습니다.

서랍용 보관함은 뚜껑에 자석 단추와 지퍼가 있어 여닫기 편하게 디자인했고,

작은 사이즈의 욕실용 보관함은 아래쪽에 입구가 있어 하나씩 빼서 사용할 수 있습니다.

03. 여성용품 보관함(2종)

[욕실용] 사용 원단 : 코하스아이디 코튼린넨 피규어 멀티큐브 핑크
　　　　　　　 기요하라 코튼린넨 스테이시 무지 네이비

[서랍용] 사용 원단 : 코하스아이디 코튼린넨 피규어 멀티큐브 핑크
　　　　　　　 기요하라 코튼린넨 스테이시 무지 차콜

사용 원단 : 코하스아이디 에어리 플로렌스 칼란디바 핑크
기요하라 코튼린넨 스테이시 무지 버건디
코스모 코튼 빈티지파스텔 5mm ST 브라운

04. 사각 파우치

How to make ... p.114

납작한 사각 모양의 파우치입니다.
간단하게 만들 수 있으며,
콤팩트한 사이즈로 휴대하기 좋습니다.
여성용품이나 적은 양의 소품들을 수납해 보세요.

05. 하트 파우치

How to make ... p.116

일상에 언제나 함께할 하트 파우치입니다.

화장품 등의 작은 소지품을 한곳에 모아 정리하기 편리합니다.

내가 좋아하는 원단을 골라 세상에 단 하나뿐인 파우치를 완성해 보세요.

[디자인1] 사용 원단 : 스와니 린넨 오리지널패브릭 보태니컬라인 킹피셔블루
[디자인2] 사용 원단 : 스토프 코튼 미니스 마야 네이비멀티

사용 원단 : 고바야시 코튼 트로피컬후루츠 핑크
코카 코튼린넨 린넨테이스트 워싱무지 딥레드

06. 텀블러 파우치

How to make ... p.118

물병을 쉽게 가지고 다니기 위해 제작한 텀블러 파우치입니다.

끈을 달아 물병을 더욱 편리하게 소지할 수 있습니다.

입구 쪽에는 끈을 넣어 조일 수 있습니다.

사용 원단 : (S)기요하라 코튼린넨 코코치패브릭 트윌무지 네이비
(L)기요하라 코튼린넨 코코치패브릭 트윌무지 레드

07. 브런치 에코백

How to make ... p.120

몸판과 끈의 색상을 달리하여 포인트를 준 브런치 에코백입니다.
에코백 내부에는 텀블러를 수납할 수 있는 칸을 달아
일상생활에서도 유용하게 사용할 수 있습니다.

08. 납작 지퍼 클러치

How to make ... p.122

가벼운 외출에 들고 다니기 좋은 납작 지퍼 클러치입니다.

나의 취향에 맞는 원단과 장식을 골라 나를 위한 선물을 직접 만들어 보세요.

두 가지 모양의 잠금장식을 사용하여 서로 다른 느낌으로 완성했습니다.

[디자인1] 사용 원단 : 유와 린넨 라이브라이프 트라비아타 민트
[디자인2] 사용 원단 : 유와 린넨 라이브라이프 트라비아타 퍼플

사용 원단 : 코하스아이디 나일론 클레씨 와인

09. 버킷 백

How to make ... p.125

붉은 나일론 원단으로 제작한 버킷 백입니다.

앙증맞은 모양에도 넉넉하게 수납할 수 있어 더욱 유용합니다.

다양한 코디에 활용해 스타일리시하게 완성해 보세요.

10. 원피스형 에이프런

How to make ... p.128

일상 속에서 원피스로도 활용하기 좋은 원피스형 에이프런입니다.

린넨 원단으로 만들어 가볍게 걸치고 새로운 기분으로 일상을 맞이해 보세요.

사용 원단 : 리투아니아 린넨 샴브레이 무지 네이비

사용 원단 : 코디 린넨 소프트가공 디보트무지 화이트

11. 핀턱 블라우스

How to make ... p.130

둥근 플랫칼라에 앞쪽에 핀턱 주름으로 포인트를 준
블라우스입니다. 소매에도 주름을 넣어 더욱더 멋스럽습니다.
단독으로 입어도 좋고, 민소매 원피스 안에 레이어드하여
입기에도 좋습니다.

12. 스커트

How to make ... p.132

허리 밴딩으로 입고 벗기 편한 스커트입니다.

스커트에 층마다 주름을 잡아 더욱 풍성하게 만들어 체형을 커버하기 좋습니다.

두루두루 스타일링 하기 좋은 스커트라 하나쯤 소장하기를 추천합니다.

사용 원단 : 코스모 코튼린넨 블루셀렉션 타탄체크 다크네이비

Theme 2

- -

- 내 아이를 위한 소잉 -

세상에 단 하나뿐인 우리 아이에게는 특별하고 최고인 것만

선물하고 싶습니다. 아이의 손길이 닿는 모든 곳에

엄마의 따뜻한 마음을 담아 보세요.

아이가 사용할 생활용품과 가방, 직접 입을 의상까지

다양한 무드의 작품으로 선정해 한 곳에 담았습니다.

아이와 함께 작품을 선택하고 원단을 골라 함께 만들어 보세요.

아이와 함께하는 하루하루 소중한 시간,

그 일상에 소소한 행복이 찾아들기 시작합니다.

- -

· 생활용품 ·	· 가방 ·	· 의상 ·
네임택(2종)	스트링 백팩	페이크 목폴라
마스크	둥근 크로스백	맨투맨(2종)
필통(2종)	웨이스트백	수면 조끼
용돈 달력		실내복

[일반용] 사용 원단 : 스토프 코튼 페티라핀 미니도트 그린, 오렌지
[자수용] 사용 원단 : 스토프 코튼 페티라핀 미니도트 그레이

13. 네임택(2종)

How to make ... p.134

아이의 이름을 담을 네임택입니다.

자수로 이름을 수놓는 디자인과 종이를 끼워서 표시하는 디자인

두 가지로 수록했습니다.

가방, 낮잠 이불 등 아이의 물건에 달아 포인트를 주세요.

14. 마스크

How to make ... p.137

어느새 외출 필수품이 되어버린 마스크입니다.

귀에 거는 끈과 머리에 고정하는 끈이 모두 있어 더욱더 안정감 있게 고정됩니다.

아이가 좋아하는 색상, 무늬의 원단을 골라 만들면 보다 즐겁고 특별해집니다.

아이의 얼굴에 직접 닿을 작품이기 때문에, 안감에는 좋은 원단을 사용해 주세요.

사용 원단 : 클라우드9 오가닉코튼 그린트 던 그레이

15. 필통(2종)

How to make ... p.138

아이와 언제나 함께할 필통입니다.

귀여운 동물 모양의 디자인은 눈, 코를 자수로 수놓아 더욱 특별합니다.

삼각형 모양의 필통은 용 캐릭터 자수를 넣어 완성하였고,

더욱더 넉넉하게 수납할 수 있습니다.

잘 어울리는 원단으로 골라 아이에게 특별한 필통을 선물해 주세요.

[디자인1-1, 1-2] 사용 원단 : 기요하라 코튼 코코치패브릭 소프트브로드 인디핑크, 머스타드
자수 파일명 : animal-1, animal-2 (자수 문의는 P.09 참고)

[디자인2] 사용 원단 : 기요하라 코튼린넨 스테이시 무지 다크그린
　　　　　　　코카 코튼린넨 에치노 테일 민트
자수 파일명 : pencil case (자수 문의는 P.09 참고)

16. 용돈 달력

How to make ... p.141

아이의 방에 걸어 두면 좋을 용돈 달력입니다.
그날그날 사용할 만큼의 용돈을 나누어 담아 아이에게
매일의 기쁨을 선물해 보세요.

사용 원단 : 코디 코튼 8수 캔버스 오스카 아이보리

자수 파일명 : pocket calendar, 1-4(month), 5-8(month), 9-12(month), 1-5(day), 6-10(day), 11-15(day),
16-20(day), 21-25(day), 26-30(day), 31(day) (자수 문의는 P.09 참고)

17. 스트링 백팩

How to make ... p.141

스마일 자수가 인상적인 스트링 백팩입니다.

스트링끈을 이용해 여닫을 수 있어 더욱 편리합니다.

네임택과 함께 매치해 내 아이만의 하나뿐인 가방으로 만들어 보세요.

사용 원단 : 기요하라. 린넨 코코치패브릭 스탠다드무지 옐로우
자수 파일명 : smile (자수 문의는 P.09 참고)

18. 둥근 크로스백

How to make … p.145

아이의 코디를 깜찍하게 마무리해줄 크로스백입니다.

동그란 모양의 뚜껑에 장식을 달아 더욱더 사랑스러운 디자인입니다.

무지 원단으로 깔끔하게 만들거나, 무늬가 들어간 원단을 사용해 포인트를 주어도 좋습니다.

사용 원단 : Spring 코튼 데님 스판 러브홀릭 진청

19. 웨이스트백

How to make ... p.147

아이의 두 손을 자유롭게 만들어 줄 웨이스트백입니다.

익살스러운 무늬의 원단으로 만들어 통통 튀는 매력을 더했습니다.

사용 원단 : 코카 코튼린넨 애니멀월드 불독트레블 키나리
기요하라 코튼린넨 스테이시 무지 차콜

사용 원단 : 데일리 30수 싱글다이마루 사방스판 백아이, 멜란지

20. 페이크 목폴라

How to make ... p.151

간편하게 레이어드를 연출할 수 있는 페이크 목폴라입니다.
신축성이 좋은 원단으로 만들면 입고 벗기 편하며,
아이의 목을 더 포근히 감싸 줄 수 있습니다.
코디할 의상과 어울리는 컬러의 원단으로 만들어
두루 활용해 보세요.

[긴 기장] 사용 원단 : 데일리 미니쮸리 스트라이프 그린
[짧은 기장] 사용 원단 : 데일리 미니쮸리 스트라이프 레드

21. 맨투맨(2종)

How to make ... p.152

보트넥에 시보리를 달아 만든 귀여운 맨투맨입니다.
소매를 긴 기장과 짧은 기장 두 가지로 만들 수 있습니다.
다양한 색상, 원단을 골라 우리 아이만의 옷을 완성해 주세요.

22. 수면 조끼

How to make ... p.155

아이의 포근한 저녁을 위한 수면 조끼입니다.
일체형 디자인이어서 아이를 더욱더 따스하게 감싸 줍니다.
포근한 느낌의 일러스트가 그려진 누빔 원단을 사용해 편안한 매력을 더했습니다.

사용 원단 : 소프트 누빔(퀼팅) 다이마루 펄 폴라베어 아이보리

23. 실내복

How to make ... p.157

아이가 집 안에서도 예쁘게 입을 수 있는 편안한 실내복입니다.

부드럽고 편안한 원단으로 골라 사계절 내내 즐겁게 입을 수 있도록 만들어 주세요.

사용 원단 : 소프트 40수 양면다이마루 스판 잉글리쉬 곰돌이 백아이
　　　　　데일리 40수 양면다이마루 내추럴

Theme 3

- -

– 배우자를 위한 소잉 –

집보다 집 밖에서 보내는 시간이 더 많은 배우자의

하루 일과를 천천히 머릿속으로 그려 봅니다.

일터로 향하는 길, 피곤한 일상 속에서도 나를 위한 마음이 담긴

작품들과 함께한다면 조금 더 즐겁게 생활하지 않을까요?

완성된 작품을 받고 미소짓는 모습을 떠올리며

취향에 딱 맞는 원단과 모양을 골라 하나씩 시작해 봅니다.

내 손으로 만든 출장 용품, 차량용품과 가방으로

사랑하는 배우자의 일상을 특별하게 만들어 보세요.

- -

· 출장 용품 ·	· 차량용품 ·	· 가방 ·
수면 안대&목베개	선글라스 케이스	슈즈 백
여권 케이스	등쿠션	미니 크로스백
만능 파우치	카시트 정리함	빅 크로스백
		보스턴백

24. 수면 안대&목베개

How to make ... p.160

이동 시간의 피로함을 편안하게 바꿔 줄 수면 안대와 목베개입니다.

동일한 원단을 사용하거나 비슷한 느낌으로 골라 세트로 만들면 더욱 특별한 느낌이 듭니다.

수면 안대의 피부에 닿는 쪽은 부드러운 원단을 사용해 주세요.

[수면 안대] 사용 원단 : 코스모 코튼 스트라이프 선염데님 0.3mm 화이트x네이비
클라우드9 오가닉코튼 폭스글러브 스팀도트 오렌지

[목베개] 사용 원단 : 코스모 코튼 스트라이프 선염데님 0.3mm 화이트x네이비

[디자인1] 사용 원단 : 고이즈미 코튼린넨 모멘트 로드플라워 네이비
[디자인2] 사용 원단 : 고이즈미 코튼린넨 리바이벌블랙와치 플레드 10mm

25. 여권 케이스

How to make ... p.163

여권과 신분증, 지폐 등을 수납할 수 있는 여권 케이스입니다.
평소에는 지갑으로 활용해도 좋은 디자인입니다.
원단과 잠금장식 디테일을 달리하여
다양한 분위기를 연출해보세요.

26. 만능 파우치

How to make ... p.166

여행이나 출장 시 유용하게 사용할 수 있는 만능 파우치입니다.
얇고 가벼운 나일론 원단에 다양한 수납 주머니를 더해
많은 물건을 원하는 대로 정리하여 수납할 수 있습니다.

사용 원단 : 코스모 나일론 하이포라 카페프린트 그레이
소프트 쿨 매쉬 네이비

27. 선글라스 케이스

How to make ... p.169

안경이나 선글라스를 담을 수 있는 삼각형 모양의 케이스입니다.
도트 무늬 원단으로 만들어 심플한 디자인에 포인트를 주었습니다.

사용 원단 : 코카 코튼 헤비클로스 도트 블루x민트

28. 등쿠션

How to make ... p.170

어느 곳에서도 편안하게 등을 받쳐줄 등쿠션입니다.

싸개 단추로 가운데를 봉제해 탄탄한 느낌이 드는 디자인입니다.

소파에서 여가 생활을 함께 할 무릎 쿠션으로 사용해도 유용합니다.

사용 원단 : 스토프 린넨 트왈린 린넨무지 그레이

29. 카시트 정리함

How to make ... p.171

내 차를 깔끔하게 정리할 수 있는 카시트 정리함입니다.
운전석이나 조수석 등받이에 걸어 사용하는 디자인으로,
차 내부의 깔끔한 정리를 도와줍니다.

사용 원단 : 코디 코튼 8수 캔버스 오스카 다크그레이, 다크그린
코카 코튼 헤비클로스 체크 블랙
소프트 쿨 매쉬 네이비

30. 슈즈백

How to make ... p.174

신발을 간편하게 수납할 수 있는 슈즈백입니다.
앞, 뒤 몸판의 색상을 달리하여 재치 있는 느낌으로 완성했습니다.

사용 원단 : 코하스아이디 나일론 클래씨 그린, 네이비, 와인

31. 미니 크로스백

How to make ... p.176

간단한 외출에 적당한 크로스백입니다.
몸판과 앞주머니에 자석 단추를 달아 더욱 실용적입니다.

사용 원단 : 코디 코튼 8수 캔버스 오스카 다크 그린

사용 원단 : 코디 코튼 8수 캔버스 오스카 블랙

32. 빅 크로스백

How to make ... p.179

큰 사이즈의 크로스백입니다.
앞쪽에 큰 주머니가 있어 실용적이며,
덮개감이 따로 있기 때문에 내용물이 쏟아질 위험도 적습니다.
라벨을 달아 포인트를 주어도 좋습니다.

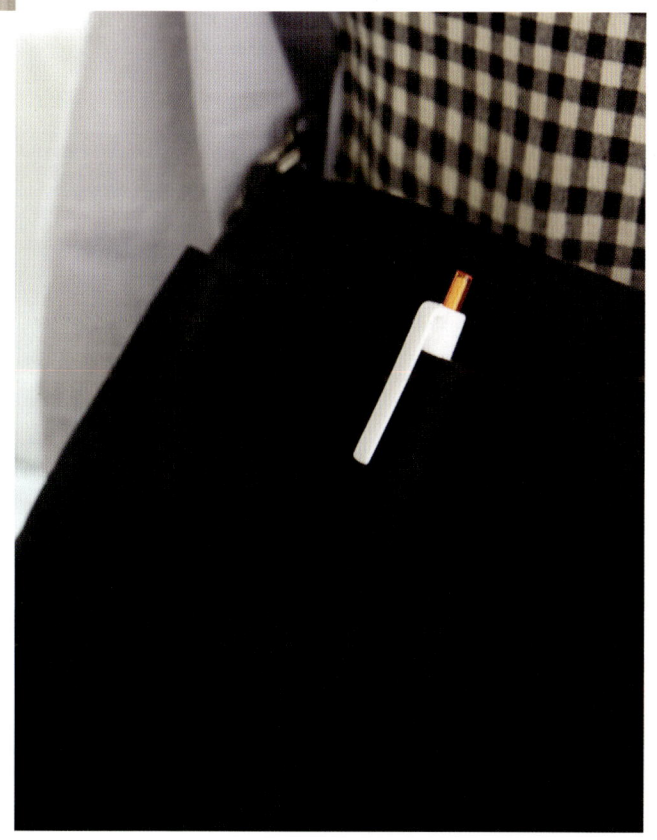

사용 원단 : 리투아니아 린넨 초이스 헤링본 블랙

33. 보스턴백

How to make ... p.182

소지품이 많을 때나 짧은 출장에도 간편하게
이용할 수 있는 보스턴백입니다.
웨이빙끈을 달아 크로스로도 맬 수 있습니다.

Epilogue

어느 순간, 당신의 손에는 마음을 담아 직접 만든

예쁜 작품들이 가득합니다.

차근차근 나아가다 보면 어느새 훌쩍 성장해 있는

내 모습을 발견하고 미소를 짓습니다.

집안 곳곳에 담긴 나의 정성으로 나와 내 가족이

오늘, 조금 더 편안하고 행복해집니다.

Zipper tip

1. 지퍼의 부분 명칭
이 서적에서 자주 등장하는 지퍼의 각 부분의 명칭을 알아봅시다.

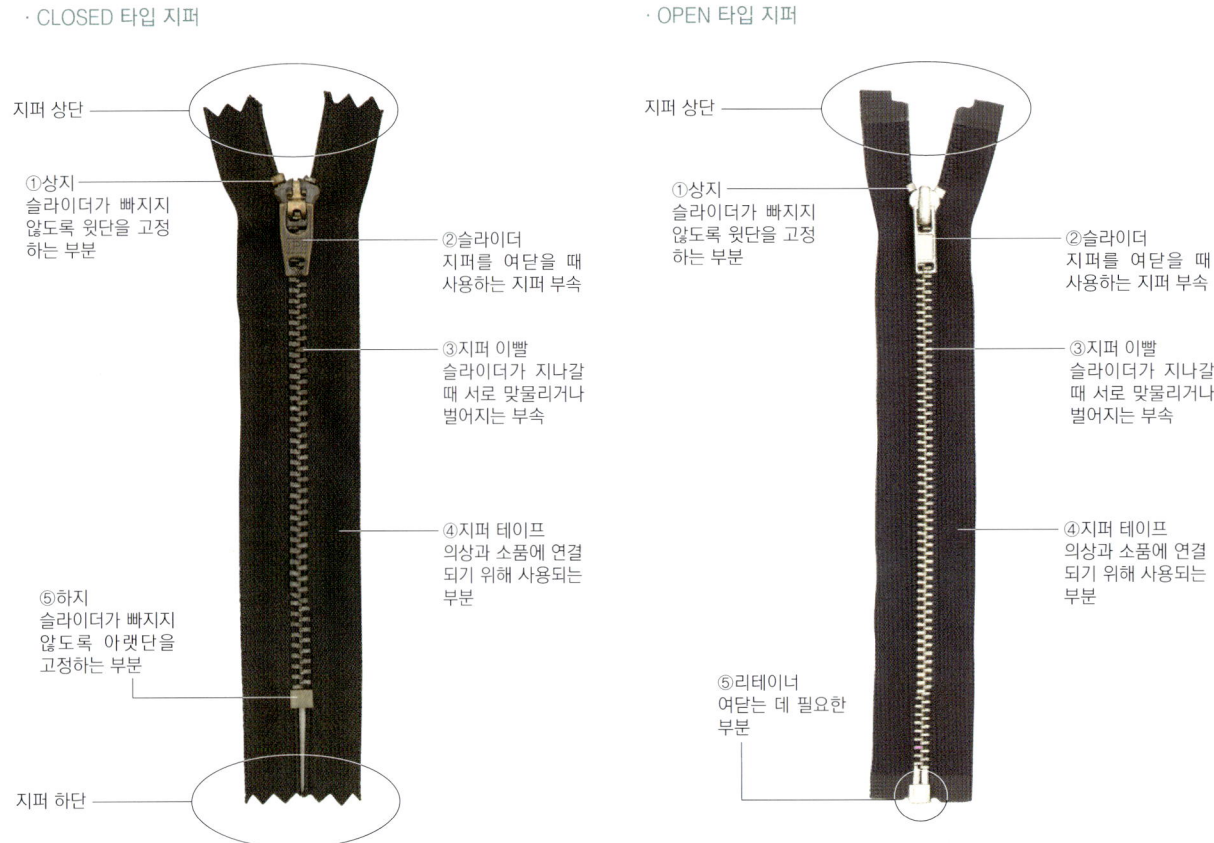

· CLOSED 타입 지퍼

지퍼 상단

①상지
슬라이더가 빠지지
않도록 윗단을 고정
하는 부분

②슬라이더
지퍼를 여닫을 때
사용하는 지퍼 부속

③지퍼 이빨
슬라이더가 지나갈
때 서로 맞물리거나
벌어지는 부속

④지퍼 테이프
의상과 소품에 연결
되기 위해 사용되는
부분

⑤하지
슬라이더가 빠지지
않도록 아랫단을
고정하는 부분

지퍼 하단

· OPEN 타입 지퍼

지퍼 상단

①상지
슬라이더가 빠지지
않도록 윗단을 고정
하는 부분

②슬라이더
지퍼를 여닫을 때
사용하는 지퍼 부속

③지퍼 이빨
슬라이더가 지나갈
때 서로 맞물리거나
벌어지는 부속

④지퍼 테이프
의상과 소품에 연결
되기 위해 사용되는
부분

⑤리테이너
여닫는 데 필요한
부분

2. 지퍼의 종류
지퍼는 소재와 사용하는 곳에 따라 구분할 수 있습니다. 다양한 지퍼의 종류를 알아봅시다. 사용 가능한 노루발 이미지는 P.85를 참고해주세요.

①일반 지퍼

일반지퍼는 양면지퍼라고도 불리는 지퍼로, 콘실(숨은)지퍼와 달리 작품의 겉에서 지퍼의 색상이 노출되기 때문에 파우치 등의 소품이나 각종 커버링의 홈패션 작품 등 다양한 곳에 포인트 장식지퍼로 사용됩니다. 또한, 지퍼의 손잡이(슬라이더)를 아래로 꺾어 내려주면 지퍼가 저절로 열리지 않도록 제작되어 있어서 양복바지, 면바지, 여성 슬랙스 등을 제작 시 바지지퍼로 많이 사용되고 있습니다.

[사용 가능한 노루발]   A, B, C

②홈패션용 롤지퍼

필요한 길이만큼 잘라서 사용할 수 있는 실용적인 지퍼입니다. 총 6개의 슬라이더가 포함되어 있어서 지퍼를 잘라서 사용할 때 직접 끼워서 사용합니다. 큰 사이즈 작품에는 투웨이 형식으로, 작은 사이즈는 원하는 길이만큼 잘라서 사용합니다.

[사용 가능한 노루발]   A, B, C

[일반]

[망사]

③콘실(숨은)지퍼

콘실지퍼(숨은지퍼)는 일반지퍼와 달리 지퍼를 달았을 때 겉에서 보이지 않는 형태의 깔끔한 지퍼입니다. 가볍기 때문에 의류나 쿠션, 침구류 등의 홈패션 및 소품 등의 다양한 작품에 사용하기 좋습니다. 또한 옷이 얇아지는 계절에, 작품을 가볍게 제작하고 싶을 때는 테이프 부분까지 가벼워진 망사 지퍼를 사용해도 좋습니다.

[사용 가능한 노루발]　D, E, F

[앤틱]

[골드]

④퀼트 지퍼

지퍼 이빨 부분을 금속으로 만든 지퍼입니다. 의류에는 포인트 지퍼로 사용하거나, 그 외 파우치나 지갑 등의 소품, 퀼트나 홈패션 작품 등 다양한 곳에 두루 사용하기 좋습니다.

[사용 가능한 노루발]　A, B, C

⑤코일지퍼

코일지퍼는 일반지퍼나 금속지퍼에 비해 무척 가볍고 슬림한 것이 포인트이며, 무게는 가볍지만 디자인과 품질은 고급스러운 지퍼입니다. 그리고 더블 슬라이더로 구성되어 있어 양쪽으로 여닫을 수 있는 가방, 쿠션 등의 작품에 사용하거나 필요한 만큼 잘라서 두 개의 지퍼로 활용할 수 있습니다.

[사용 가능한 노루발]　A, B, C

⑥특수지퍼

[레인보우 지퍼]

[레이스 지퍼]

[투톤 지퍼]

지퍼 이빨이 무지개 색으로 알록달록한 지퍼입니다.
[사용 가능한 노루발]　A, B, C

테이프가 레이스로 되어있는 지퍼입니다.
[사용 가능한 노루발]　A, B, C

테이프 배색이 두 가지로 들어간 지퍼입니다.
[사용 가능한 노루발]　A, B, C

[사용 가능한 노루발]

A	B	C	D	E	F
NCC 지퍼노루발 E	공업용 일반지퍼 노루발	가정용 원터치 노루발	NCC 콘실지퍼 노루발 Z	공업용 콘실지퍼 노루발	가정용 콘실지퍼 노루발

3. 지퍼 호수 지퍼는 이빨 크기에 따라 호수가 다릅니다. 호수에 대해 알아봅시다. (수록된 지퍼 사진의 크기는 실제 지퍼 크기와 동일합니다)

[3호]　　　　　　　　　　　[5호]　　　　　　　　　　　[8호]

지퍼는 이빨 폭에 따라 규격이 나누어집니다. 대부분 3호부터 8호까지 있으며, 기능과 디자인에 따라 경우에는 10호까지도 사용됩니다.
숫자가 커질수록 이빨 폭이 넓어지니 만드는 작품 크기에 따라 호수를 골라 사용해주세요.

4. 지퍼 길이 조정 지퍼 길이는 만드는 작품에 맞춰서 직접 잘라서 사용해야 할 수도 있습니다. 그 방법에 대해 알아봅시다.

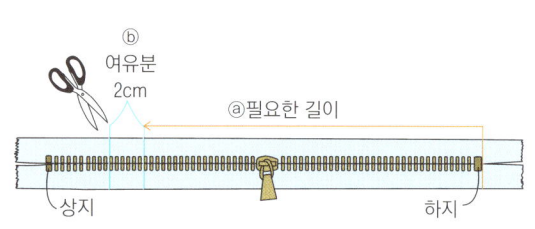

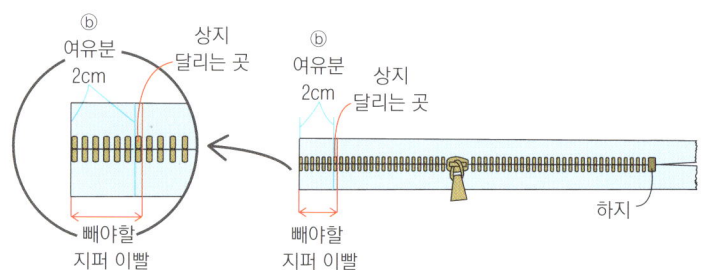

①하지에서부터 필요한 길이에서 추가로, 상지쪽 여유분
2cm를 고려한 길이만큼 지퍼를 잘라 준비합니다.

②여유분에서부터 상지 달리는 곳 까지 포함한 지퍼 이빨을
빼내줍니다. 흠집이 나지 않도록 주의합니다.

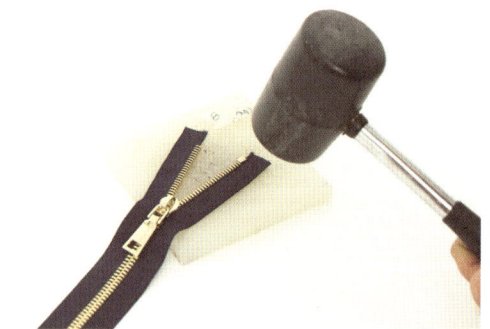

③니퍼를 사용하여 지퍼 상단에 따로 준비한 지퍼 상지를 끼우고
살짝 집어 임시고정합니다.

④펀칭보드 위에 지퍼 상지를 망치로 두드려 고정시킵니다.

5. 임시 고정 도구 지퍼를 깔끔하게 달기 위해 필요한 도구를 알아봅시다.

①워셔블 매직테이프

워셔블 매직테이프는 물세탁으로 제거되는 수용성 접착 테이프입니다. 지퍼 테이프에 워셔블 매직테이프를 붙여 원단과 고정하면 봉제가 쉽습니다.
봉제선에 바로 테이프를 붙이면 봉제시 바늘에 접착제가 묻어 작업이 불편해질 수 있으므로 반드시 봉제할 선에서 조금 비켜 붙여주세요.

[5mm폭]　　　　　　　　　　　[8mm폭]

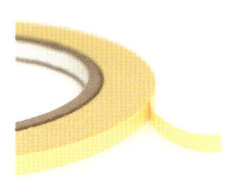

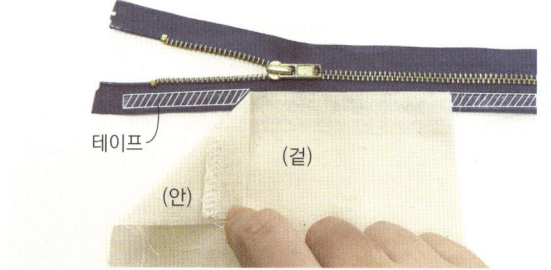

②시침실

시침실은 옷을 가봉하거나 완성선을 표시할때 쓰이는 실표뜨기 실 입니다.
지퍼를 달 때 원단과 지퍼를 정확히 맞춰 시침할 때 사용하면 좋습니다.

③패브릭 본드풀

패브릭 본드풀은 원단을 임시 고정할 때 사용하기 좋은 접착용 풀입니다.
지퍼를 달 때 지퍼 테이프에 접착 풀을 묻혀 원단과 고정하면 봉제가 쉽습니다.

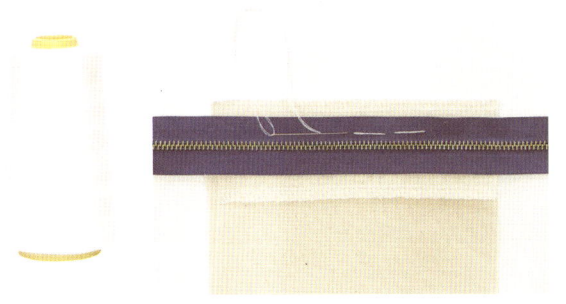

6. 지퍼 봉제 Tip

1)지퍼 폭이 2.5~2.7cm일 경우

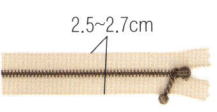

2.5~2.7cm

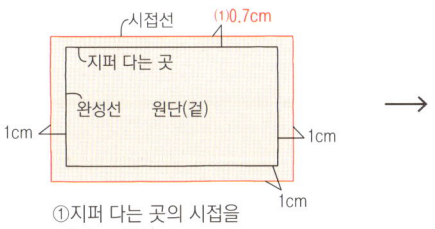

①지퍼 다는 곳의 시접을
0.7cm 준다

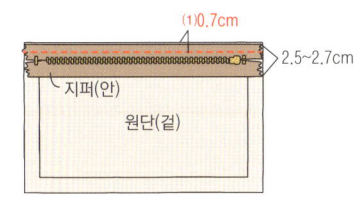

②원단과 지퍼를 겉끼리 맞대어
0.7cm 봉합한다

2)지퍼 폭이 3cm 이상일 경우

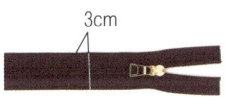

3cm

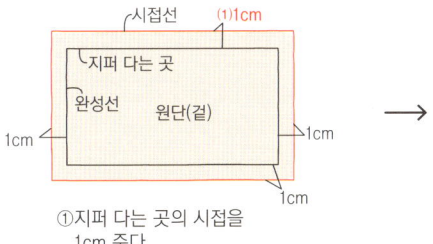

①지퍼 다는 곳의 시접을
1cm 준다

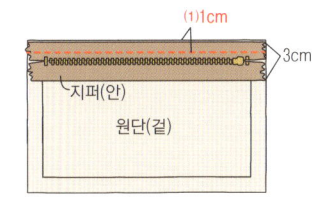

②원단과 지퍼를 겉끼리 맞대어
1cm 봉합한다

3)콘실 지퍼일 경우

①지퍼 다는 곳의 시접을 1cm 주고,
지그재그봉합 또는 오버록 처리한다

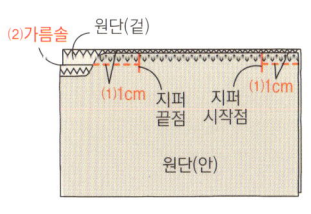

②원단을 겉끼리 맞대고 지퍼 시작점과 지퍼
끝점을 제외하고 봉합하고 가름솔한다

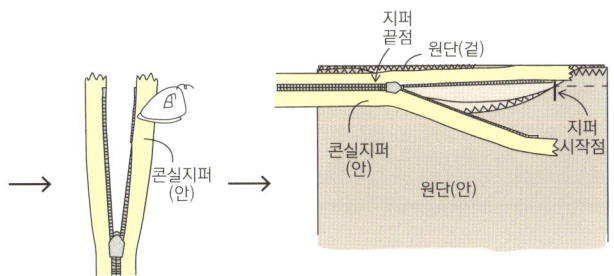

③지퍼 이빨을 다린다

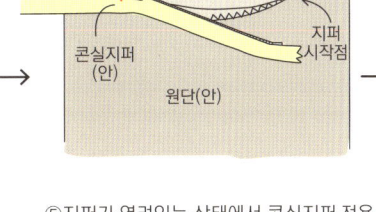

④워셔블 매직 테이프를 이용해 원단과
지퍼를 겉끼리 맞댄다. 반대쪽도 같은
방법으로 만든다

⑤지퍼가 열려있는 상태에서 콘실지퍼 전용
노루발을 사용하여 봉합한다. 반대쪽도
같은 방법으로 만든다

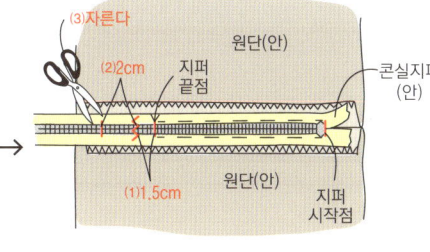

⑥지퍼 끝점에서 1.5cm 내려온 부분을 손바느질
하고, 봉제점에서 2cm 내려온 부분에서 지퍼
를 자른다

Sewing tip

1. 사이즈 재는 법

본 서적의 실물크기 패턴은 아래의 사이즈표를 기준으로 제작되었습니다. 상의는 가슴둘레를 기준으로, 하의는 허리둘레와 엉덩이둘레를 기준으로 실물크기 패턴을 사용해주세요. 먼저 사이즈를 측정하여 제일 근접한 사이즈의 실물크기 패턴을 사용하는 것이 좋습니다.

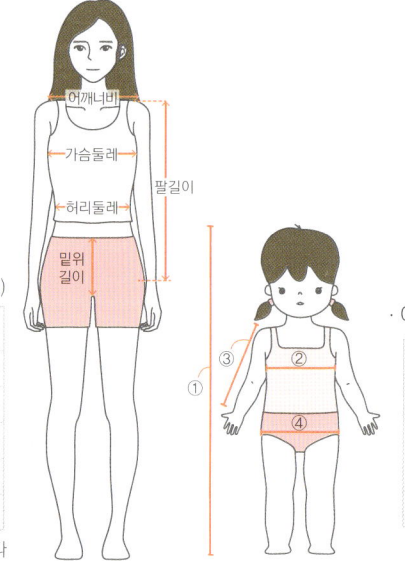

· 성인여성 신체 실측 치수 　　　　　　　　단위(cm)

사이즈 분류	55	66	77	88
가슴둘레	84	88	92	96
허리둘레	66	70	74	78
엉덩이둘레	90	94	98	102
등길이	39	39	39	39
소매길이	54	54	54	54

※사이즈는 재는 방법에 따라 1~3cm 정도 차이가 있을 수 있습니다

· 아동 신체 실측 치수 　　　　　　　　단위(cm)

사이즈 분류	90	100	110	120	130
①신장	90	100	110	120	130
②가슴둘레	50	52	56	60	64
③팔길이	36.5	43	50.5	55	58
④엉덩이둘레	54	57	60	63	66

※사이즈는 재는 방법에 따라 1~3cm 정도 차이가 있을 수 있습니다

2. 소잉의 기본 용어 알아두면 편리한 소잉용어들을 소개합니다.

· 패턴 그리기
원형제도의 한 방법으로, 직선, 직각 등을 안내선이나 등분선 등을 기준으로 완성치수를 그대로 그리는 일을 말한다.

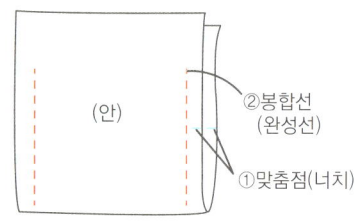

· 맞춤점(너치)
2장 이상의 천을 겹쳐 봉합할 때, 서로 뒤틀리지 않도록 맞춤 위치를 표시하는 기호.

· 봉합선
원단을 봉합하는 선으로 대부분 완성선과 같다.

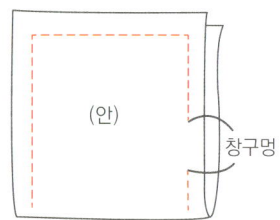

· 창구멍
2장의 천을 겉과 겉이 서로 마주 보게 겹쳐 봉합할 때, 겉면으로 뒤집기 위해 위 그림과 같이 봉합하지 않고 남겨놓는 부분을 말한다. 가방 등 안감에 창구멍을 남겨 놓는 일이 많다.

· 샤링
작은 폭의 바느질로 만들어 낸 주름.

· 땀
봉합땀을 지칭하는 말로써, 주로 한 땀의 길이를 말하고 땀수라고도 한다.

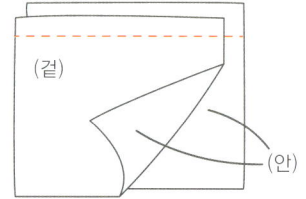

· 안끼리 맞대어(마주 보게) 겹치기
2장의 천을 겹쳐 봉합할 때, 천의 겉면이 바깥쪽으로 드러나게 접거나 포개는 것을 말한다.

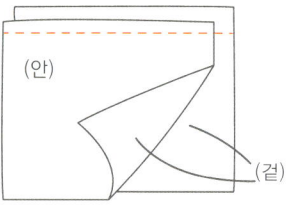

· 겉끼리 맞대어(마주 보게) 겹치기
2장의 천의 겉면이 서로 맞닿게 접거나 포개는 것을 말한다.

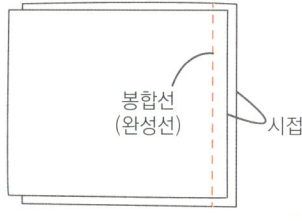

· 시접
2장의 천을 봉합하기 위해 완성선에서부터 여분으로 남겨 두는 부분을 말한다.

· 시침질
본 박음질 전에 완성선이 뒤틀리지 않도록 가봉하거나 시침핀을 꽂는 일.

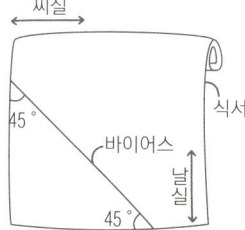

· 바이어스
직물의 날실 방향과 대각선이 되도록 비스듬히 자른 천을 말한다. 테이프 모양으로 잘라 사용하는 일이 많다.

· 날실(경사)
직물의 세로 방향으로 놓인 실.

· 씨실(위사)
직물의 가로 방향으로 놓인 실.

· 요척
작품을 제작할 때 필요한 최소한의 천의 폭과 길이. 천의 사용량을 칭하는 말.

· 접착심
천의 보강을 위해 다림질로 접착시키는 심지.

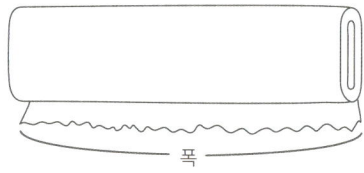

· 천의 폭
직물의 짜여진 가로폭을 말하는 것으로, 원단의 끝부터 끝까지의 길이에 해당한다.

· 천의 결
날실과 씨실이 교차해서 만들어낸 천의 흐름.

· 완성선
완성했을 때 최종적으로 보여지는 선으로, 제도할 때 긋는 선. 보통 두꺼운 실선으로 표현한다. 마감선과 같다.

3. 선세탁 하기(정련)

선세탁은 과거에 충분한 가공이 되지 않은 원단으로 옷을 완성할 경우, 세탁 후 심하게 줄어드는 현상을 예방하기 위해 하는 제작 공정이었습니다.
하지만 최근 생산되는 대부분의 원단은 충분한 가공이 되어 거의 수축되지 않으므로, 선세탁 없이 옷을 만들어도 괜찮습니다.

3-1. 면과 마의 선세탁

 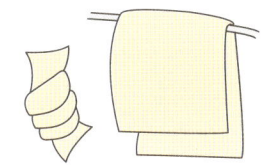 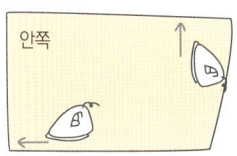

①충분한 양의 물에 원단을 1시간 정도 담가둔다　②원단을 가볍게 짜고, 주름을 펴서 말린다　③원단이 완전히 마르면 안쪽부터 바깥쪽으로 직조된 올 방향을 따라 다림질한다

3-2. 울의 선세탁

  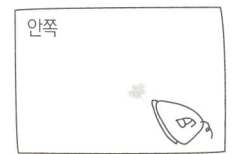

①원단의 안쪽에서 원단이 충분히 젖을 정도로 고르게 분무기로 물을 뿌린다　②천을 가지런히 접어서 비닐봉지 등에 넣고 습기가 잘 밸 때까지 1시간 정도 둔다　③천을 꺼내서 안쪽부터 바깥쪽으로 스팀을 주어 다림질을 해준다

4. 올 방향 바로잡기

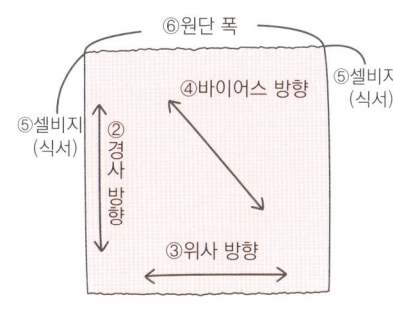

· 원단의 세부 명칭

①올 방향 : 원단의 씨실과 날실의 짜임을 말합니다.

②경사 방향 : 원단의 날실(세로실) 방향. 패턴의 올 방향을 나타내는 화살표는 세로 올 방향(식서 방향)을 나타냅니다.

③위사 방향 : 원단의 씨실(가로실) 방향. 푸서 방향이라고도 합니다. 세로 올 방향에 비해 원단이 잘 늘어납니다.

④바이어스 방향 : 원단의 45도 대각선 방향. 원단이 가장 잘 늘어나는 방향입니다.

⑤셀비지 : 원단의 가장자리 부분으로, 좌우의 양 끝을 가리키며 식서라고도 합니다. 촘촘하게 직조되어 있어 실의 올 풀림이 없으며, 원단에 따라서 색상이 다르거나 제조사명이 프린트되어 있습니다.

⑥원단 폭 : 원단의 셀비지(식서)부터 반대쪽 셀비지(식서)까지의 길이를 말합니다.

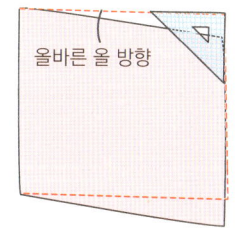 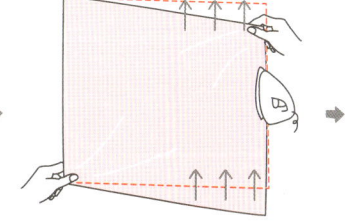 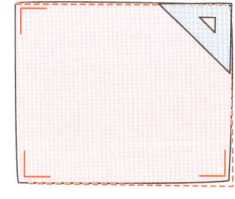

①씨실 한 가닥을 빼낸 다음, 씨실을 빼낸 선을 따라 원단의 가장자리를 잘라낸다　②원단의 모서리에 자를 대고 원단이 뒤틀리지 않았는지 확인한다　③원단의 방향이 올바르게 되도록 양손으로 원단을 잡아당긴 후, 다림질하여 정리한다　④준비 완성

5. 제도 기호 보는 방법

식서 표시	완성선	골선	접음선	상침선	다트
원단의 세로 올 방향(식서 방향)을 표시합니다.	작품을 완성했을 때의 선을 표시합니다. 시접이 포함되어있지 않은 경우에는 가장 바깥쪽에 있는 선이 완성선이 됩니다.	원단을 반으로 접어 재단할 때, 원단의 접는선 부분에 맞추는 선입니다.	접는 위치를 표시한 선입니다.	장식효과와 더불어 형태를 안정시키는 선입니다.	선과 선을 맞춰 봉합하여 형태를 입체적으로 만듭니다.

턱	단추와 크기	단춧구멍과 크기	맞춤표시	개더(주름)	오그리기
빗금의 높은 쪽에서 낮은 쪽으로 원단을 접어 주름을 만듭니다.	단추 다는 위치와 크기를 나타냅니다.	단춧구멍의 위치와 크기를 나타냅니다.	2장 이상의 원단을 서로 맞춰 봉합할 때, 원단이 어긋나지 않도록 맞추는 표시입니다.	큰 땀으로 봉제하여 주름을 잡는 부분을 나타냅니다.	오그려가며 줄여서 봉제하는 부분을 나타냅니다.

6. 패턴 베끼는 방법

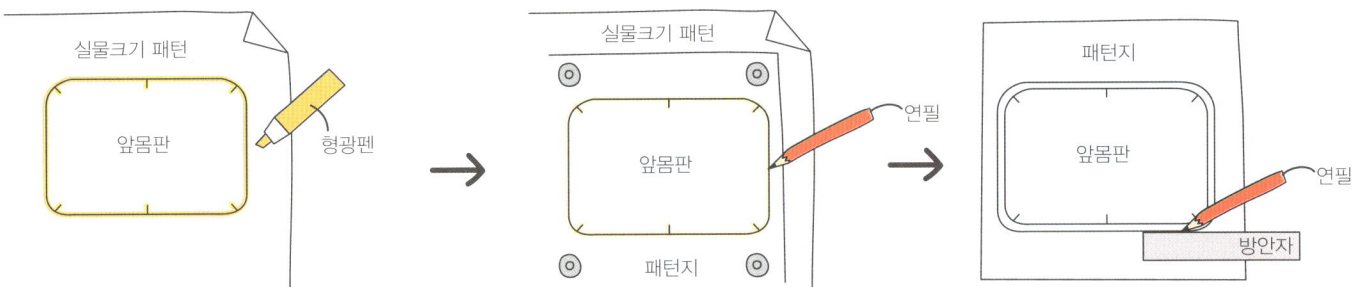

① 각 작품의 만드는 방법 페이지에 기재되어 있는 사용 패턴을 확인하고, 실물크기 패턴 용지(A~D면)를 펼친 후, 필요한 패턴을 찾아 형광펜으로 선을 따라 그린다

② 실물크기 패턴 위에 패턴지를 올려두고 문진으로 움직이지 않도록 고정한 후, 완성선, 맞춤점, 봉합 끝점, 올방향선, 단추 다는 위치, 주머니 다는 위치 등 연필로 빠짐 없이 베낀다

③ 실물크기 패턴에 시접이 포함되어 있지 않을 경우 방안자 등을 사용하여 베낀 패턴지의 완성선에 맞춰서 평행하게 재단선을 그려준 뒤, 재단선을 따라 패턴을 자른다

7. 재단하는 방법 Tip

▶ 원단 위에 실물크기 패턴을 베낀 패턴지를 올려놓고 재단 배치도를 참고하여 배치합니다. 소품은 원단의 식서방향에 상관없이 재단이 가능합니다.

▶ 의상일 경우, 패턴에 기재되어 있는 올 방향선을 원단의 식서방향에 맞춰 올려놓고 재단 배치도를 참고하여 배치합니다.

▶ 패턴이 움직이지 않도록 시침핀&문진으로 고정한 다음, 몸을 이동해가며 로터리칼이나 재단가위로 재단합니다.

▶ 본 책에 실물크기 패턴이 없는 경우, 재단 배치도의 치수를 참고하여 원단에 직접 제도하여 사용합니다.

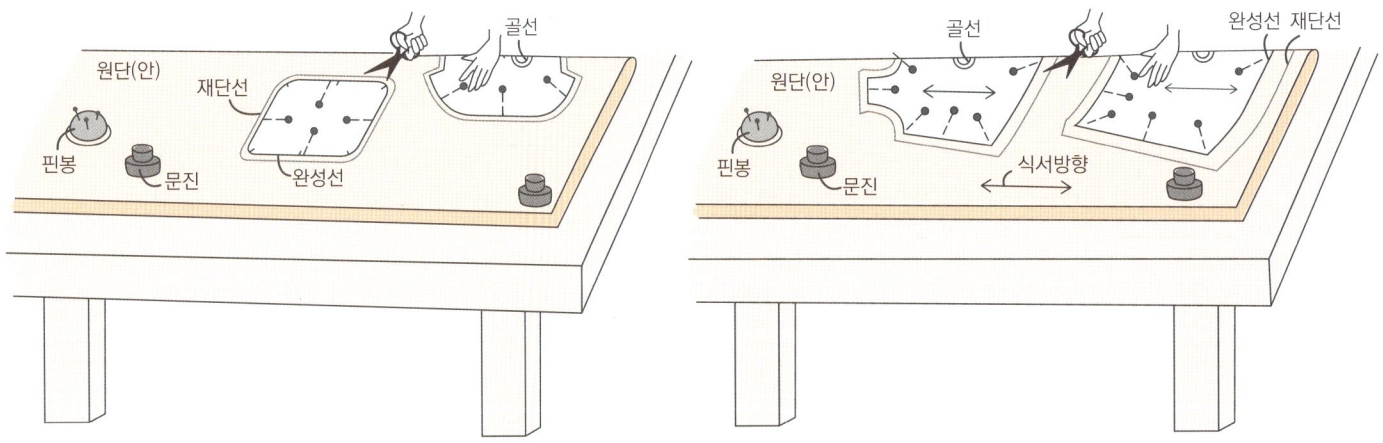

8. 원단 종류에 따른 바늘과 실 고르는 방법 Tip

▶ 미싱 바늘과 미싱실은 원단의 종류에 맞춰 사용합니다.

▶ 미싱 바늘은 숫자가 커질수록 바늘의 굵기가 크며, 반대로, 미싱실은 숫자가 작을수록 실의 두께가 두껍습니다.

원단의 종류	얇은 원단 (노방, 쉬폰, 코튼 론)	보통 두께의 원단 (30~40수 코튼 리넨)	조금 두꺼운 원단 (20수 옥스포드)	두꺼운 원단 (데님, 18호 캔버스)
미싱 바늘	9호	11호	14호	16호
미싱실	파인 프라임실	프라임실	프라임실	스티치 프라임실

9. 솔기 처리 방법 Tip

9-1. 가름솔 처리 방법

시접이 한쪽으로 뭉치지 않고 겉에서 봤을 때 평평하도록 양쪽으로 펼쳐 다려주는 방법입니다.

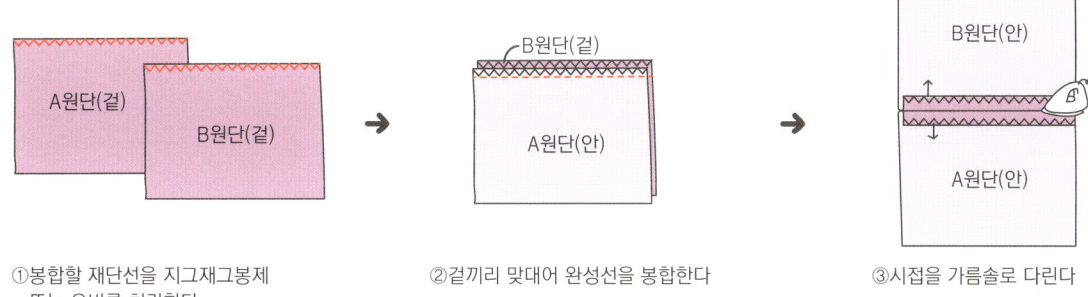

①봉합할 재단선을 지그재그봉제
또는 오버록 처리한다

②겉끼리 맞대어 완성선을 봉합한다

③시접을 가름솔로 다린다

9-2. 시접을 한쪽으로 꺾는 방법

세탁 후에도 안정적으로 깔끔하게 정리하는 방법입니다.

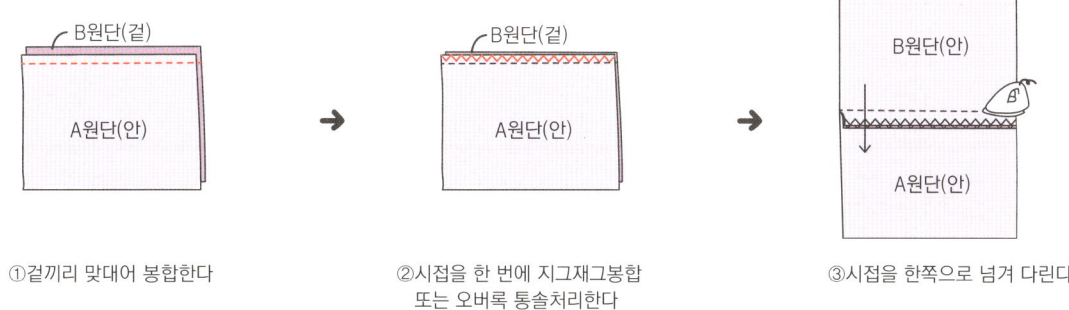

①겉끼리 맞대어 봉합한다

②시접을 한 번에 지그재그봉합
또는 오버록 통솔처리한다

③시접을 한쪽으로 넘겨 다린다

10. 끝단이나 밑단의 시접 처리 방법 Tip

▶ 소맷부리, 밑단에 많이 사용하는 시접 처리 방법입니다.
▶ 상침하기 전에 미리 다림질 해두면 작업하기 훨씬 수월해집니다.

10-1. 같은 양의 시접을 두 번 접어 상침하는 방법

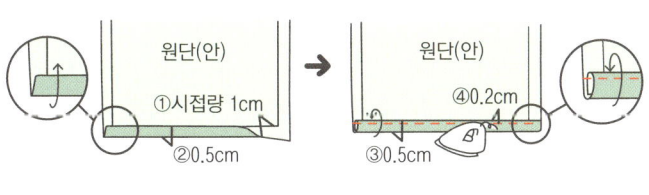

①시접을 0.5cm 접어 다린다

②다시 한 번 시접을 0.5cm 접어 다린 뒤
0.2cm 간격으로 상침한다

10-2. 지정 치수의 시접을 두 번 접어 상침하는 방법

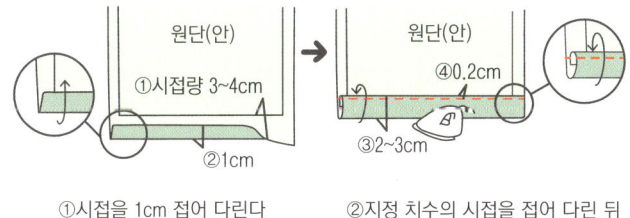

①시접을 1cm 접어 다린다

②지정 치수의 시접을 접어 다린 뒤
0.2cm 간격으로 상침한다

10-3. 시접 끝을 한 번 접어 상침하는 방법

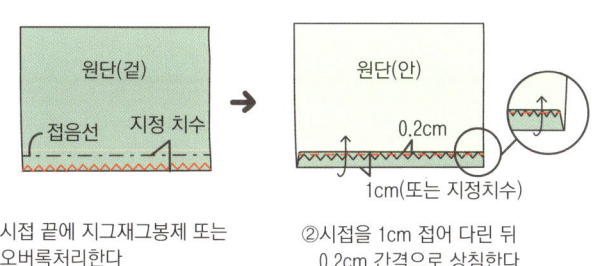

①시접 끝에 지그재그봉제 또는
오버록처리한다

②시접을 1cm 접어 다린 뒤
0.2cm 간격으로 상침한다

10-4. 새발뜨기

단을 접었을 때 가장자리를 고정시키는 바느질 방법입니다.
주로 두꺼운 원단에 많이 사용하며, 바늘땀이 겉에서
나타나지 않도록 하는 것이 좋습니다.

· 손바느질

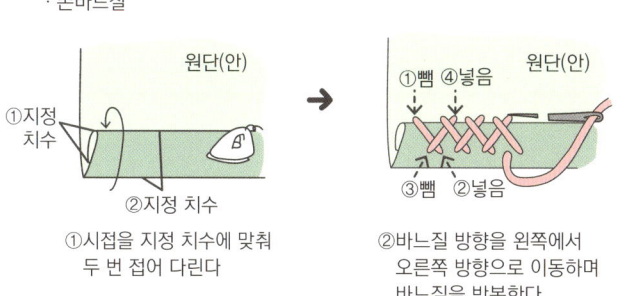

①시접을 지정 치수에 맞춰
두 번 접어 다린다

②바느질 방향을 왼쪽에서
오른쪽 방향으로 이동하며
바느질을 반복한다

11. 바이어스 길게 만들기

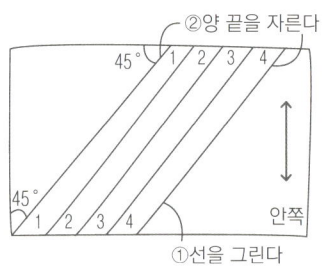 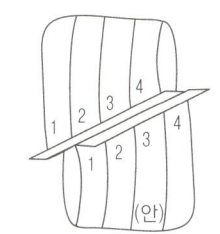 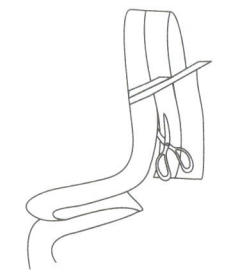

②양 끝을 자른다
45° 1 2 3 4
안쪽
45° 1 2 3 4
①선을 그린다

1 2 3 4
1 2 3 4
(안)

①45도 각도로 필요한 만큼 천에 선을 그은 후, 양 끝을 자른다

②선이 한 줄씩 밀리도록 맞춰 봉합한 후, 시접을 가름솔한다

③선을 따라 자르면 긴 바이어스 테이프가 완성된다

12. 바이어스 만드는 방법과 달기

12-1. 바이어스 만들기

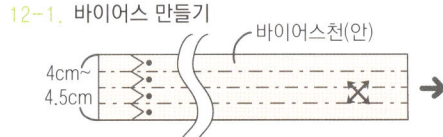 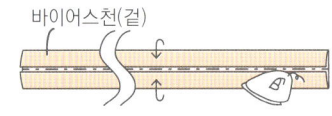 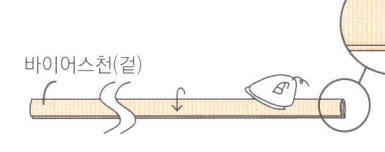

바이어스천(안)
4cm~
4.5cm

바이어스천(겉)

바이어스천(겉)

①4cm~4.5cm 폭의 바이어스천을 준비한다

②접음선을 기준으로 위·아래를 접는다

③반으로 접는다

12-2. 바이어스 달기

바이어스 달기 A

4겹의 바이어스테이프를 몸판에 바로 감싸서 박음질하는 방법.
(바이어스 처리하는 면이 직선인 경우)

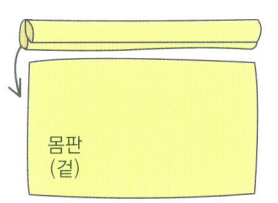 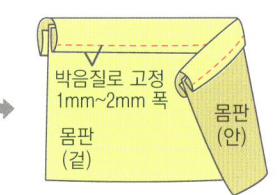

몸판
(겉)

박음질로 고정
1mm~2mm 폭
몸판
(겉)
몸판
(안)

①4겹의 바이어스로 원단의 끝을 감싼 후 시침핀을 이용해서 고정한다

②겉쪽의 바이어스 끝에서 1mm~2mm 떨어진 곳을 박음질로 고정한다

바이어스 달기 B

바이어스테이프를 몸판에 봉합한 후, 뒤집어서 상침하는 방법.
(바이어스 처리하는 면이 곡선인 경우)

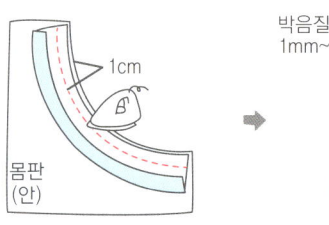 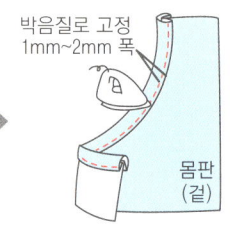

1cm
몸판
(안)

박음질로 고정
1mm~2mm 폭
몸판
(겉)

①몸판의 안쪽에서 1cm의 시접으로 바이어스를 고정한다

②바이어스로 원단의 시접을 감싸고 겉쪽의 바이어스 끝에서 1mm~2mm 떨어진 곳을 박음질로 봉합한다

13. 안바이어스 만드는 방법과 달기

13-1. 안바이어스 만들기

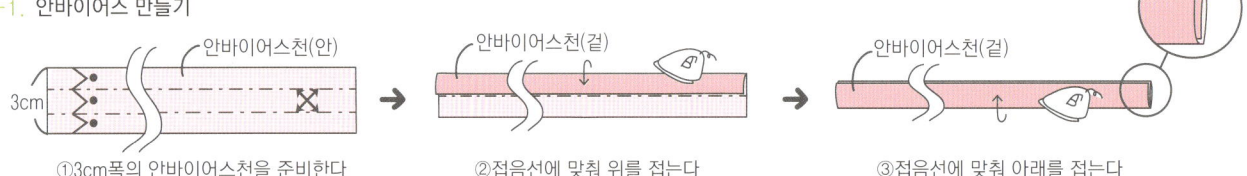

안바이어스천(안)
3cm

안바이어스천(겉)

안바이어스천(겉)

①3cm폭의 안바이어스천을 준비한다

②접음선에 맞춰 위를 접는다

③접음선에 맞춰 아래를 접는다

13-2. 안바이어스 달기

2겹의 바이어스를 몸판과 함께 접어 몸판의 안쪽에서 박음질로 고정하는 방법.
(네크라인, 암홀 등 곡선이 큰 경우나 바이어스 안쪽에 끈 등을 넣어 셔링을 만들 경우)

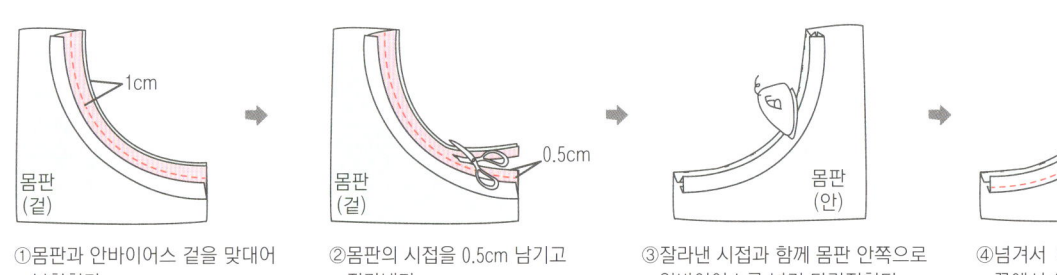

1cm
몸판
(겉)

몸판
(겉)
0.5cm

몸판
(안)

몸판
(안)
박음질로 고정
1mm~2mm폭

①몸판과 안바이어스 겉을 맞대어 봉합한다

②몸판의 시접을 0.5cm 남기고 잘라낸다

③잘라낸 시접과 함께 몸판 안쪽으로 안바이어스를 넘겨 다림질한다

④넘겨서 다림질한 안바이어스 끝에서 1mm~2mm 떨어진 곳을 박음질로 고정한다

14. 기본 손바느질

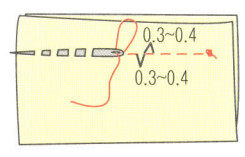 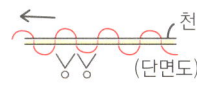 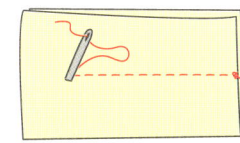 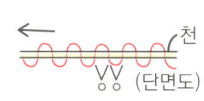 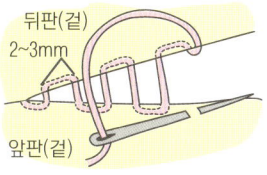

0.3~0.4
0.3~0.4
천
(단면도)

천
(단면도)

뒤판(겉)
2~3mm
앞판(겉)

14-1. 시침질
손바느질의 가장 기본이 되는 바느질법. 0.3~0.4cm 정도의 바늘땀으로 겉과 안이 같은 간격으로 봉합되도록 한다. 이불과 같은 큰 옷감의 재봉 시 미리 고정해 두기 위해 시침핀 대신 사용하기도 하고, 옷을 가봉할 때 사용하기도 한다.

14-2. 홈질
시침질의 바늘땀보다 좀 더 좁게 하는 바느질 방법. 겉과 안의 바늘땀을 0.2cm 정도로 촘촘하게 바느질한다. 박음질보다는 약하지만 간단한 재봉을 하거나 주름을 잡을 때 많이 사용한다.

14-3. 공그르기
창구멍을 막거나 겉쪽에서 원단과 원단을 연결할 때 사용한다.

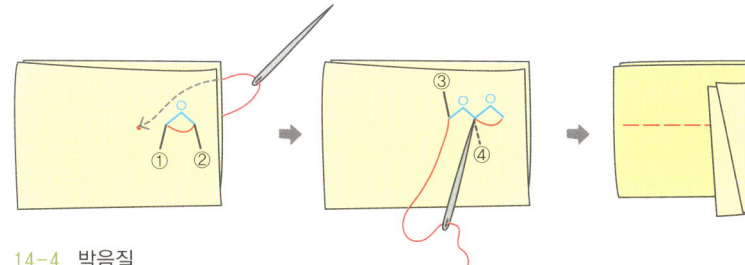 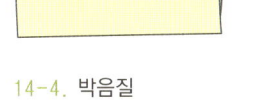 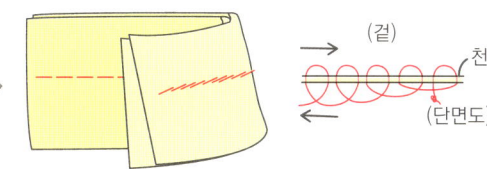

(겉)
천
(단면도)

14-4. 박음질
손바느질 중 가장 튼튼한 바느질 방법으로, 한 땀씩 되돌아가는 방법으로 진행한다. 천의 겉모습은 미싱의 바늘땀과 비슷하게 보인다.

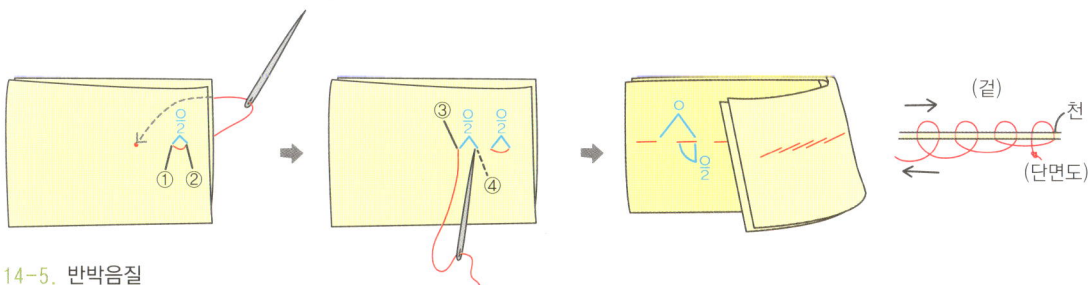

(겉)
천
(단면도)

14-5. 반박음질
박음질과 같이 되돌아가며 진행하지만, 진행 폭의 절반만 되돌아오는 방법. 겉에서 보기에는 홈질과 비슷하게 보인다.

15. 기본 손자수 기법

15-1. 기본 자수 기법

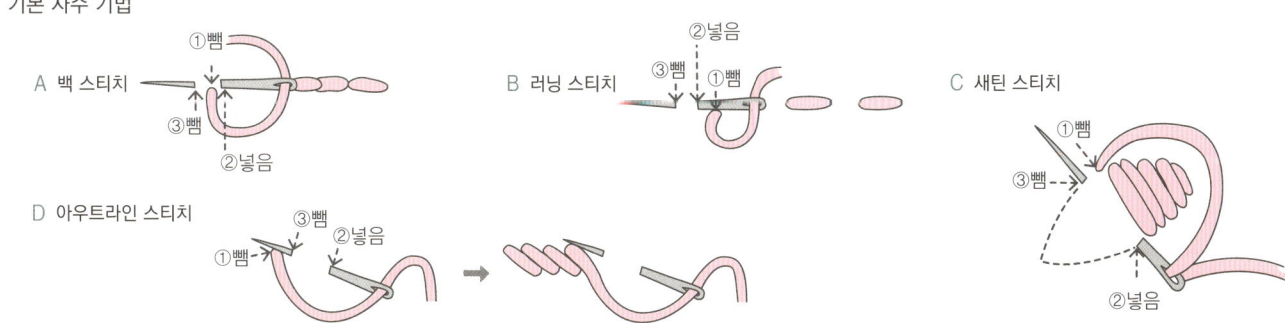

A 백 스티치
①뺌
③뺌
②넣음

B 러닝 스티치
②넣음
③뺌 ①뺌

C 새틴 스티치
①뺌
③뺌
②넣음

D 아웃트라인 스티치
③뺌 ②넣음
①뺌

15-2. 버튼홀스티치

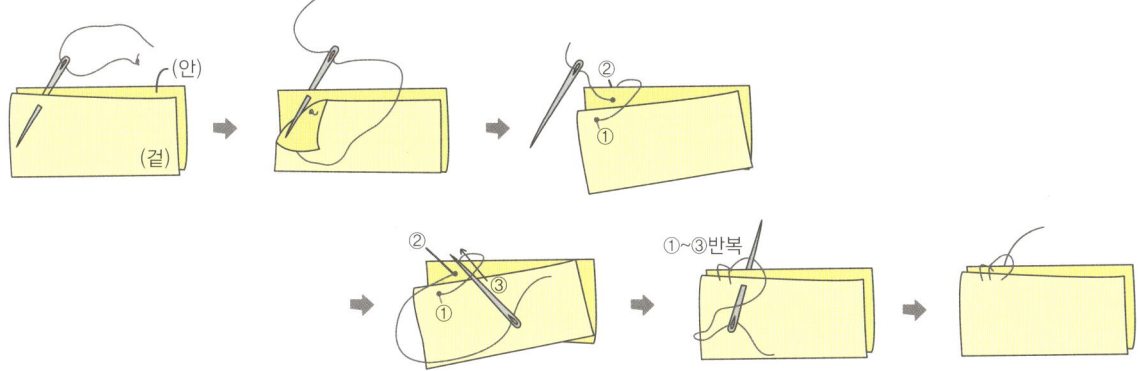

(안)
(겉)
②
①
②
③
①
①~③반복

16. 금속 부자재

※주의 : 잠금장식 부자재는 너무 얇은 원단에 작업하게 될 경우 힘이 없어 안정감과 완성도가 떨어집니다. 그렇기 때문에 2~3mm정도 두께의
원단에 작업하기 적합하며, 원단이 얇은 경우에는 가방심지나 퀼팅솜을 사용하여 원단의 두께를 보강한 다음, 작업해야 합니다.

16-1. 가방 후크 다는 방법

①가방 후크(상) 작업하기   ※양면징 사용 방법 P.97 참고

①원단 끝에 가방 후크(상)을 끼워 넣고, 구멍을 표시한다

②표시한 위치에 맞춰 원단에 구멍을 뚫는다

③구멍 위치에 맞춰 가방 후크(상)을 끼워 넣고, 양면징으로 고정한다

②가방 후크(하) 작업하기

①원단에 가방 후크(하)의 발을 꽂을 위치를 표시한다

②표시한 위치에 맞춰 원단에 11자 구멍을 뚫고 잠금장식(하)의 발을 꽂는다

③원단 안쪽에서 고정 와샤를 꽂고, 가방 후크 발을 구부려 고정한다

16-2. 잠금장식 다는 방법

①잠금장식(상) 작업하기

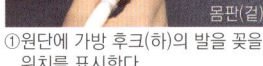

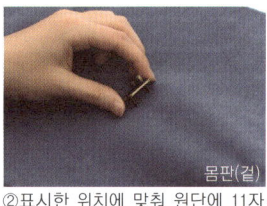

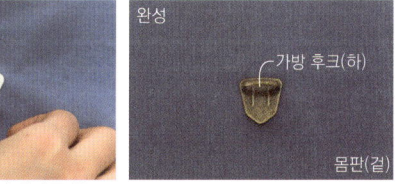

①잠금장식(상)의 나사를 풀어서 분리한다

②잠금장식 사이즈에 맞게 원단을 잘라내고, ⓑ장식을 끼운다

③ⓑ장식 위에 ⓐ장식을 덮고, 나사를 조인다

②잠금장식(하) 작업하기

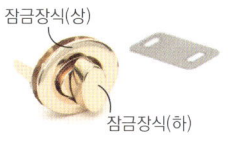

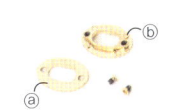

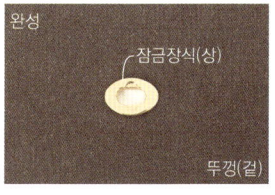

①원단에 잠금장식(하)의 발을 꽂을 위치를 표시한다

②표시한 위치에 맞춰 원단에 11자 구멍을 뚫고 잠금장식(하)의 발을 꽂는다

③원단 안쪽에서 고정 와샤를 꽂고, 잠금장식(하)의 발을 구부려 고정한다

16-3. 잠금장식 다는 방법

①잠금장식(상) 작업하기

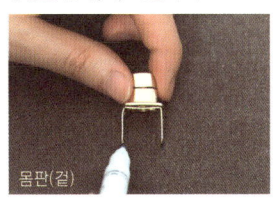

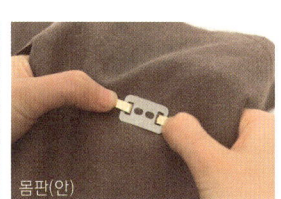

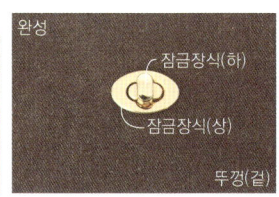

①원단 끝에 잠금장식(상)을 끼워 넣고 구멍을 표시한다

②표시한 위치에 맞춰 원단에 구멍을 뚫는다

③구멍 위치에 맞춰 잠금장식(상)을 끼워 넣고, 나사로 고정한다

②잠금장식(하) 작업하기

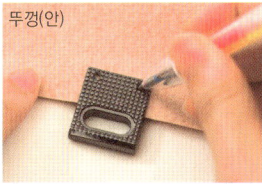

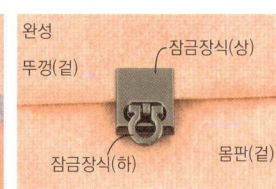

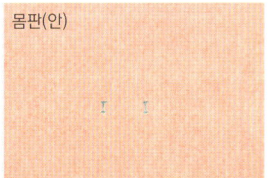

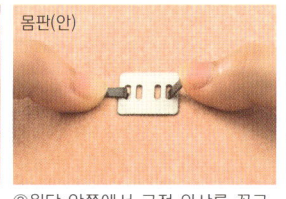

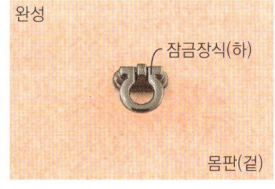

①원단에 잠금장식(하)의 발을 꽂을 위치를 표시한다

②표시한 위치에 맞춰 원단에 11자 구멍을 뚫고 잠금장식(하)의 발을 꽂는다

③원단 안쪽에서 고정 와샤를 꽂고, 잠금장식(하)의 발을 구부려 고정한다

16-4. 빅아일렛 다는 방법

쇠장식
빅아일렛

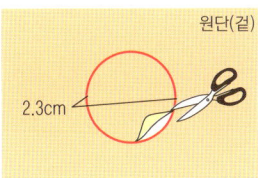
원단(겉)
2.3cm
①지름 2.3cm의 원을 그려 자른다

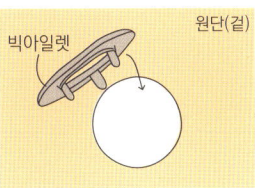
빅아일렛
원단(겉)
②원단 겉면에서 빅아일렛의 뾰족한 부분을 통과시켜 넣는다

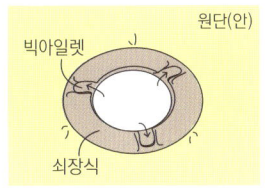
빅아일렛
원단(안)
쇠장식
③원단 안쪽에서 쇠장식을 올려놓고 뾰족한 부분을 눌러 고정한다

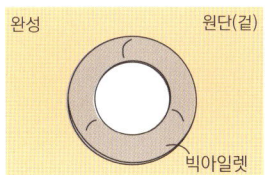
완성
원단(겉)
빅아일렛

16-5. 싸개 단추 만드는 방법

①18,25,30,38mm 싸개 단추 작업하기

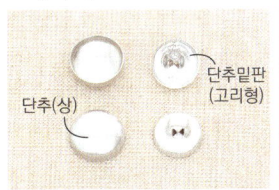
단추(상)
단추밑판(고리형)

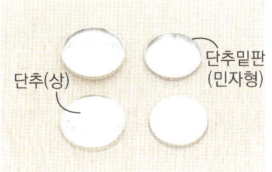
단추(상)
단추밑판(민자형)

싸개 단추 몰드
금속자동기구
크기에 맞는 싸개 단추 몰드와 금속 자동기구도 함께 준비한다

원단(안)
단추(상)
몰드B
①단추 사이즈보다 약간 크게 재단한 원단과 단추(상)을 준비해서 몰드 B에 넣는다(이때 원단과 단추의 인쪽면이 모두 위로 향하게 넣는다)

몰드B
원단(겉)
②삐져 나온 원단들을 송곳이나 날카로운 도구를 이용해 꾹꾹 눌러 안쪽으로 넣는다

몰드A
단추밑판(고리형)
단추밑판(민자형)
③몰드A와 단추밑판(민자형, 고리형 중 원하는 밑판을 사용한다)을 준비한 다음, 밑판 안쪽면이 위로 향하게 몰드A에 끼워 넣는다

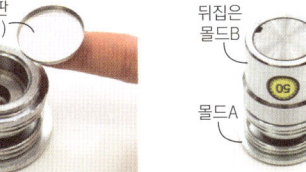
④몰드B를 뒤집어서 사진과 같이 몰드A 위로 올린다
뒤집은 몰드B
몰드A

⑤기구에 몰드를 올리고, 손잡이 레버를 눌러 내린다(이때, 몰드를 조금씩 움직여 동서남북 방향으로 꼼꼼하게 눌러준다)

완성
민자형
고리형

②13mm 싸개 단추 작업하기

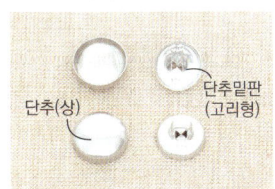
단추(상)
단추밑판(고리형)

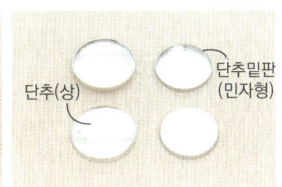
단추(상)
단추밑판(민자형)

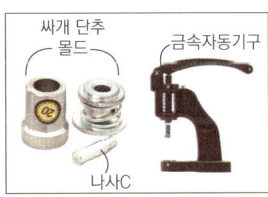
싸개 단추 몰드
금속자동기구
나사C
싸개 단추 13mm 몰드 세트와 금속 자동기구도 함께 준비한다

원단(안)
단추(상)
몰드B
①단추 사이즈보다 약간 크게 재단한 원단과 단추(상)을 준비해서 몰드 B에 넣는다(이때 원단과 단추의 안쪽면이 모두 위로 향하게 넣는다)

몰드B
원단(겉)
②삐져 나온 원단들을 송곳이나 날카로운 도구를 이용해 꾹꾹 눌러 안쪽으로 넣는다

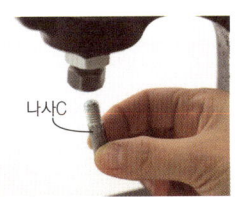
나사C
③13mm 몰드 세트에 구성된 나사C를 사진과 같이 기구 윗부분에 끼운다(돌려서 고정시킨다)

몰드A
단추밑판(고리형)
단추밑판(민자형)
④몰드A와 단추밑판(민자형, 고리형 중 원하는 밑판을 사용한다)을 준비한 다음, 밑판 안쪽면이 위로 향하게 몰드A에 끼워 넣는다

뒤집은 몰드B
⑤단추를 끼워 넣은 몰드B를 뒤집어서 몰드A 위로 올리고 기구 손잡이 레버를 눌러 작업한다

완성
민자형
고리형

17. 금속단추 및 부속 달기

17-1. 가시도트단추   ★ 겉수놈/안수놈 동일

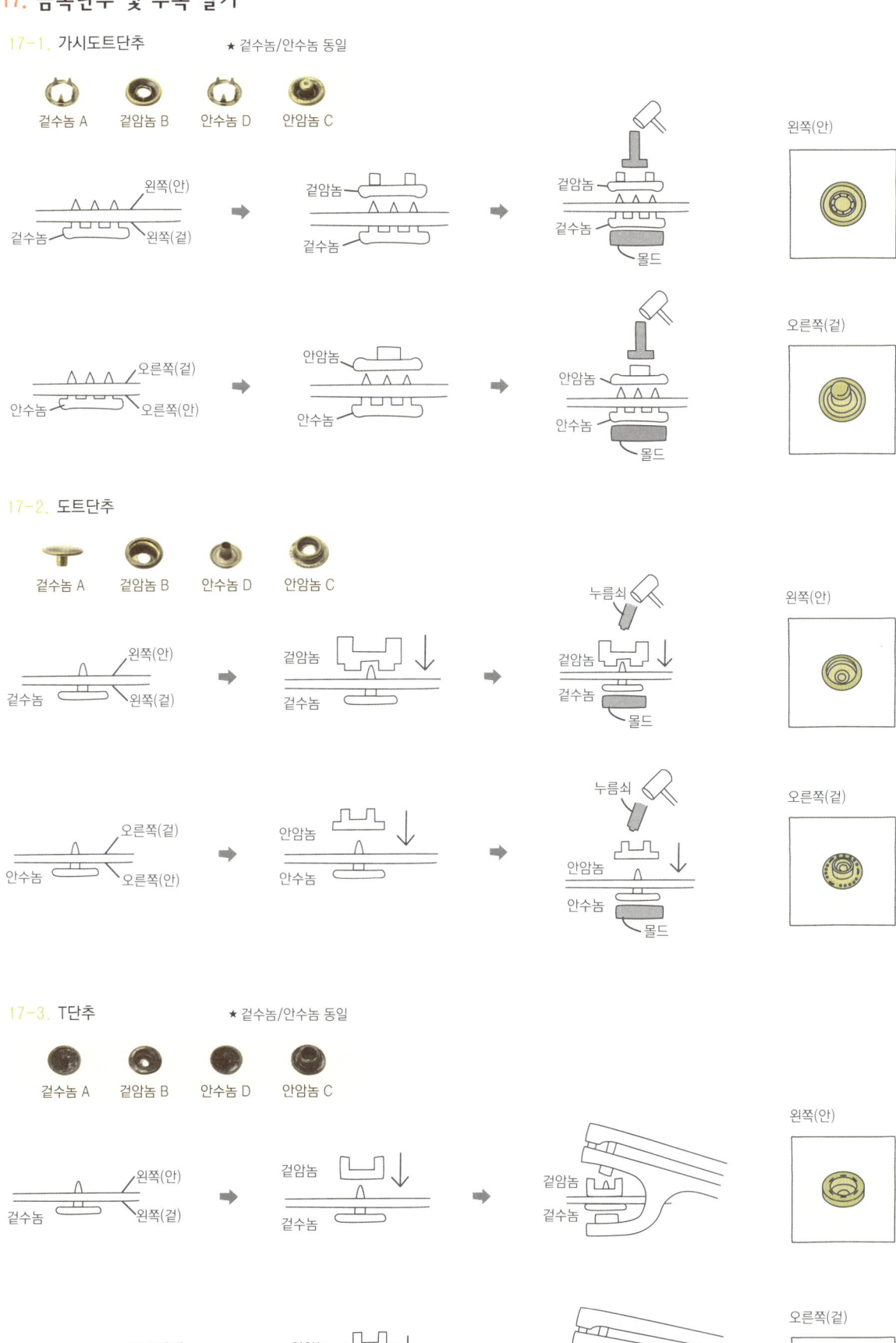

겉수놈 A   겉암놈 B   안수놈 D   안암놈 C

17-2. 도트단추

겉수놈 A   겉암놈 B   안수놈 D   안암놈 C

17-3. T단추   ★ 겉수놈/안수놈 동일

겉수놈 A   겉암놈 B   안수놈 D   안암놈 C

17-4. 스프링 도트단추

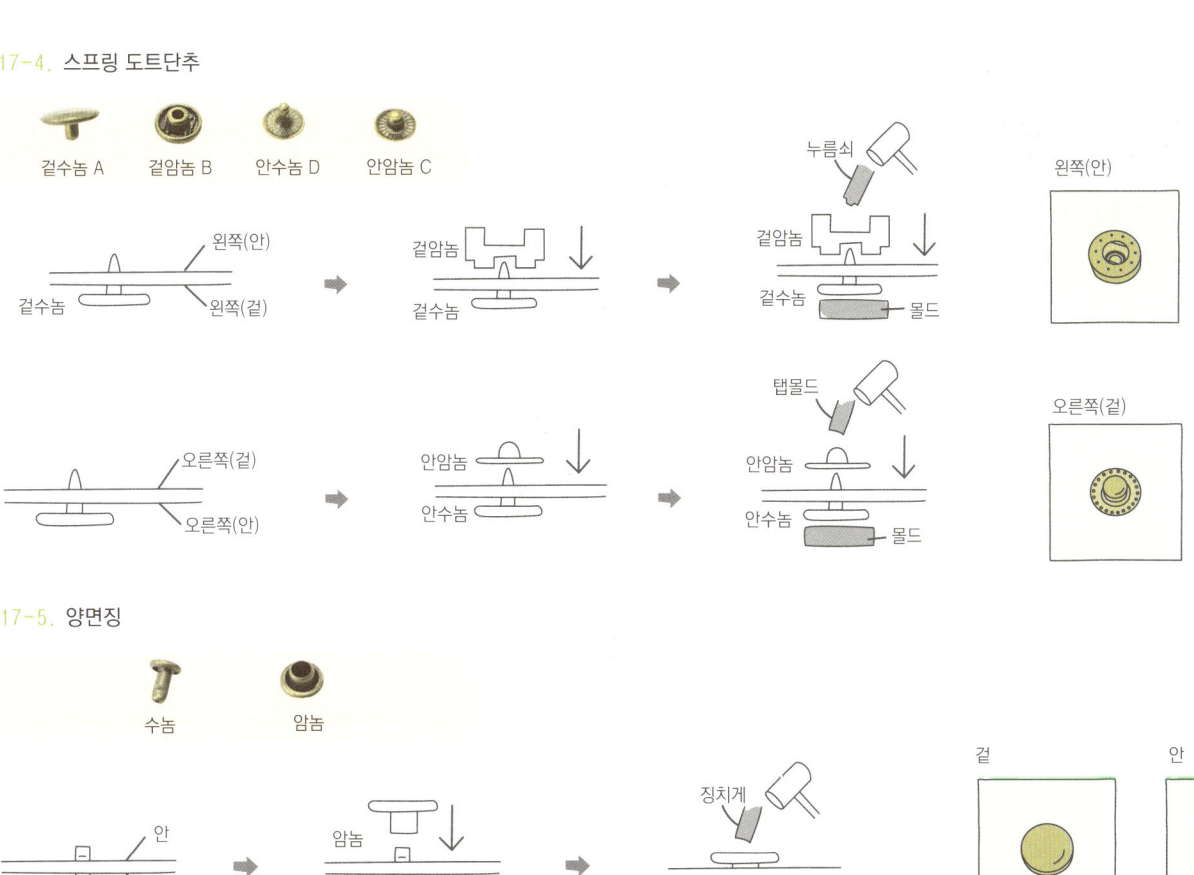

겉수놈 A   겉암놈 B   안수놈 D   안암놈 C

누름쇠

왼쪽(안)

겉암놈
겉수놈
몰드

왼쪽(안)

왼쪽(겉)
겉수놈

겉암놈

겉수놈

오른쪽(겉)
오른쪽(안)

오른쪽(겉)

안암놈
안수놈

탭몰드

안암놈
안수놈
몰드

오른쪽(겉)

17-5. 양면징

수놈   암놈

안
겉
수놈

암놈
수놈

징치게

몰드   수놈

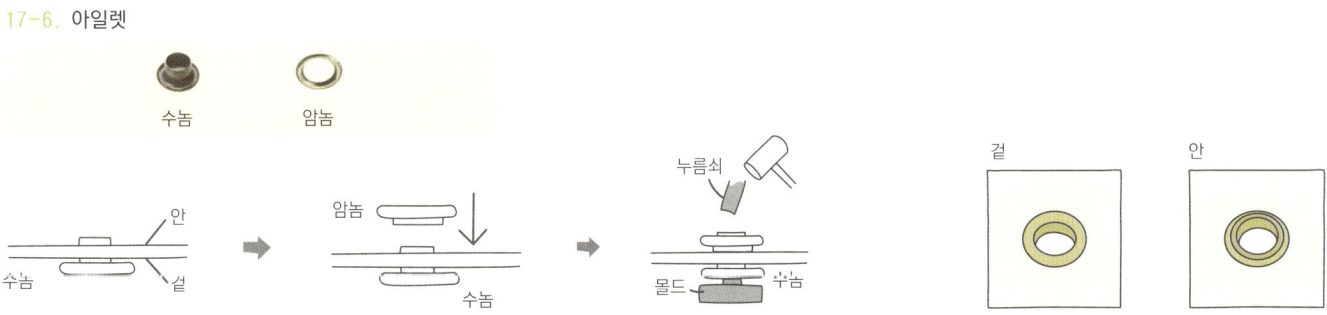

겉   안

17-6. 아일렛

수놈   암놈

안
겉
수놈

암놈
수놈

누름쇠

몰드   수놈

겉   안

17-7. 자석단추

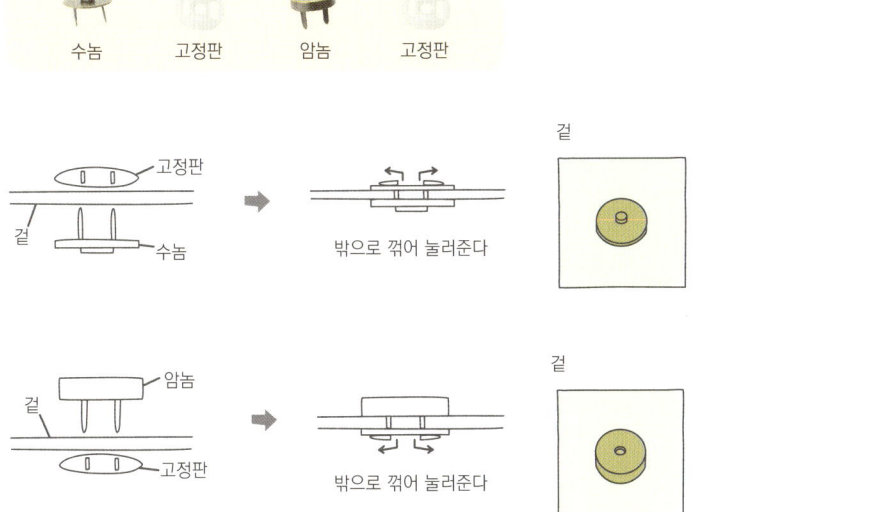

수놈   고정판   암놈   고정판

고정판
겉
수놈

밖으로 꺾어 눌러준다

겉

암놈
겉
고정판

밖으로 꺾어 눌러준다

겉

18. 심지 종류와 붙이는 방법

18-1. 심지 종류

①가방심지(접착심)

두께에 비해 빳빳하며 형태 유지가 필요한 작품에 부착하여 사용한다. 작은 소품이나 형태가 있는 가방류에 많이 사용한다. 원단에 부착 시 얇은 천이나 광목을 대고 다림질을 하면 다리미에 풀이 묻는 것을 방지할 수 있다.

②커버링심지(접착심)

심지에 기모가공을 하여 보온성을 향상시킨 심지로, 유연하며 보온성을 필요로 하는 의상이나 소품에 많이 사용된다. 특히, 심지의 열 고정성이 좋기 때문에 겨울 원단에도 사용 가능하다.

③소잉심지(접착심)

얇은 폴리에스테르 소재의 심지로, 원단의 결을 잡아주는 용도. 겉감(또는 안감) 전면에 부착한다.

④양면 멜트심지(양면 접착심)

양면으로 접착이 가능한 그물 조직의 반투명한 심지로, 매우 얇기 때문에 부착 후에도 두께감에 영향을 주지 않는다. 봉제 작업 전, 다양한 작업물이나 비접착 심지를 고정할 수 있다. 다리미에 풀이 묻지 않도록 완성선에서 0.3cm 작게 재단한다.

⑤솜고정용 접착테이프 심지(2.5cm폭)

원단에 솜심지 또는 두께감 있는 심지를 부착할때, 가장자리에 붙여 원단과 솜심지 사이를 들뜸없이 밀착되도록 고정하는 역할을 한다.

⑥소프트 보강심지(비접착심)

작품의 형태감을 잡아주는 가벼운 심지. 비 접착이므로 양면 멜트심지를 원단과 보강심지 사이에 위치시키고 다림질로 고정한다. 일반적으로 보강심지는 완성선에서 0.3cm 작게 재단한다.

⑦퀼팅솜(접착심or비접착심)

압축된 솜에 접착풀 가공 여부에 따라 접착과 비접착으로 구분. 본 책에서는 접착심을 사용한다. 퀼팅솜은 완성선까지만 재단하고 먼저 다림질로 부착 후, 솜고정용 접착테이프 심지를 이용하여 시접에 다림질로 다시 한 번 더 고정해서 안정감을 준다.

⑧안감심지

원단의 안쪽 면에 접착풀 가공을 한 심지로, 안감을 달아야 하는 번거로움 없이 겉감에 안감심지를 부착하여 보다 쉽게 작품의 완성도를 높일 수 있다. 의상보다는 주로 간단하게 제작하는 소품에 많이 쓰인다.

18-2. 심지 재단하는 방법과 붙이는 방법

※이 페이지에서는 각 제작설명서의 재단배치도에 기재된 심지 재단·부착 방법을 소개하고 있습니다. 아래 내용을 참고하여 심지 작업을 해주세요.

※주의 : 심지의 소재는 다양합니다. 사용하는 소재가 합성섬유일 경우, 다리미의 온도를 소재에 맞게 맞춘 후 예열하고 사용합니다.
　　　　특히, 다리미에 접착풀이 묻지 않도록 항상 주의해주세요.

①소잉심지 · 커버링심지 · 가방심지

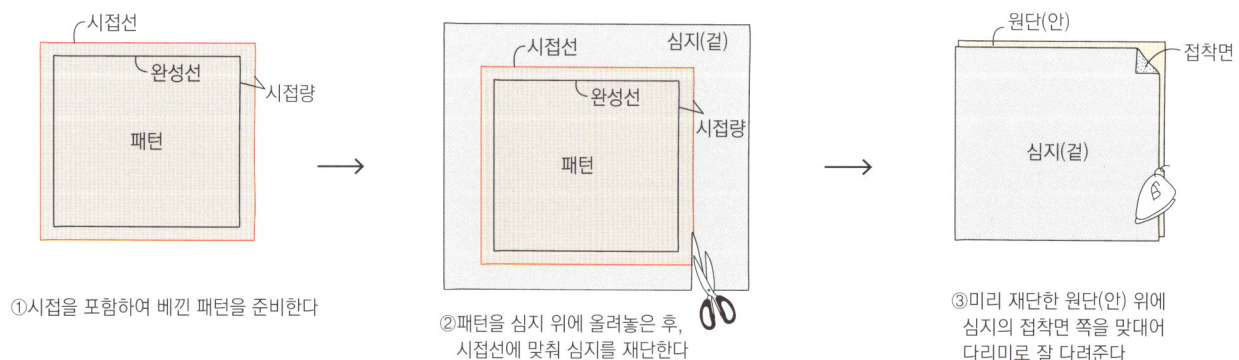

①시접을 포함하여 베낀 패턴을 준비한다

②패턴을 심지 위에 올려놓은 후, 시접선에 맞춰 심지를 재단한다

③미리 재단한 원단(안) 위에 심지의 접착면 쪽을 맞대어 다리미로 잘 다려준다

②안감심지

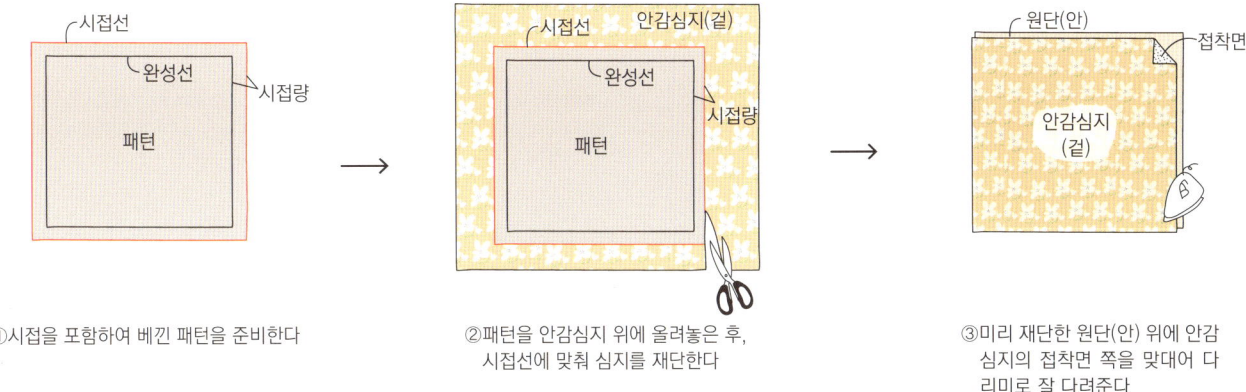

①시접을 포함하여 베낀 패턴을 준비한다

②패턴을 안감심지 위에 올려놓은 후, 시접선에 맞춰 심지를 재단한다

③미리 재단한 원단(안) 위에 안감 심지의 접착면 쪽을 맞대어 다 리미로 잘 다려준다

③퀼팅솜

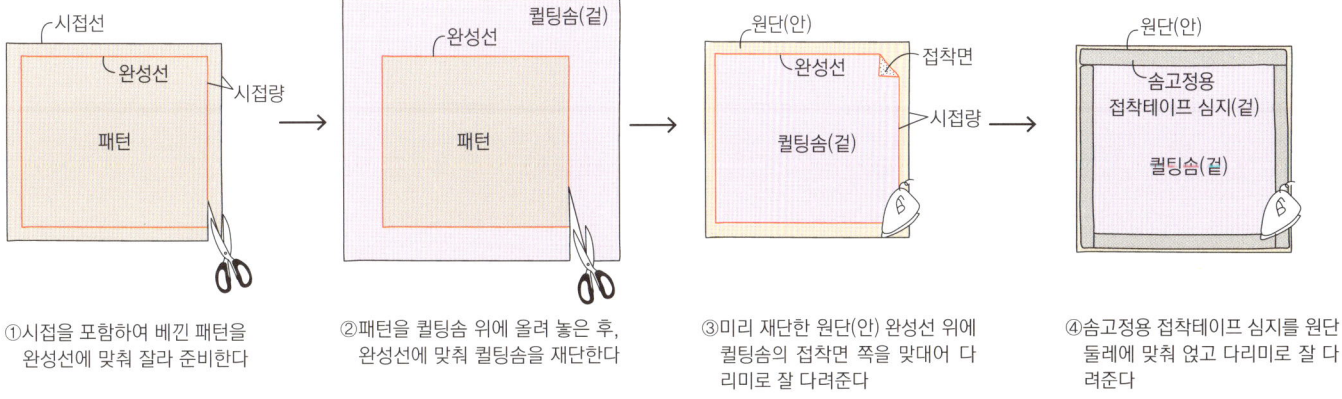

①시접을 포함하여 베낀 패턴을 완성선에 맞춰 잘라 준비한다

②패턴을 퀼팅솜 위에 올려 놓은 후, 완성선에 맞춰 퀼팅솜을 재단한다

③미리 재단한 원단(안) 완성선 위에 퀼팅솜의 접착면 쪽을 맞대어 다 리미로 잘 다려준다

④솜고정용 접착테이프 심지를 원단 둘레에 맞춰 얹고 다리미로 잘 다 려준다

④양면 멜트심지 · 소프트 보강심지

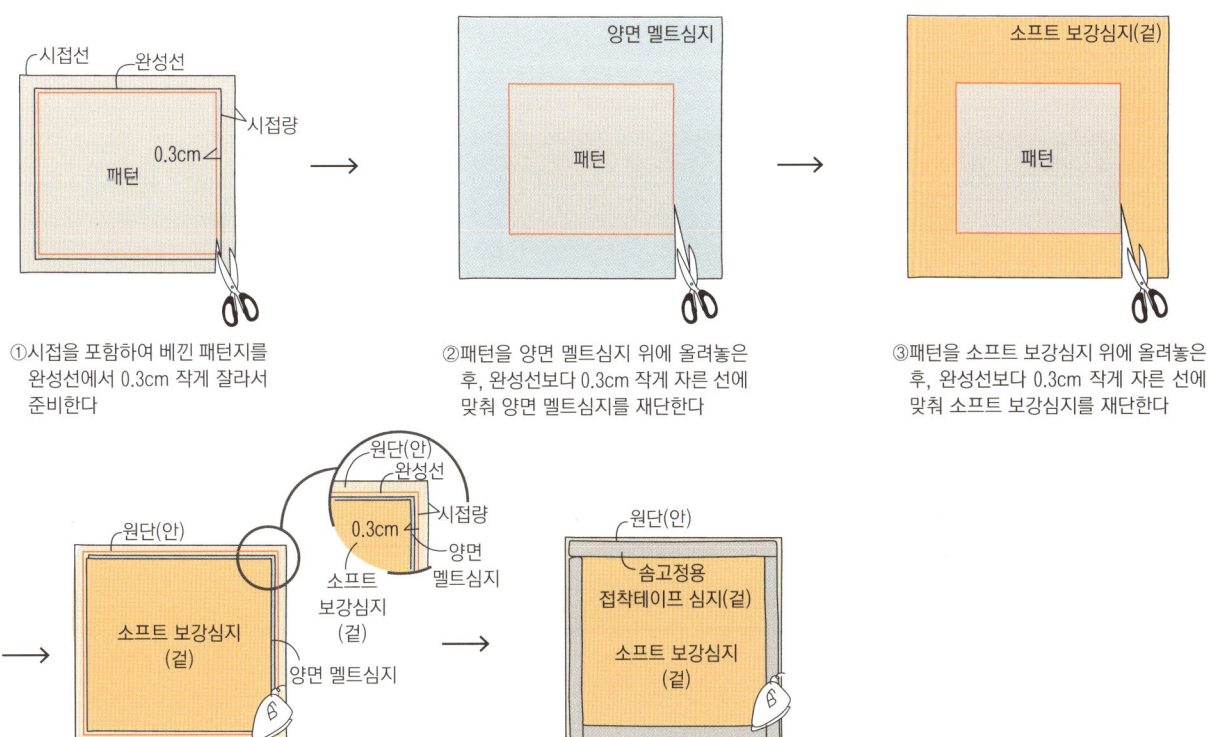

①시접을 포함하여 베낀 패턴지를 완성선에서 0.3cm 작게 잘라서 준비한다

②패턴을 양면 멜트심지 위에 올려놓은 후, 완성선보다 0.3cm 작게 자른 선에 맞춰 양면 멜트심지를 재단한다

③패턴을 소프트 보강심지 위에 올려놓은 후, 완성선보다 0.3cm 작게 자른 선에 맞춰 소프트 보강심지를 재단한다

④미리 재단한 원단(안) 완성선 위에 완성선보다 0.3cm 작게 자른 양면 멜트심지와 소프트 보 강심지를 올려 2장을 함께 다리미로 잘 다려 준다

⑤솜고정용 접착테이프 심지를 원단 둘레에 맞춰 얹고 다리미로 잘 다 려준다

1 제도용품

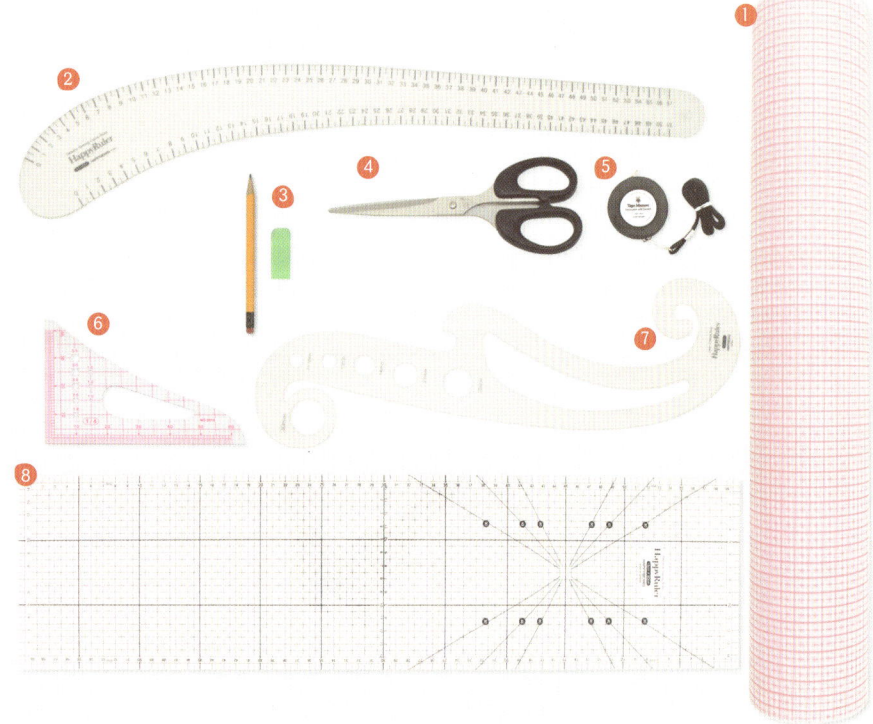

❶ **패턴지** 모눈 처리가 되어있어 작업이 용이하고, 잘 비쳐 보입니다. 패턴을 복사하기 쉬운 부직포 패턴지를 사용하면 좋습니다.

❷ **곡자** 한쪽 끝이 곡을 이루고 있는 자로 스커트 옆선, 소매 옆선, 절개선, 다트 곡선 등을 그리는데 주로 사용합니다.

❸ **연필&지우개** 패턴지에 패턴을 그릴 때 사용합니다.

❹ **종이가위** 패턴(종이나 부직포)을 자를 때 사용하는 가위로, 재단가위로 종이를 오리면 가위의 날이 상할 수 있으므로 가위는 반드시 패턴 재단용과 원단 재단용을 구분하여 사용합니다.

❺ **줄자** 신체치수를 측정하거나 곡선의 치수를 잴 때 사용합니다.

❻ **축도자** 실 사이즈의 패턴을 1/4 또는 1/5로 축도하여 자료를 남기고자 할 때 사용합니다.

❼ **S자** S 모양의 자로 소매산, 진동 둘레 등 거의 모든 기본 곡선을 그릴 수 있으며, 사이즈별 원 모양이 있어 단추 표시를 하기 좋습니다.

❽ **직각&컷팅자** 정확한 직각이 제도작업을 원활하게 합니다. 넓은 폭이 작업물의 뒤틀림 현상을 없애주어 원단 컷팅 작업에도 사용됩니다.

2 재단용품

❶ **컷팅매트** 재단칼로 원단을 재단할 때 함께 사용하면 재단칼의 날이 손상되지 않고, 원단이 깔끔하게 재단됩니다.

❷ **초크** 원단에 마름선을 표시하거나 수정할 때 사용합니다. 고체형, 샤프형, 펜형이 있으니 용도에 맞게 골라 사용하세요.

❸ **핀쿠션** 자주 사용하는 시침핀, 바늘 등을 적당량 꽂아 두고 필요할 때 바로 사용하세요.

❹ **문진** 원단과 패턴이 서로 뒤틀리지 않도록 묵직하게 고정해주는 누름쇠입니다.

❺ **시침핀&집게** 시침핀은 옷감을 고정하거나 입체 재단 시 사용합니다. 구슬핀, 실크핀 등 용도에 따라서 사용하세요. 핀 작업이 어려운 니트 원단에는 집게를 사용하면 좋습니다.

❻ **초크페이퍼** 패턴을 원단에 마름질할 때 초크 대신 사용할 수 있는 도구로, 페이퍼를 원단 아래 놓고 위에서 룰렛으로 굴려주면 원단에 완성선이 표시됩니다.

❼ **룰렛** 톱니를 굴려 원단에 마킹합니다. 초크페이퍼와 함께 사용하세요. 톱니형과 원반형으로 두 가지 타입이 있습니다. 원반형은 헤라로도 사용 가능합니다.

❽ **재단칼** 재단가위 대신 원단을 재단할 때 사용하며, 여러 겹의 원단을 한 번에 컷팅할 수 있어 편리합니다. 컷팅매트와 함께 사용하세요.

❾ **재단가위** 원단 재단에 사용하는 전용가위로 자신의 손에 맞는 크기의 가위를 사용하는 것이 좋습니다. 왼손용, 오른손용으로 두 가지 타입이 있습니다.

3 봉제용품

1 뒤집개 & 끼우개 원단으로 리본 등을 만들 때 좁은 폭의 원단을 쉽게 뒤집을 수 있고, 작품에 고무줄이나 끈을 끼워 넣을 때 편리하게 작업할 수 있습니다.

2 손바늘 작품의 마무리 또는 장식 작업 시 자주 사용되므로 사이즈별로 준비해두세요.

3 직물전용 본드풀 & 매직테이프 시침핀을 꽂기 힘든 곳, 지퍼 및 시접 등 임시고정이 필요한 부분에 사용하면 원단의 밀림 없이 봉제를 편하게 할 수 있습니다. 수용성 재질로 세탁 후 완전히 제거됩니다.

4 손바느질용 봉제실 기본적으로 가장 많이 사용되는 색상은 휴대가 편리한 소형 사이즈로 준비해두고 간편하게 사용하세요.

5 골무 손바느질을 할 때 손가락 끝을 보호해주어 작업의 능률을 높입니다. 가죽, 금속, 고무 등 다양한 재질이 있으니 용도에 맞게 골라 사용하세요.

6 쪽가위 작업 중 가장 많이 사용되는 가위로, 깔끔한 마무리 작업을 위해 꼭 필요합니다.

7 실뜯개 봉제가 잘못되어 바늘땀을 뜯어야 할 때나, 단춧구멍을 자를 때 유용하게 사용됩니다.

8 아이론시접자 정확한 치수체크와 함께 다림질로 손쉽게 시접부분을 만들 수 있도록 도와주는 열에 강한 시접자입니다.

4 미싱용품

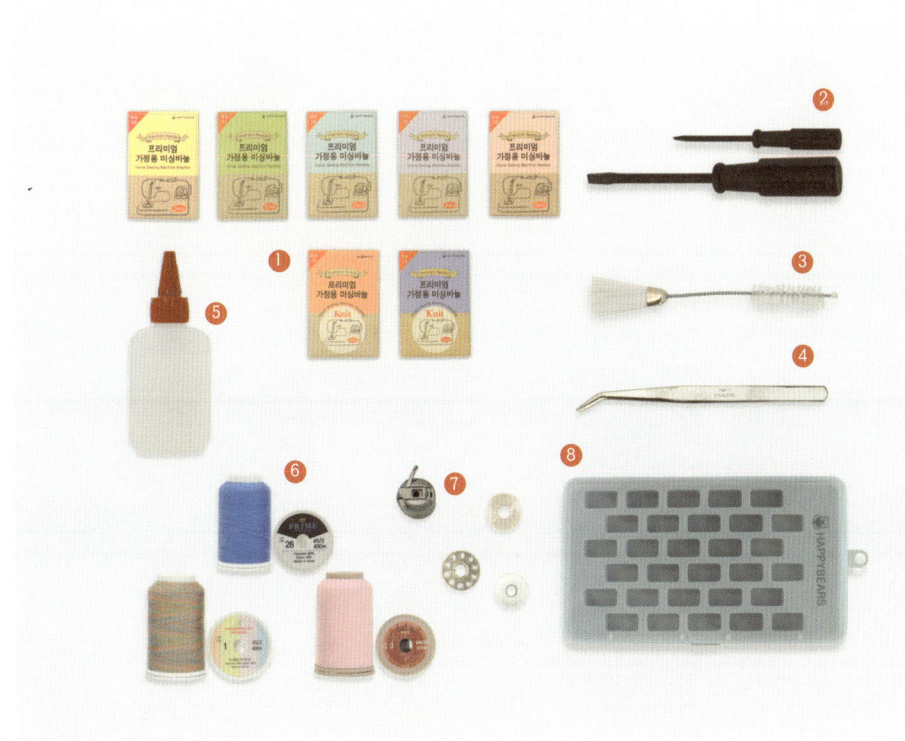

1 미싱바늘 공업용과 가정용을 잘 구분하여 사용해야 합니다. 원단의 소재와 두께에 따라 9/11/14/16/18호의 바늘을 맞춰 사용하세요. 니트원단에는 니트용 바늘을 사용하세요.

2 드라이버 노루발과 미싱바늘을 교체할 때 사용합니다.

3 크리닝브러시 봉제 후 미싱에 쌓인 먼지를 청소할 때 사용하는 미싱 청소용 브러시입니다.

4 핀셋 일반 미싱이나 오버록에 실을 끼울 때나, 미싱의 세밀한 곳을 작업할 때 사용합니다.

5 미싱기름 미싱의 소음이나 마찰을 완화시켜줍니다.

6 미싱용 봉제실 원단의 소재와 두께 및 작업 용도에 맞게 골라 사용합니다.

7 북집(보빈케이스) 공업용과 가정용을 잘 구분하여 사용해야 합니다. 북집이 필요 없는 미싱 기종도 있으니 확인 후 사용하세요.

8 북알(보빈)&북알케이스 북알은 공업용과 가정용을 잘 구분하여 사용해야 하며, 밑실은 윗실 컬러에 맞춰 바로 사용할 수 있도록 다양하게 감아서 준비해두면 좋습니다. 북알케이스에 보관하면 편리합니다.

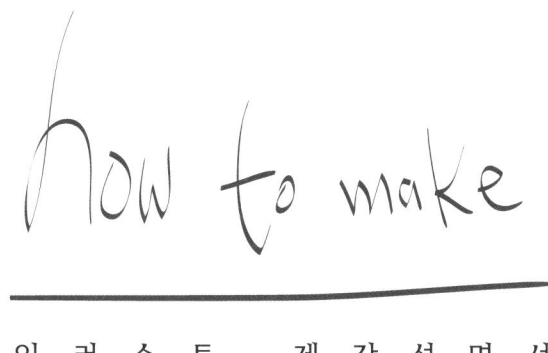

일러스트 제작설명서

* 이 책에서 소품은 One size로 소개하고 있고, 성인 의상은 55, 66, 77, 88 사이즈로, 아동 의상은 90, 100, 110, 120, 130 or S, M, L 사이즈로 소개하고 있습니다. 작품의 완성 사이즈를 확인하여 사이즈를 선택해주세요.

* 의상일 경우, 설명서에 표기된 재단배치도의 요척과 재료의 양은 가장 큰 사이즈의 패턴을 기준으로 작성되어 있습니다. 다른 사이즈의 패턴으로 제작시 약간의 차이가 있을 수 있습니다.

* 부록인 실물크기 패턴에는 시접이 포함되어 있지 않습니다. 각 만드는 방법 페이지의 재단 배치도를 참고하여 시접을 더해주세요.

* [소잉하루에 Vol.22] 작품에 사용된 자수 도안 파일을 1년 동안 무료로 드립니다.
  무료 자수 도안 문의 – https://blog.naver.com/mine011
  2020.07.29 이후에는 자수플러스(http://www.jasuplus.com/)에서 해당 자수 도안 파일을 구입할 수 있습니다.

no.01 면생리대

▶ 화보 : P.12
▶ 패턴 : Pattern A면

완성 사이즈　One size(소형)　8cm x 20cm
　　　　　　　　One size(중형)　15cm x 28cm
　　　　　　　　One size(대형)　14cm x 42cm

재료(소형)

· 겉감 ······ 15cm폭 x 25cm
· 안감 ······ 15cm폭 x 25cm
· 흡수감 ······ 25cm폭 x 25cm
· 바이어스감 ······ 50cm폭 x 50cm
· 2cm폭 면테이프 ······ 1팩
· 1.1cm폭 가시 도트단추 ······ 1쌍

재단배치도(소형)

· 모든 패턴이 시접이 포함되어 있습니다
· 몸판 둘레용 바이어스천은 직접 제도하여 사용합니다

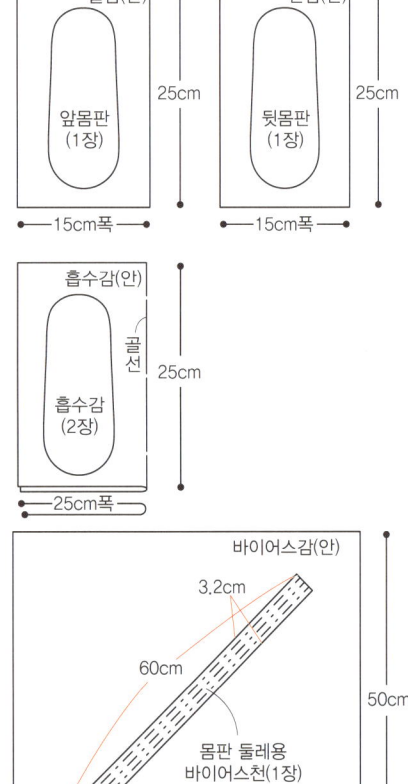

겉감(안)　앞몸판(1장)　25cm　15cm폭
안감(안)　뒷몸판(1장)　25cm　15cm폭
흡수감(안)　흡수감(2장)　골선　25cm　25cm폭
바이어스감(안)　3.2cm　60cm　50cm　몸판 둘레용 바이어스천(1장)　50cm폭

※**중형 · 대형 재단배치도는 P.106에 있습니다.**

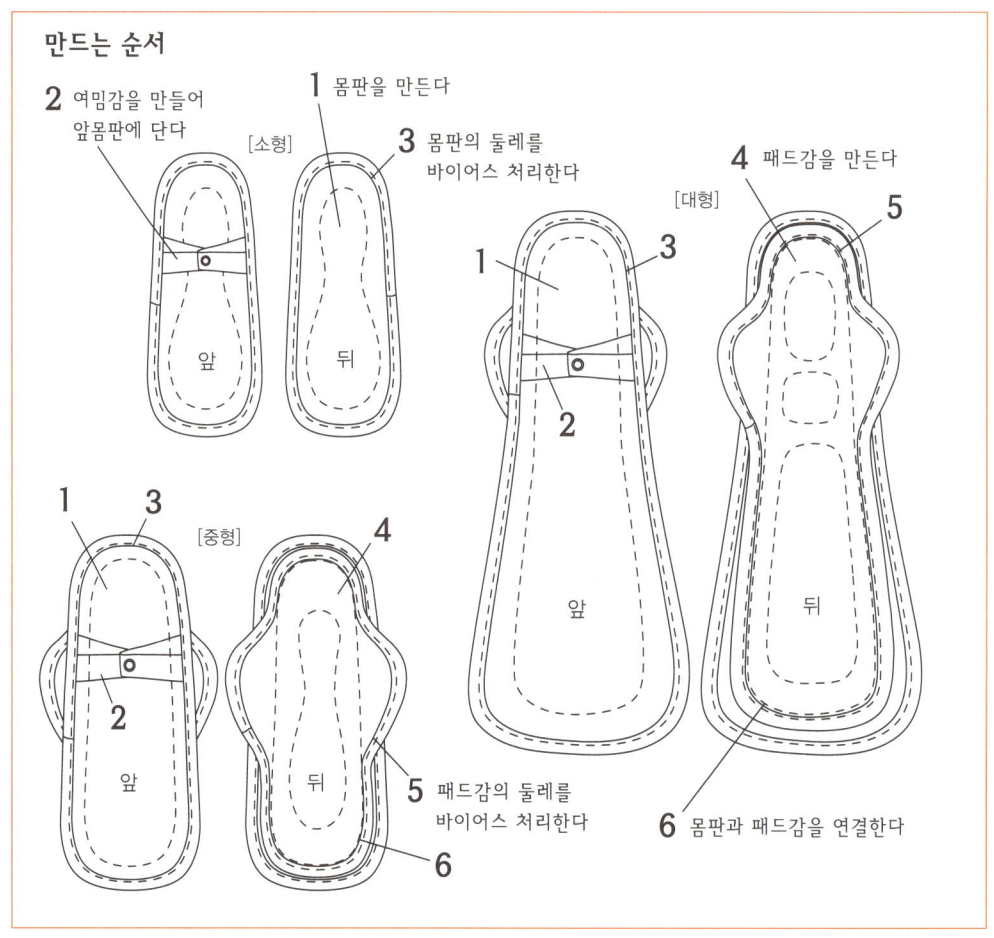

만드는 순서

2 여밈감을 만들어 앞몸판에 단다
1 몸판을 만든다
3 몸판의 둘레를 바이어스 처리한다
[소형]
앞　뒤
4 패드감을 만든다
[대형]
[중형]
앞　뒤
5 패드감의 둘레를 바이어스 처리한다
6 몸판과 패드감을 연결한다

만드는 방법　★치수가 기재되어 있지 않은 곳은 1cm로 봉합합니다.

1 몸판을 만든다

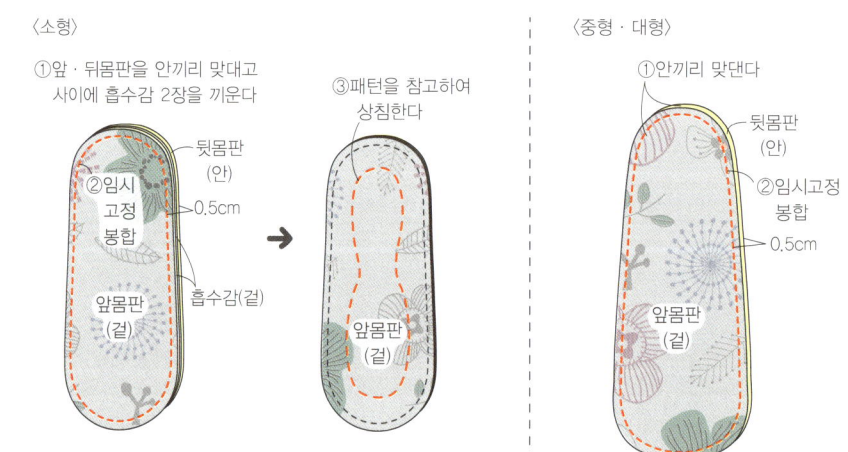

〈소형〉

①앞 · 뒤몸판을 안끼리 맞대고 사이에 흡수감 2장을 끼운다
②임시고정봉합
뒷몸판(안)
0.5cm
흡수감(겉)
앞몸판(겉)

③패턴을 참고하여 상침한다
앞몸판(겉)

〈중형 · 대형〉

①안끼리 맞댄다
뒷몸판(안)
②임시고정 봉합
0.5cm
앞몸판(겉)

2 여밈감을 만들어 앞몸판에 단다　※소형 패턴을 기준으로 설명합니다(제작 방법은 중형, 대형 모두 같습니다)

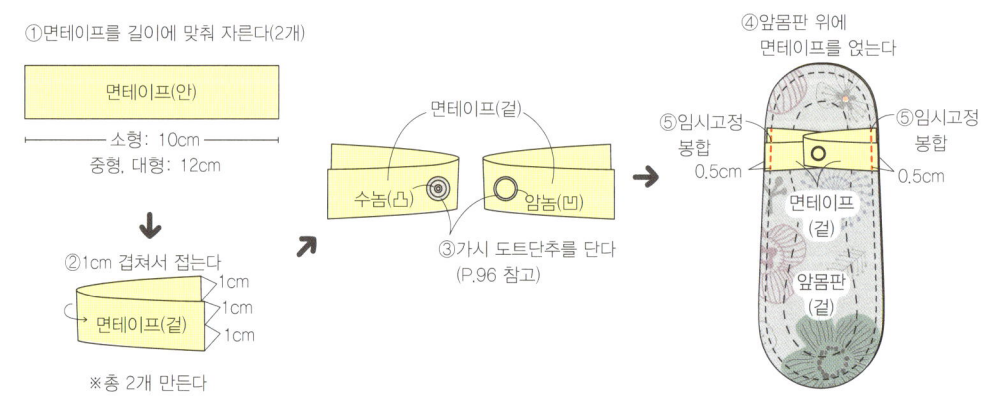

①면테이프를 길이에 맞춰 자른다(2개)
면테이프(안)
소형 : 10cm
중형, 대형 : 12cm

②1cm 겹쳐서 접는다
면테이프(겉)
1cm
1cm
1cm
※총 2개 만든다

면테이프(겉)
수놈(凸)　암놈(凹)
③가시 도트단추를 단다 (P.96 참고)

④앞몸판 위에 면테이프를 얹는다
⑤임시고정 봉합
0.5cm
면테이프(겉)
앞몸판(겉)
⑤임시고정 봉합
0.5cm

3 몸판의 둘레를 바이어스 처리한다

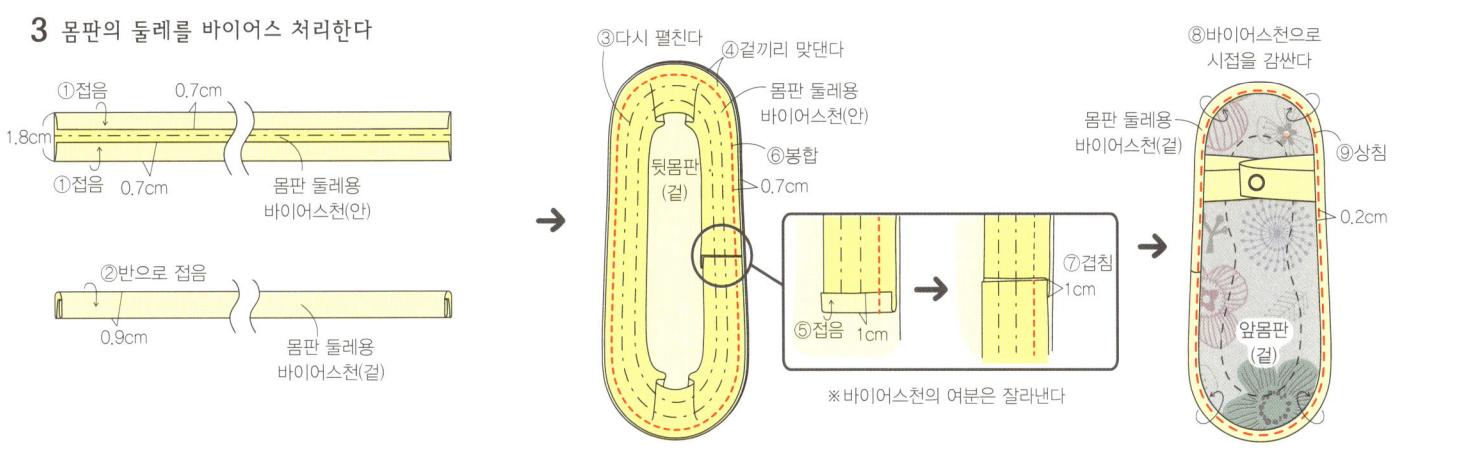

※**4~6** 과정은 중형 · 대형만 제작합니다

4 패드감을 만든다

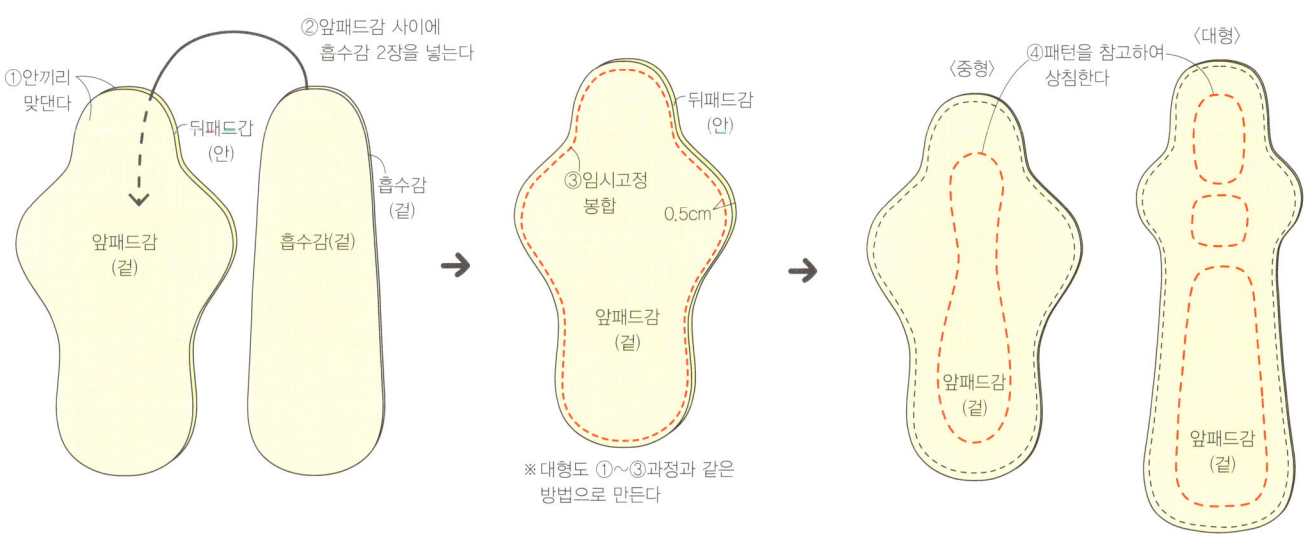

5 패드감의 둘레를 바이어스 처리한다(P.105 / **3**-①~⑨ 참고)

6 몸판과 패드김을 연결한다

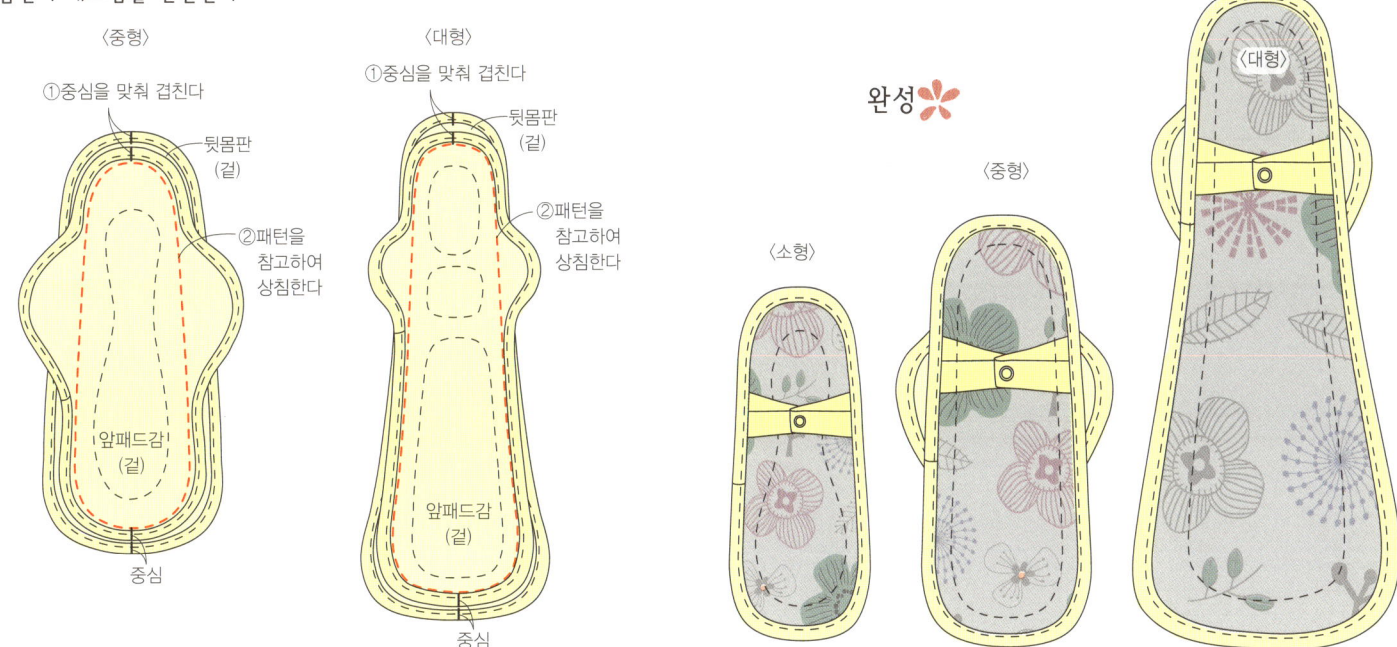

재료(중형)

· 겉감 ······ 20cm폭 x 30cm
· 안감 ······ 20cm폭 x 30cm
· 흡수감 ······ 60cm폭 x 30cm
· 바이어스감 ······ 60cm폭 x 70cm
· 2cm폭 면테이프 ······ 1팩
· 1.1cm폭 가시 도트단추 ······ 1쌍

재단배치도(중형)

· 모든 패턴이 시접이 포함되어 있습니다
· 몸판, 패드 둘레용 바이어스천은 직접 제도하여 사용합니다

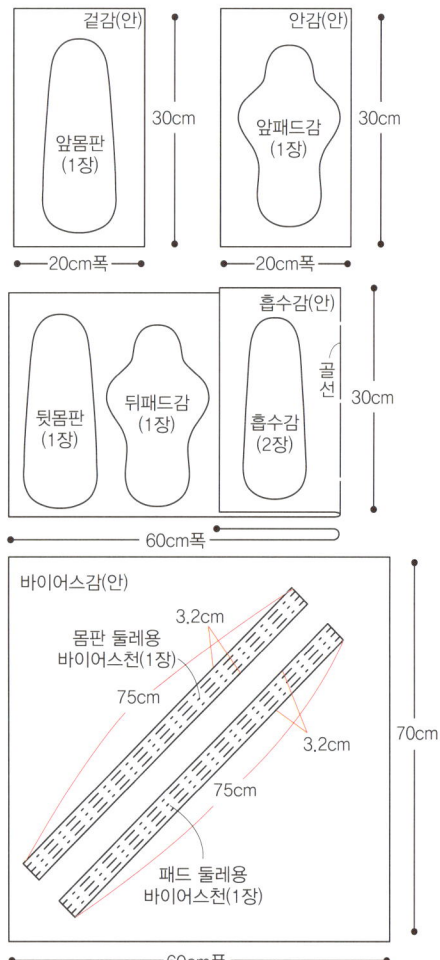

재료(대형)

· 겉감 ······ 20cm폭 x 45cm
· 안감 ······ 20cm폭 x 45cm
· 흡수감 ······ 70cm폭 x 45cm
· 바이어스감 ······ 90cm폭 x 90cm
· 2cm폭 면테이프 ······ 1팩
· 1.1cm폭 가시 도트단추 ······ 1쌍

재단배치도(대형)

· 모든 패턴이 시접이 포함되어 있습니다
· 몸판, 패드 둘레용 바이어스천은 직접 제도하여 사용합니다

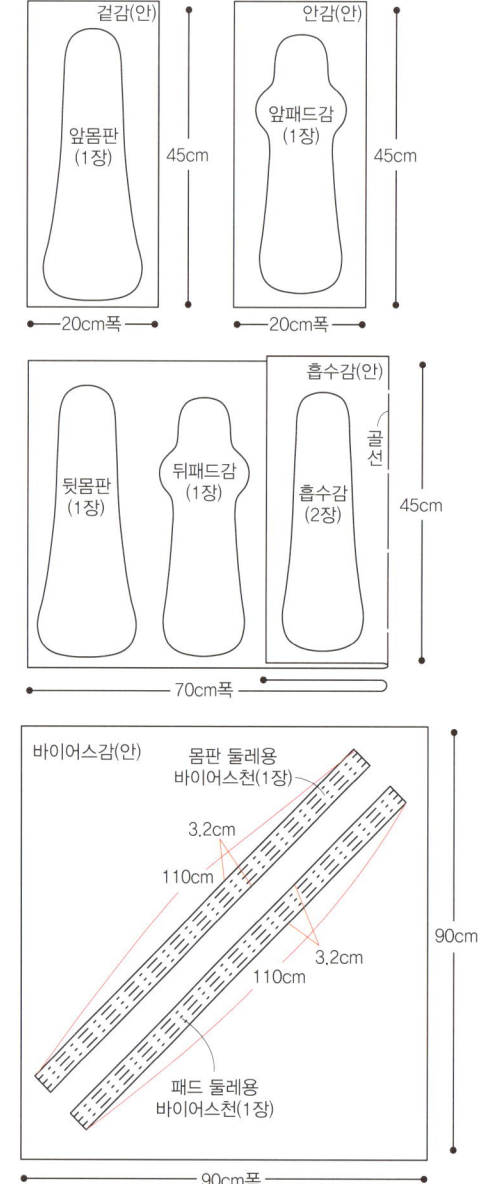

no.02 휴지 케이스(2종)

▶ 화보 : P.14
▶ 패턴 : Pattern A면

완성 사이즈 One size(사각) 12cm x 12cm
　　　　　　　 One size(원형) 14cm x 10cm

재료(사각)

· 겉감 …… 55cm폭 x 20cm
· 배색감 …… 55cm폭 x 10cm
· 안감 …… 55cm폭 x 30cm
· 소잉심지 …… 55cm폭 x 30cm
· 1.3cm폭 파이핑 테이프 …… 1팩
· 1.5cm폭 고무줄 …… 1팩
· 1.5cm폭 태슬 블레이드 …… 1팩

재단배치도(사각)

· 지정 이외의 시접은 1cm

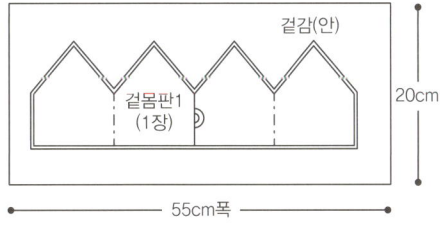

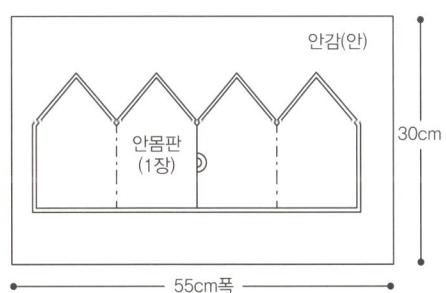

심지 재단(사각, 원형 공통)
※P.98을 참고하여 심지 작업을 한다
①소잉심지
−겉몸판1·2(각 1장)을 재단하여 붙인다

※원형 재단배치도는 P.109에 있습니다.

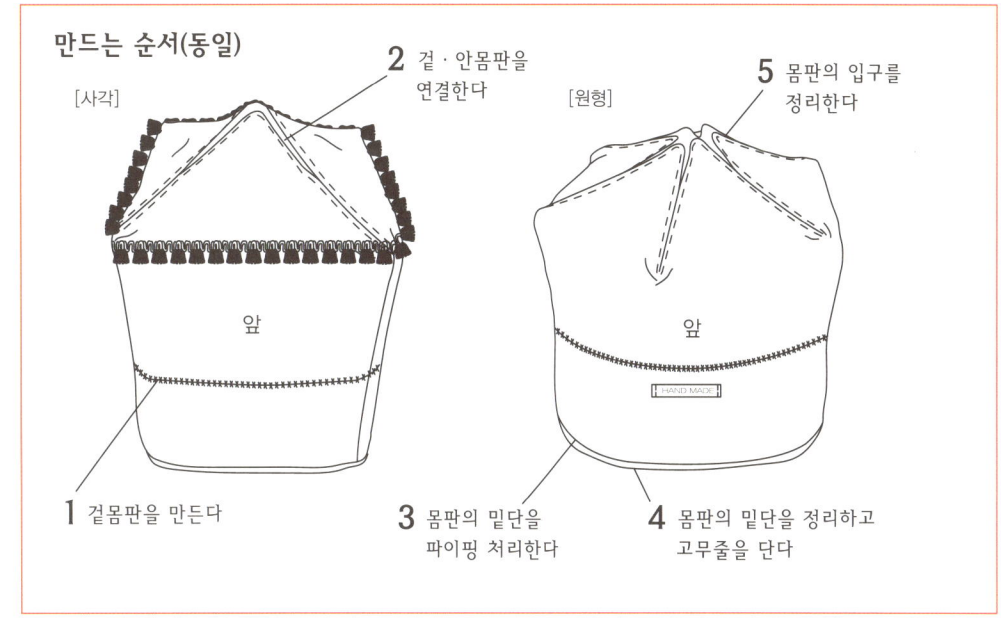

만드는 순서(동일)

[사각]　2 겉·안몸판을 연결한다

[원형]　5 몸판의 입구를 정리한다

앞

1 겉몸판을 만든다

3 몸판의 밑단을 파이핑 처리한다

4 몸판의 밑단을 정리하고 고무줄을 단다

만드는 방법(사각) ★치수가 기재되어 있지 않은 곳은 1cm로 봉합합니다.

1 겉몸판을 만든다

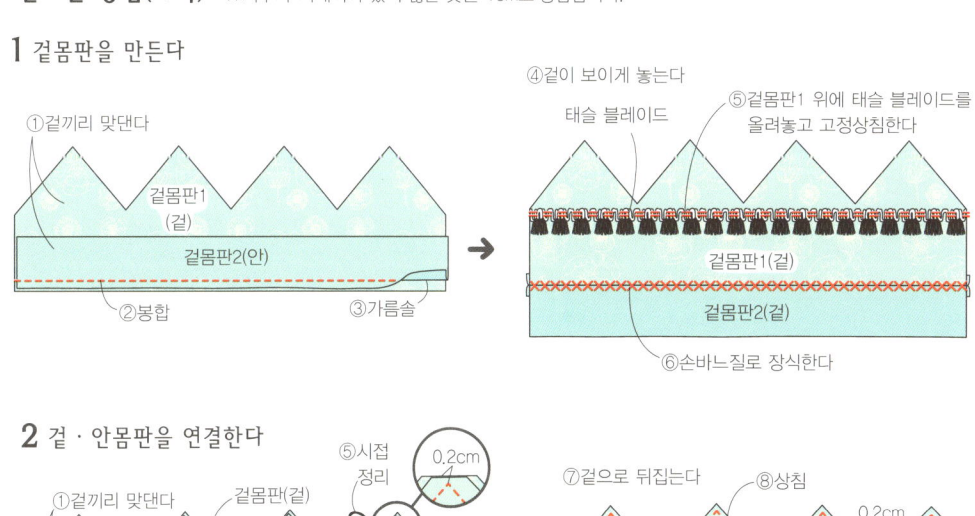

2 겉·안몸판을 연결한다

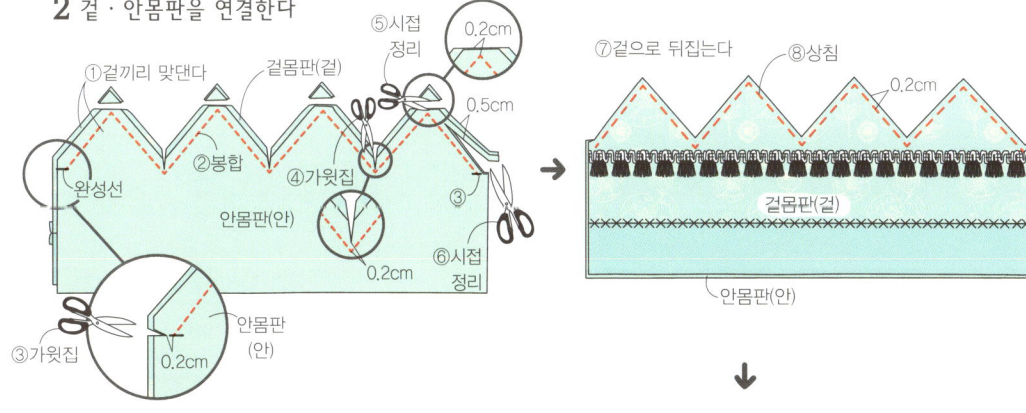

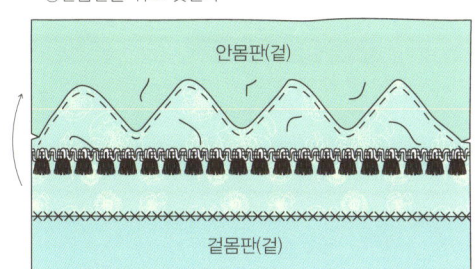

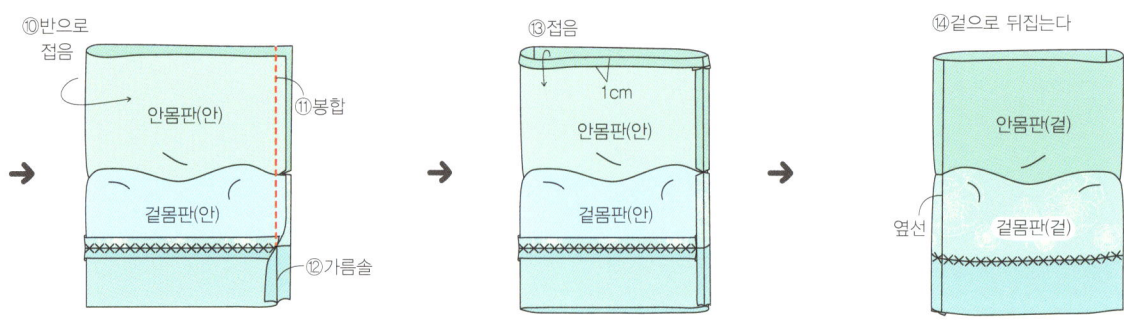

⑩반으로 접음
안몸판(안)
⑪봉합
겉몸판(안)
⑫가름솔

⑬접음
1cm
안몸판(안)
겉몸판(안)

⑭겉으로 뒤집는다
안몸판(겉)
옆선
겉몸판(겉)

3 몸판의 밑단을 파이핑 처리한다

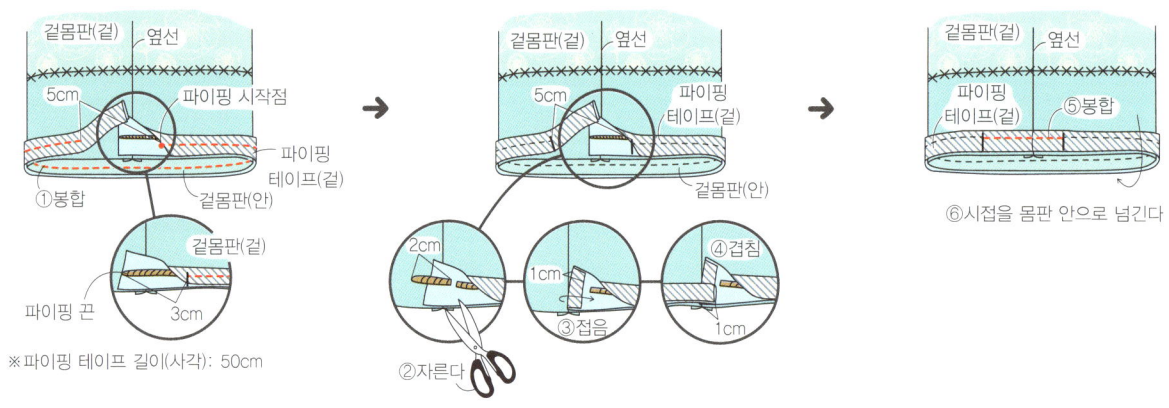

겉몸판(겉) 옆선
5cm 파이핑 시작점
①봉합
파이핑 테이프(겉)
겉몸판(안)
겉몸판(겉)
파이핑 끈 3cm
※파이핑 테이프 길이(사각): 50cm

겉몸판(겉) 옆선
5cm 파이핑 테이프(겉)
겉몸판(안)
2cm
②자른다
1cm ③접음
④겹침 1cm

겉몸판(겉) 옆선
파이핑 테이프(겉) ⑤봉합
겉몸판(안)
⑥시접을 몸판 안으로 넘긴다

4 몸판의 밑단을 정리하고 고무줄을 단다

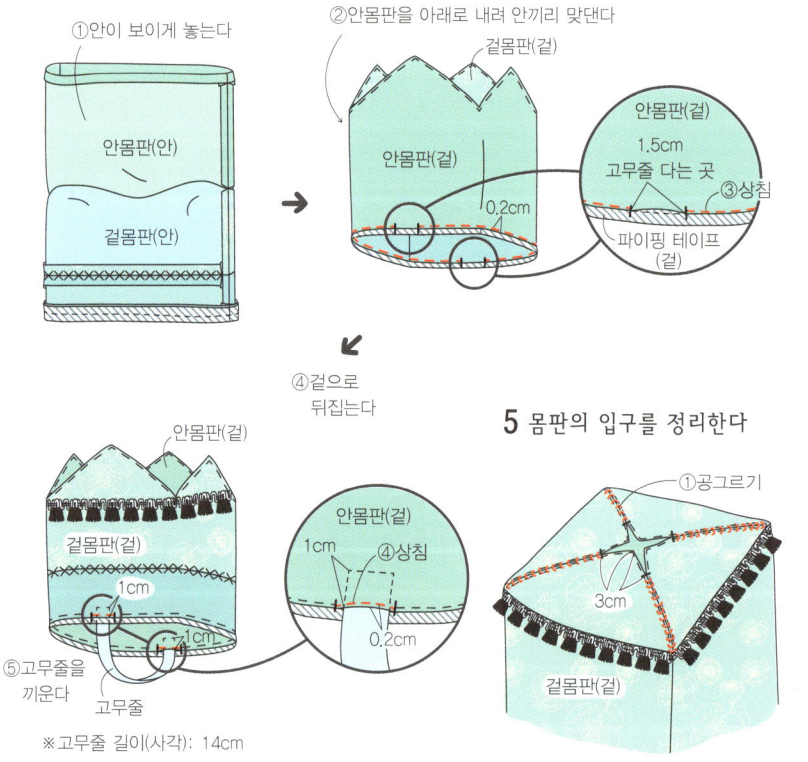

①안이 보이게 놓는다
안몸판(안)
겉몸판(안)

②안몸판을 아래로 내려 안끼리 맞댄다
겉몸판(겉)
안몸판(겉)
안몸판(겉)
1.5cm 고무줄 다는 곳 ③상침
0.2cm
파이핑 테이프(겉)

④겉으로 뒤집는다
안몸판(겉)
겉몸판(겉)
1cm
⑤고무줄을 끼운다
고무줄
1cm
안몸판(겉)
1cm ④상침
0.2cm
※고무줄 길이(사각): 14cm

5 몸판의 입구를 정리한다

①공그르기
3cm
겉몸판(겉)

만드는 방법(원형)

★치수가 기재되어 있지 않은 곳은 1cm로 봉합합니다.

1 겉몸판을 만든다

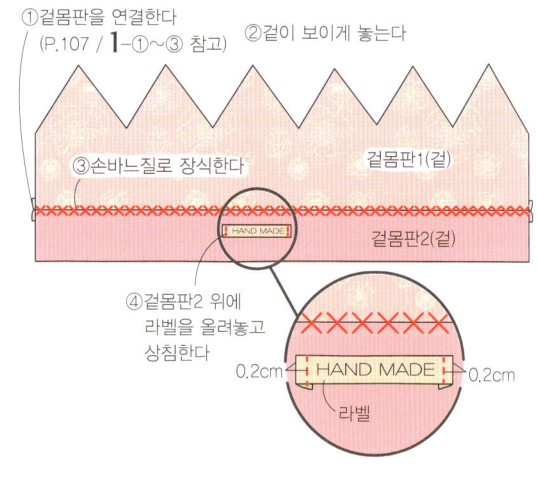

①겉몸판을 연결한다 (P.107 / 1-①~③ 참고)
②겉이 보이게 놓는다
③손바느질로 장식한다
겉몸판1(겉)
HAND MADE
겉몸판2(겉)
④겉몸판2 위에 라벨을 올려놓고 상침한다
XXXXXX
0.2cm HAND MADE 0.2cm
라벨

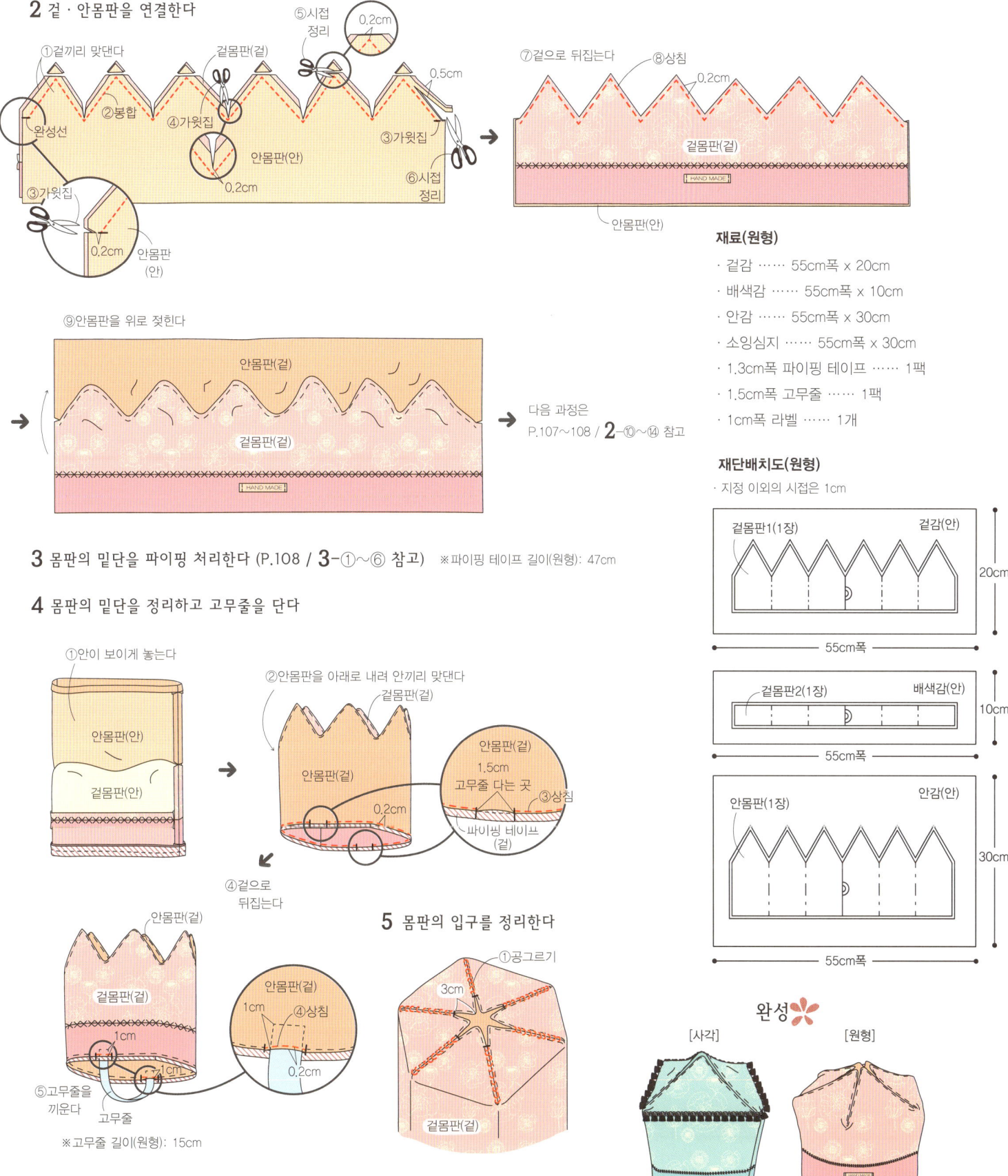

2 겉 · 안몸판을 연결한다

①겉끼리 맞댄다
⑤시접 정리
0.2cm
겉몸판(겉)
②봉합
완성선
③가윗집
④가윗집
안몸판(안)
0.2cm
③가윗집
안몸판(안)
0.2cm
③가윗집
0.5cm
⑥시접 정리

⑦겉으로 뒤집는다
⑧상침
0.2cm
겉몸판(겉)
HAND MADE
안몸판(안)

⑨안몸판을 위로 젖힌다
안몸판(겉)
겉몸판(겉)
HAND MADE

다음 과정은 P.107~108 / **2**-⑩~⑭ 참고

재료(원형)

· 겉감 …… 55cm폭 x 20cm
· 배색감 …… 55cm폭 x 10cm
· 안감 …… 55cm폭 x 30cm
· 소잉심지 …… 55cm폭 x 30cm
· 1.3cm폭 파이핑 테이프 …… 1팩
· 1.5cm폭 고무줄 …… 1팩
· 1cm폭 라벨 …… 1개

재단배치도(원형)

· 지정 이외의 시접은 1cm

겉몸판1(1장)
겉감(안)
20cm
55cm폭

겉몸판2(1장)
배색감(안)
10cm
55cm폭

안몸판(1장)
안감(안)
30cm
55cm폭

3 몸판의 밑단을 파이핑 처리한다 (P.108 / **3**-①~⑥ 참고) ※파이핑 테이프 길이(원형): 47cm

4 몸판의 밑단을 정리하고 고무줄을 단다

①안이 보이게 놓는다
안몸판(안)
겉몸판(안)

②안몸판을 아래로 내려 안끼리 맞댄다
겉몸판(겉)
안몸판(겉)
안몸판(겉)
1.5cm 고무줄 다는 곳
③상침
0.2cm
파이핑 베이스(겉)

④겉으로 뒤집는다

5 몸판의 입구를 정리한다

안몸판(겉)
겉몸판(겉)
1cm
1cm
1cm
⑤고무줄을 끼운다
고무줄

안몸판(겉)
1cm
④상침
0.2cm
고무줄

※고무줄 길이(원형): 15cm

①공그르기
3cm
겉몸판(겉)

완성 ❇

[사각]
[원형]
HAND MADE

no.03 여성용품 보관함(2종)

▶ 화보 : P.16
▶ 패턴 : Pattern B면

완성 사이즈 One size(욕실용) 12cm x 19.5cm
　　　　　　　 One size(서랍용) 32cm x 22cm x 10.5cm

재료(욕실용)

· 겉감1 …… 45cm폭 x 30cm
· 겉감2 …… 45cm폭 x 40cm
· 안감 …… 75cm폭 x 60cm
· 소잉심지 …… 65cm폭 x 45cm
· 3온스 퀼팅솜 …… 75cm폭 x 45cm
· 2.5cm폭 솜고정용 접착테이프 심지 …… 1팩
· 1.5cm폭 도트단추 …… 2쌍
· 1.5cm폭 라벨 …… 1개

재단배치도(욕실용)

· 지정 이외의 시접은 1cm
· 바이어스천은 직접 제도하여 사용합니다

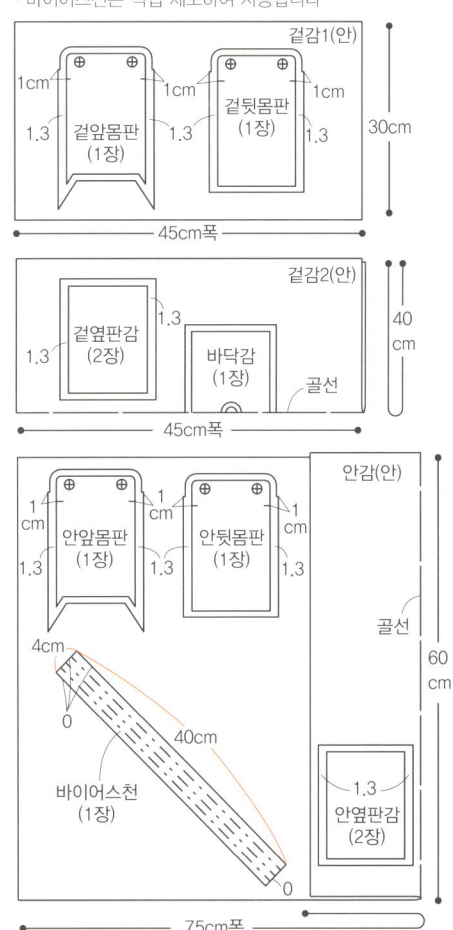

심지 재단 · 부착(욕실용)

※P.98을 참고하여 심지 작업을 한다
①소잉심지
−겉 · 안앞몸판(각 1장), 겉 · 안뒷몸판(각 1장),
　겉 · 안옆판감(각 1장), 바닥감(1장)를 재단하여 붙인다
②퀼팅솜
−겉앞몸판(1장), 겉뒷몸판(1장), 겉옆판감(2장),
　바닥감 한쪽면(1장)을 재단하여 붙인다

※ 서랍용 재단배치도는 P.113에 있습니다.

만드는 순서(욕실용)

3 몸판과 옆판을 연결한다
1 몸판을 만든다
앞
4 바닥감을 만들어 몸판에 단다
2 옆판을 만든다

만드는 순서(서랍용)

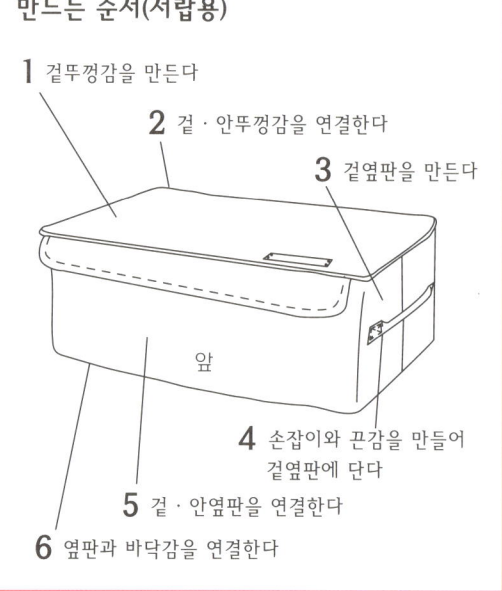

1 겉뚜껑감을 만든다
2 겉 · 안뚜껑감을 연결한다
3 겉옆판을 만든다
앞
4 손잡이와 끈감을 만들어 겉옆판에 단다
5 겉 · 안옆판을 연결한다
6 옆판과 바닥감을 연결한다

만드는 방법(욕실용) ★치수가 기재되어 있지 않은 곳은 1cm로 봉합합니다.

1 몸판을 만든다

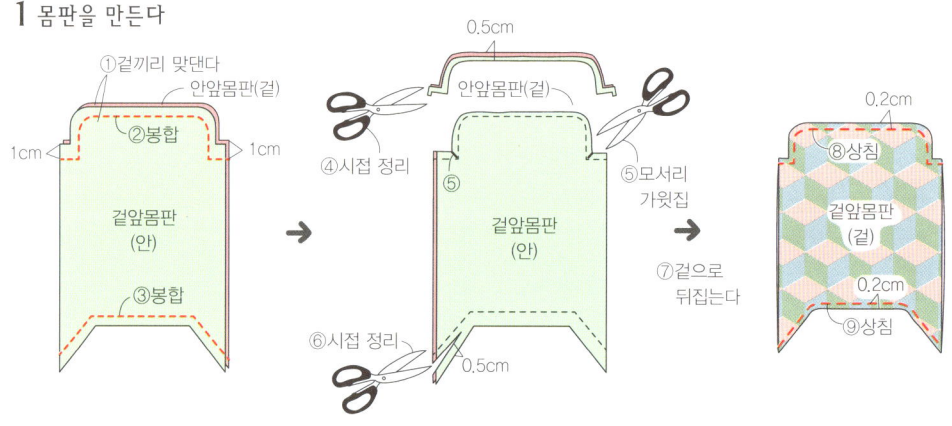

2 옆판을 만든다

⑩뒷몸판을 만든다
(P.110 / 1−①~②, ④~⑤, ⑦ 참고)
⑪상침 0.2cm
겉뒷몸판(겉)
안뒷몸판(안)

①겉옆판감 위에 라벨을 얹는다
겉옆판감(겉)
②상침
라벨(겉)
라벨(겉) 0.2cm
겉옆판감(겉)

③겉끼리 맞댄다
안옆판감(겉)
④봉합 0.5cm
⑤시접 정리
겉옆판감(안)

3 몸판과 옆판을 연결한다

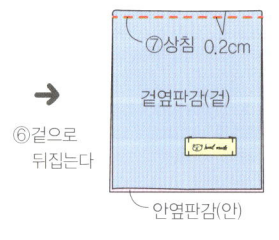
⑦상침 0.2cm
겉옆판감(겉)
⑥겉으로 뒤집는다
안옆판감(안)

※반대쪽 겉 · 안옆판감도 ③~⑦과정과 같은 방법으로 만든다

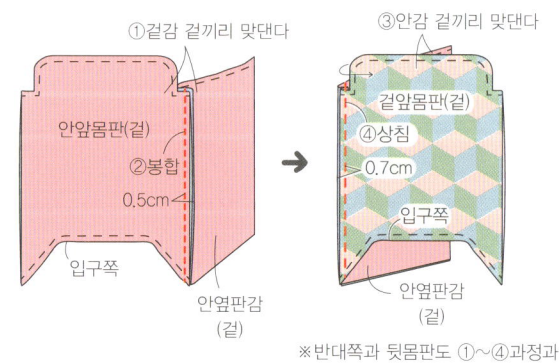
①겉감 겉끼리 맞댄다
③안감 겉끼리 맞댄다
안앞몸판(겉)
②봉합 0.5cm
입구쪽
겉앞몸판(겉)
④상침 0.7cm
안옆판감(겉)
입구쪽
안옆판감(겉)

※반대쪽과 뒷몸판도 ①~④과정과 같은 방법으로 만든다

4 바닥감을 만들어 몸판에 단다

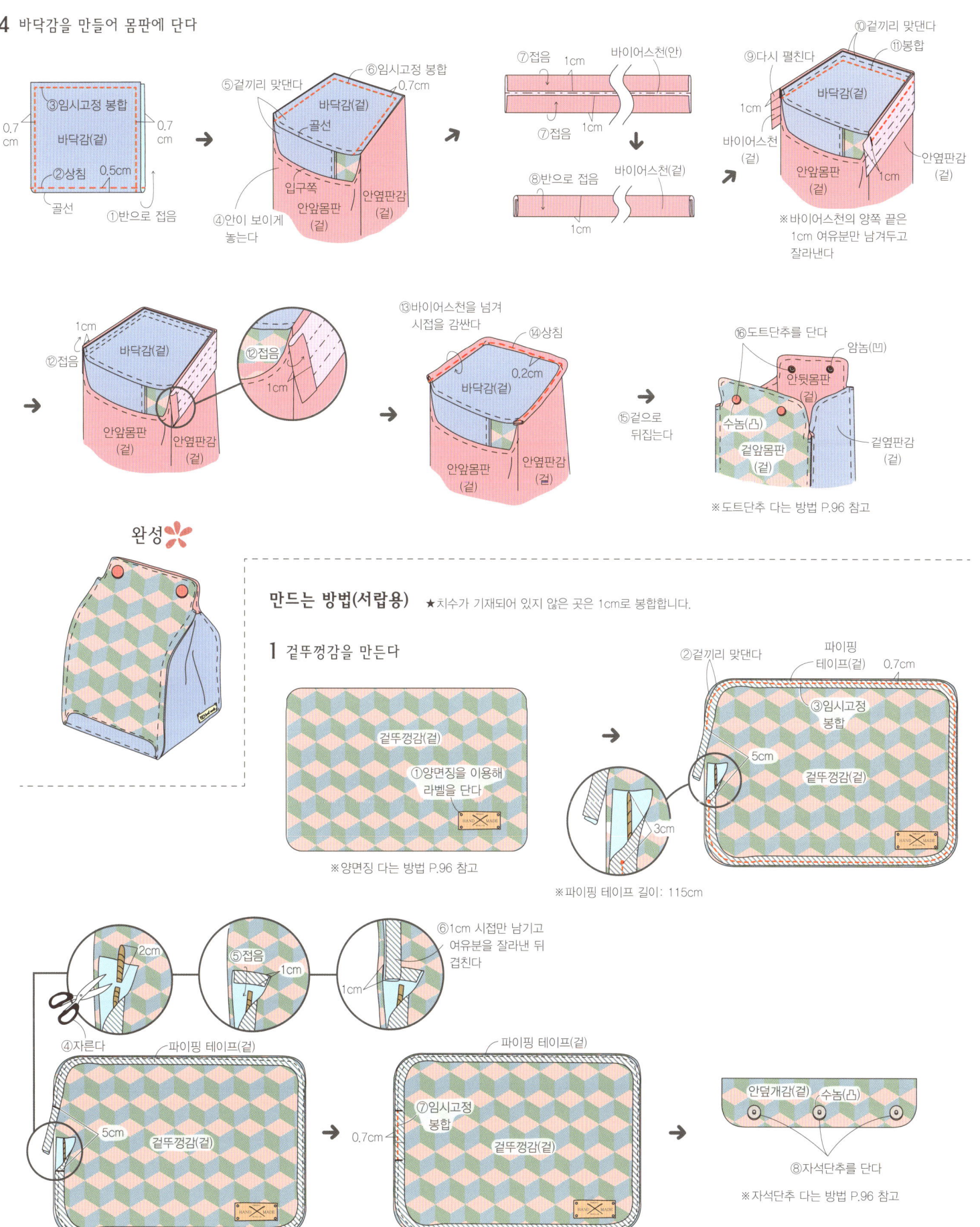

③임시고정 봉합
0.7cm
바닥감(겉)
0.7cm
②상침
0.5cm
골선
①반으로 접음

⑤겉끼리 맞댄다
⑥임시고정 봉합
0.7cm
바닥감(겉)
골선
입구쪽
안앞몸판(겉)
안옆판감(겉)
④안이 보이게 놓는다

⑦접음 1cm
바이어스천(안)
⑦접음 1cm
⑧반으로 접음
바이어스천(겉)
1cm

⑩겉끼리 맞댄다
⑨다시 펼친다
⑪봉합
바닥감(겉)
1cm
바이어스천(겉)
안앞몸판(겉)
안옆판감(겉)
1cm
※바이어스천의 양쪽 끝은 1cm 여유분만 남겨두고 잘라낸다

1cm
⑫접음
바닥감(겉)
1cm
⑫접음
안앞몸판(겉)
안옆판감(겉)

⑬바이어스천을 넘겨 시접을 감싼다
⑭상침
0.2cm
바닥감(겉)
안앞몸판(겉)
안옆판감(겉)

⑮겉으로 뒤집는다

⑯도트단추를 단다
암놈(凹)
안뒷몸판(겉)
수놈(凸)
겉옆판감(겉)
겉앞몸판(겉)
※도트단추 다는 방법 P.96 참고

완성 ✿

만드는 방법(서랍용) ★치수가 기재되어 있지 않은 곳은 1cm로 봉합합니다.

1 겉뚜껑감을 만든다

겉뚜껑감(겉)
①양면징을 이용해 라벨을 단다
※양면징 다는 방법 P.96 참고

②겉끼리 맞댄다
파이핑 테이프(겉)
0.7cm
③임시고정 봉합
5cm
3cm
겉뚜껑감(겉)
※파이핑 테이프 길이: 115cm

2cm
④자른다
⑤접음 1cm
⑥1cm 시접만 남기고 여유분을 잘라낸 뒤 겹친다
1cm

파이핑 테이프(겉)
5cm
겉뚜껑감(겉)

파이핑 테이프(겉)
⑦임시고정 봉합
0.7cm
겉뚜껑감(겉)

안덮개감(겉) 수놈(凸)
⑧자석단추를 단다
※자석단추 다는 방법 P.96 참고

⑨겉끼리 맞댄다
안덮개감(겉)
겉덮개감(안)
⑪시접 정리
0.5cm
⑩봉합
⑫겉으로 뒤집는다
겉덮개감(겉)
⑬상침
0.5cm

겉뚜껑감(겉)
안덮개감(안)
⑭겉끼리 맞댄다
⑮임시고정 봉합
0.7cm

⑯지퍼 길이를 조정한다
(P.86 / 지퍼 길이 조정하는 방법 참고)
지퍼(겉)
지퍼 상지
29cm
지퍼 하지
⑰지퍼를 열어 지퍼를 분리한다
지퍼 상지
오른쪽 지퍼(겉)
왼쪽 지퍼(겉)
지퍼 상지
지퍼 하지

2 겉·안뚜껑감을 연결한다

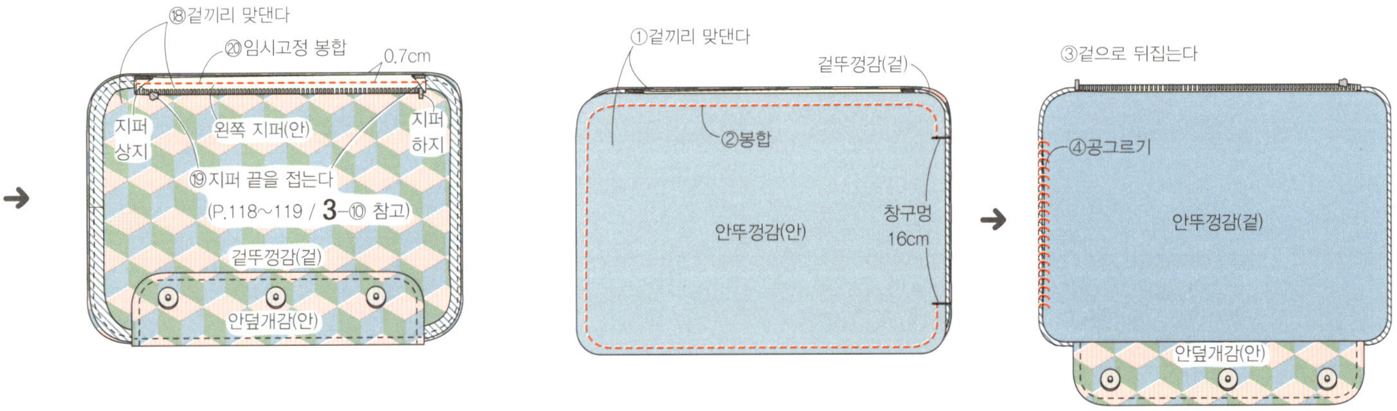

⑱겉끼리 맞댄다
⑳임시고정 봉합
0.7cm
지퍼 상지
왼쪽 지퍼(안)
지퍼 하지
⑲지퍼 끝을 접는다
(P.118~119 3-⑩ 참고)
겉뚜껑감(겉)
안덮개감(안)

①겉끼리 맞댄다
겉뚜껑감(겉)
②봉합
안뚜껑감(안)
창구멍 16cm

③겉으로 뒤집는다
④공그르기
안뚜껑감(겉)
안덮개감(안)

3 겉옆판을 만든다

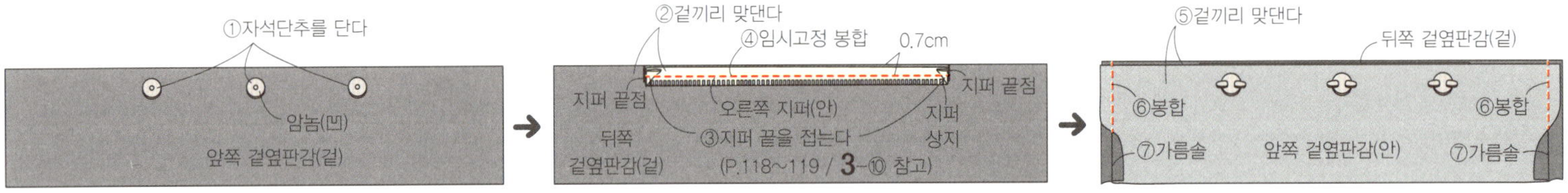

①자석단추를 단다
암놈(凹)
앞쪽 겉옆판감(겉)
※자석단추 다는 방법 P.96 참고

②겉끼리 맞댄다
④임시고정 봉합
0.7cm
지퍼 끝점
오른쪽 지퍼(안)
지퍼 끝점
지퍼 상지
뒤쪽 겉옆판감(겉)
③지퍼 끝을 접는다
(P.118~119 3-⑩ 참고)

⑤겉끼리 맞댄다
뒤쪽 겉옆판감(겉)
⑥봉합
⑥봉합
⑦가름솔
앞쪽 겉옆판감(안)
⑦가름솔
※안옆판감도 ⑤~⑦과정과 같은 방법으로 만든다

4 손잡이와 끈감을 만들어 겉옆판에 단다

①웨이빙끈을 길이에 맞춰 자른다
웨이빙끈(안)
22cm

②반으로 접음
③상침
웨이빙끈(겉)
6cm
0.2cm
6cm

2cm
웨이빙끈(겉)
2cm
④펼치고 접음
④펼치고 접음

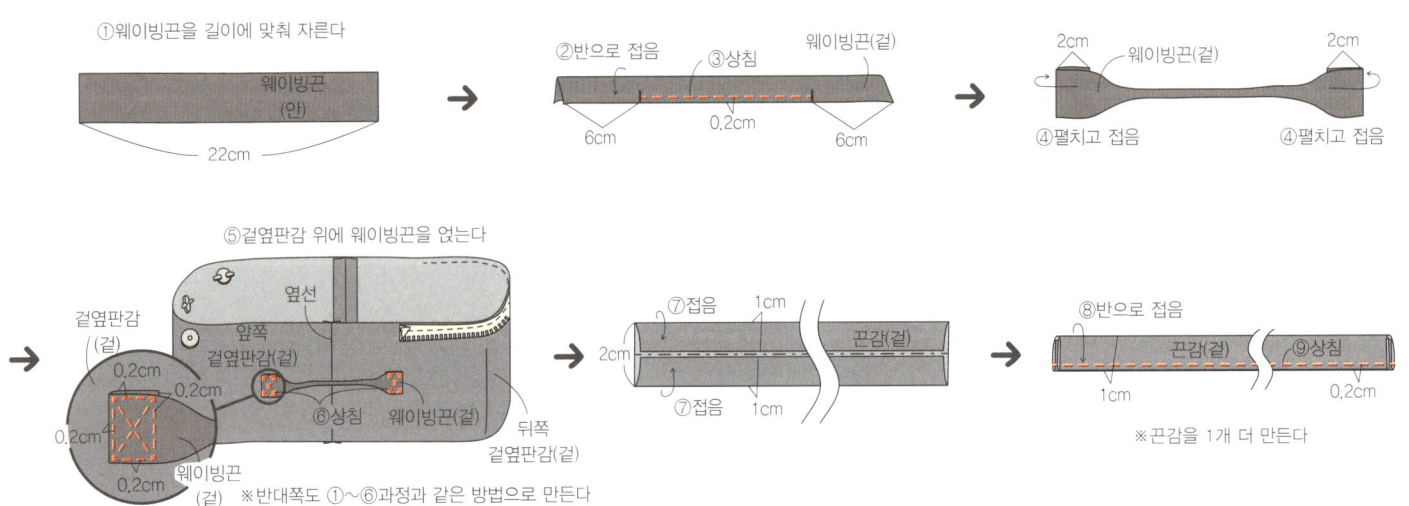

⑤겉옆판감 위에 웨이빙끈을 얹는다
옆선
겉옆판감(겉)
앞쪽 겉옆판감(겉)
0.2cm
0.2cm
0.2cm
⑥상침
웨이빙끈(겉)
웨이빙끈(겉)
0.2cm
뒤쪽 겉옆판감(겉)
※반대쪽도 ①~⑥과정과 같은 방법으로 만든다

⑦접음 1cm
끈감(겉)
2cm
⑦접음 1cm

⑧반으로 접음
끈감(겉)
⑨상침
1cm
0.2cm
※끈감을 1개 더 만든다

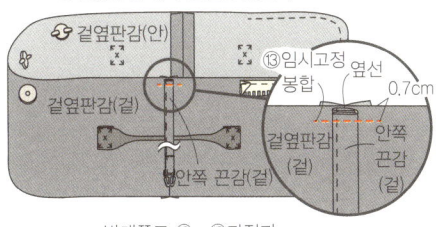

⑩플라스틱 버클을 끼워 두 번 접음

끈감(겉)

플라스틱 버클

1cm

2cm
0.2cm

⑪상침

※반대쪽 버클도 ⑩~⑪과정과 같은 방법으로 만든다

⑫겉옆판감 위에 끈감을 얹는다

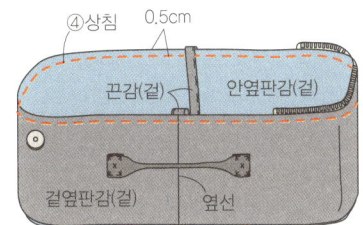

겉옆판감(안)

겉옆판감(겉)

⑬임시고정 옆선 봉합

0.7cm

겉옆판감(겉)

안쪽 끈감(겉)

안쪽 끈감(겉)

※반대쪽도 ⑫~⑬과정과 같은 방법으로 만든다

no.03 재료(서랍용)

- 겉감1 ······ 50cm폭 x 50cm
- 겉감2 ······ 80cm폭 x 70cm
- 안감 ······ 80cm폭 x 70cm
- 가방심지 ······ 110cm폭 x 90cm
- 소프트 보강심지 ······ 110cm폭 x 45cm
- 양면 멜트심지 ······ 110cm폭 x 45cm
- 2.5cm폭 솜고정용 접착테이프 심지 ······ 1팩
- 2.5cm폭 라벨 ······ 1개
- 1.3cm폭 파이핑 테이프 ······ 1팩
- 1cm폭 플라스틱 버클 ······ 1쌍
- 2.5cm폭 웨이빙끈 ······ 1팩
- 3호 점퍼 지퍼 ······ 1개
- 1.4cm폭 자석단추 ······ 3쌍

5 겉·안옆판감을 연결한다

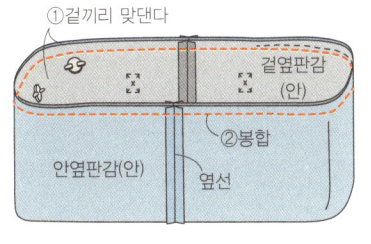

①겉끼리 맞댄다

겉옆판감(안)

②봉합

안옆판감(안)

옆선

③겉으로 뒤집는다

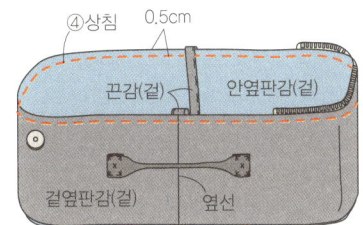

④상침 0.5cm

끈감(겉)

안옆판감(겉)

겉옆판감(겉)

옆선

※끈감이 함께 상침되지 않도록 주의한다

6 옆판과 바닥감을 연결한다

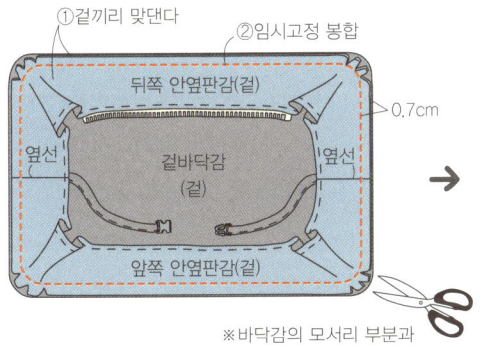

①겉끼리 맞댄다

②임시고정 봉합

뒤쪽 안옆판감(겉)

0.7cm

옆선

겉바닥감(겉)

옆선

앞쪽 안옆판감(겉)

※바닥감의 모서리 부분과 연결하는 옆판감의 시접에 가윗집을 주면서 임시고정 봉합한다

③옆판감 위에 안바닥감을 올려 놓는다

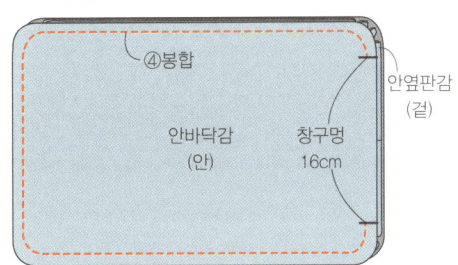

④봉합

안바닥감(안)

창구멍 16cm

안옆판감(겉)

재단배치도(서랍용)

· 지정 이외의 시접은 1cm

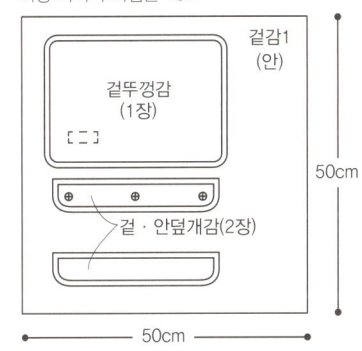

겉감1 (안)

겉뚜껑감 (1장)

겉·안덮개감(2장)

50cm

50cm

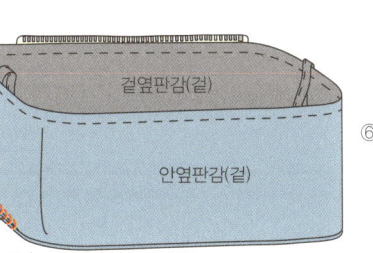

겉옆판감(겉)

안옆판감(겉)

④창구멍을 통해 겉으로 뒤집는다

⑤공그르기

안옆판감(겉)

⑥겉으로 뒤집는다

겉옆판감(겉)

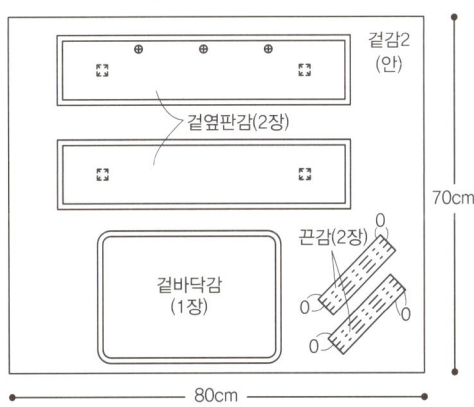

겉감2 (안)

겉옆판감(2장)

끈감(2장)

겉바닥감 (1장)

70cm

80cm

완성

심지 재단·부착(서랍용)

※P.98을 참고하여 심지 작업을 한다

①가방심지
–겉·안뚜껑감(각 1장), 겉·안덮개감(각 1장), 겉옆판감(2장), 안옆판감(2장), 겉·안바닥감 (각 1장)을 재단하여 붙인다

②소프트 보강심지
–겉뚜껑감(1장), 겉덮개감(1장), 겉옆판감(2장), 겉바닥감(1장)을 재단하여 붙인다

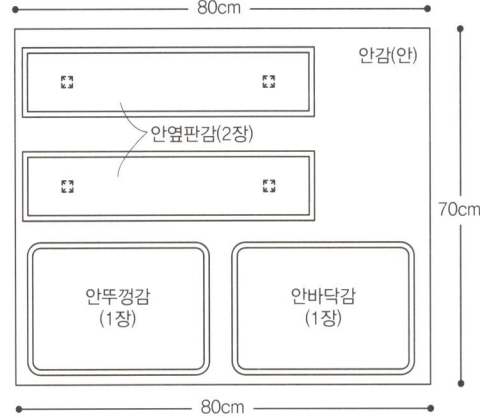

안감(안)

안옆판감(2장)

안뚜껑감 (1장)

안바닥감 (1장)

70cm

80cm

no.04 사각 파우치

▶화보 : P.18
▶패턴 : Pattern A면

완성 사이즈 One size 13cm x 14cm

재료

· 겉감 ······ 70cm폭 x 20cm
· 배색감 ······ 20cm폭 x 20cm
· 안감 ······ 45cm폭 x 20cm
· 소잉심지 ······ 110cm폭 x 45cm
· 2cm폭 가죽 사시꼬미 ······ 1쌍

재단배치도

· 지정 이외의 시접은 1cm

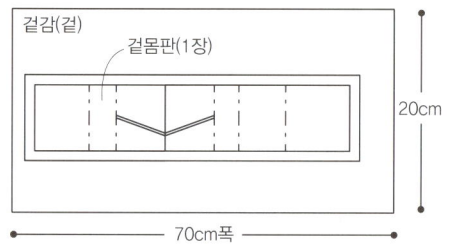

겉감(겉)
겉몸판(1장)
20cm
70cm폭

배색감(겉)
뚜껑감(1장)
20cm
20cm폭

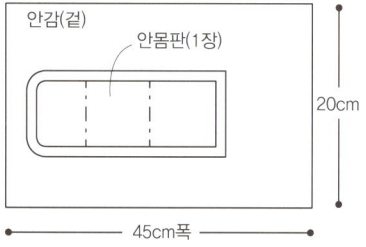

안감(겉)
안몸판(1장)
20cm
45cm폭

심지 재단 · 부착

※P.98을 참고하여 심지 작업을 한다
①소잉심지
－겉몸판, 뚜껑감, 안몸판(각 1장)을 재단하여 붙인다

만드는 순서

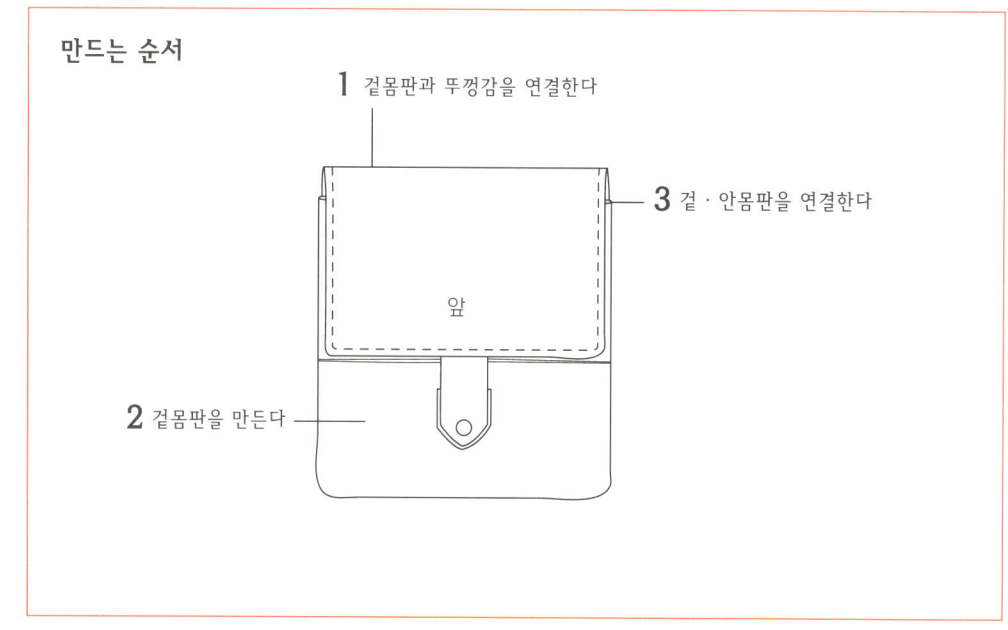

1 겉몸판과 뚜껑감을 연결한다

3 겉 · 안몸판을 연결한다

앞

2 겉몸판을 만든다

만드는 방법 ★치수가 기재되어 있지 않은 곳은 1cm로 봉합합니다.

1~2 겉몸판과 뚜껑감을 연결하고, 겉몸판을 만든다

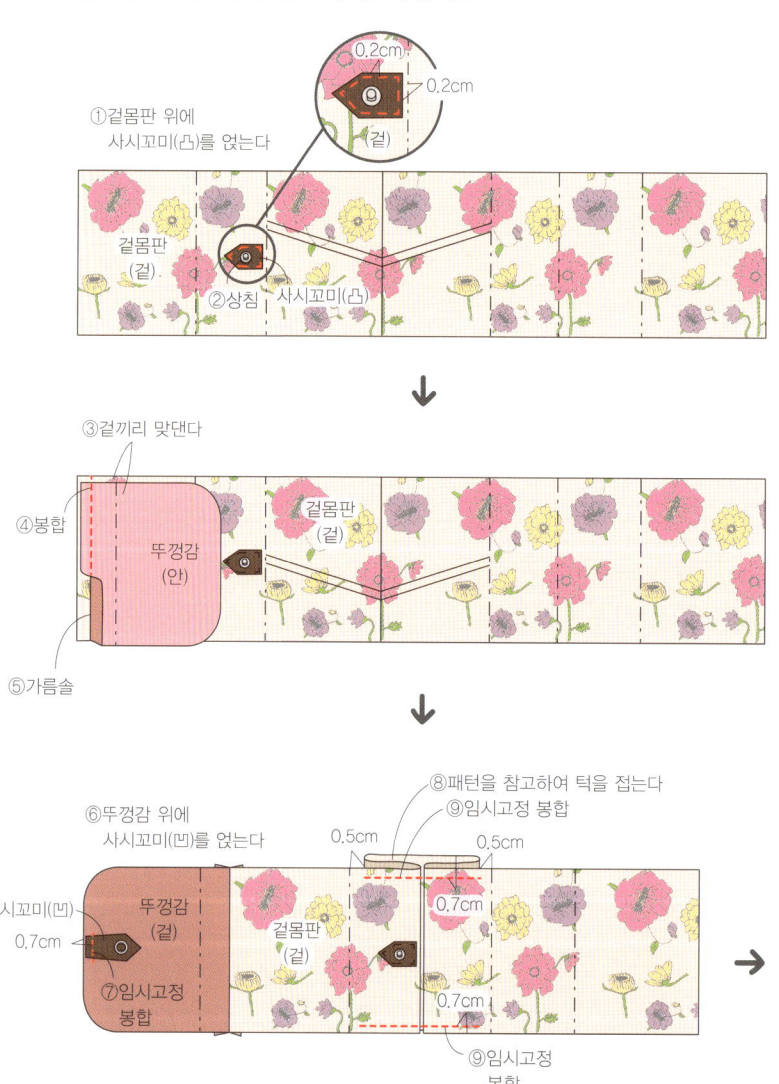

①겉몸판 위에 사시꼬미(凸)를 얹는다

0.2cm
0.2cm
(겉)

겉몸판 (겉)

②상침 사시꼬미(凸)

③겉끼리 맞댄다
④봉합
뚜껑감 (안)
⑤가름솔
겉몸판 (겉)

⑥뚜껑감 위에 사시꼬미(凹)를 얹는다

⑧패턴을 참고하여 턱을 접는다
⑨임시고정 봉합
0.5cm   0.5cm

사시꼬미(凹)
0.7cm
뚜껑감 (겉)
⑦임시고정 봉합

겉몸판 (겉)
0.7cm
0.7cm
⑨임시고정 봉합

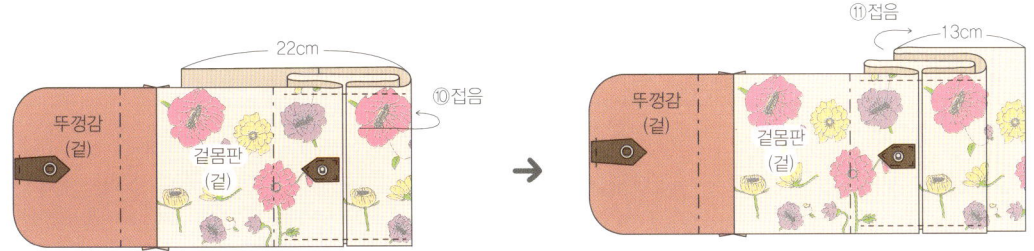

⑪접음 13cm

뚜껑감
(겉)

22cm

⑩접음

겉몸판
(겉)

겉몸판
(겉)

뚜껑감
(겉)

3 겉·안몸판을 연결한다

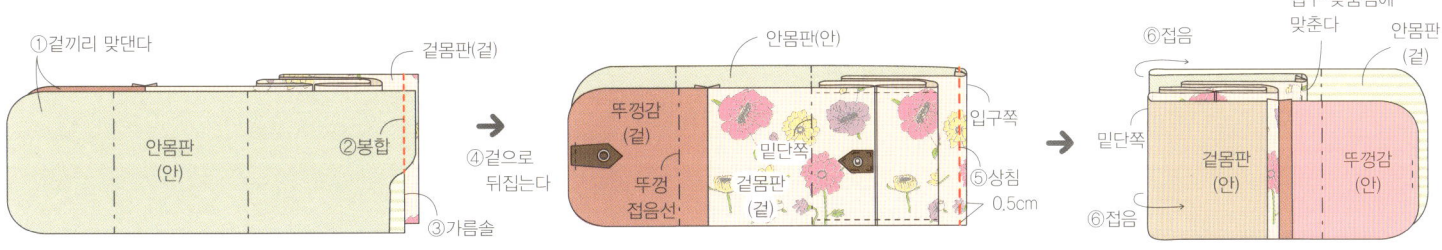

①겉끼리 맞댄다

겉몸판(겉)

②봉합

③가름솔

안몸판
(안)

④겉으로
뒤집는다

안몸판(안)

뚜껑감
(겉)

뚜껑
접음선

밑단쪽

겉몸판
(겉)

입구쪽

⑤상침
0.5cm

⑦뚜껑감과
안몸판을
입구 맞춤점에
맞춘다

⑥접음

안몸판
(겉)

밑단쪽

겉몸판
(안)

⑥접음

뚜껑감
(안)

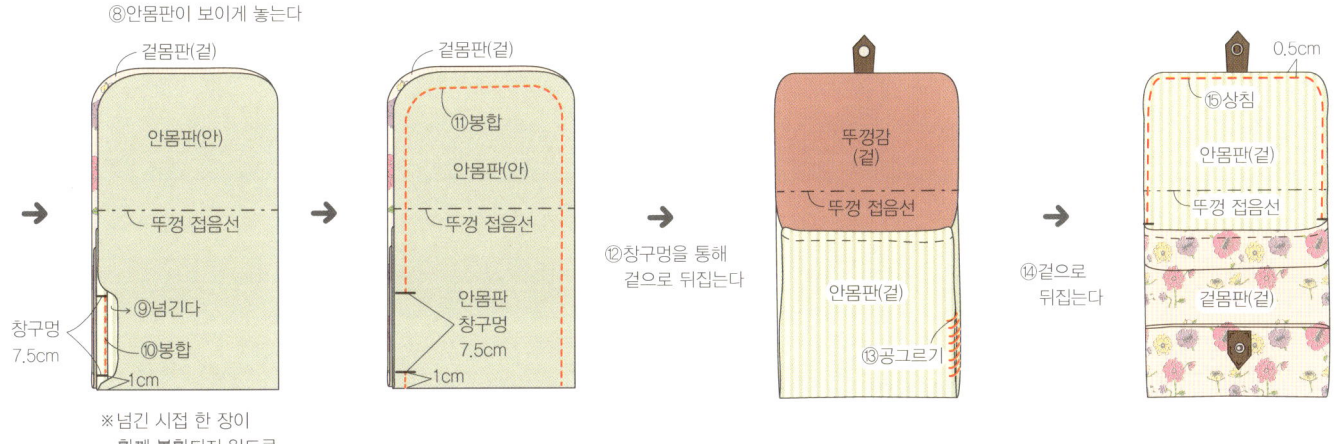

⑧안몸판이 보이게 놓는다

겉몸판(겉)

안몸판(안)

뚜껑 접음선

창구멍
7.5cm

⑨넘긴다

⑩봉합

1cm

※넘긴 시접 한 장이
힘께 봉힙되지 않도록
주의한다

겉몸판(겉)

⑪봉합

안몸판(안)

뚜껑 접음선

안몸판
창구멍
7.5cm

1cm

⑫창구멍을 통해
겉으로 뒤집는다

뚜껑감
(겉)

뚜껑 접음선

안몸판(겉)

⑬공그르기

0.5cm

⑮상침

안몸판(겉)

뚜껑 접음선

겉몸판(겉)

⑭겉으로
뒤집는다

완성 ✿

no.05 하트 파우치

▶ 화보 : P.20
▶ 패턴 : Pattern A면

완성 사이즈   One size   20.5cm x 15cm

재료

· 겉감 …… 40cm폭 x 40cm
· 안감 …… 40cm폭 x 40cm
· 소잉심지 …… 30cm폭 x 80cm
· 4온스 퀼팅솜 …… 30cm폭 x 40cm
· 2.5cm폭 솜고정용 접착테이프 심지 …… 1팩
· 1cm(완성폭) 바이어스 테이프 …… 1팩
· 워셔블 매직테이프 …… 1팩
· 50cm길이 코일 지퍼 …… 1개
· 0.6cm폭 양면징 …… 2쌍
· 1.2cm폭 가죽라벨 …… 1개
· (디자인1)장식 …… 1개
· (디자인2)2.5cm폭 O링 …… 1개

재단배치도

· 지정 이외의 시접은 1cm
· O링고리감, 밑단용 바이어스천 실물크기 패턴 P.117 참고

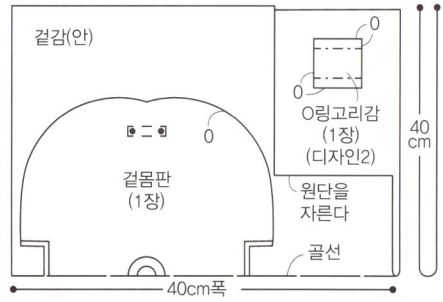

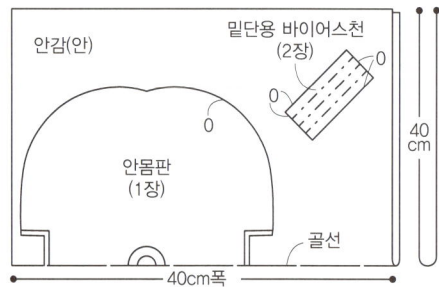

심지 재단 · 부착

※P.98을 참고하여 심지 작업을 한다
①소잉심지
–겉 · 안몸판(각 1장)을 재단하여 붙인다
②퀼팅솜
–겉몸판(1장)을 재단하여 붙인다

만드는 순서

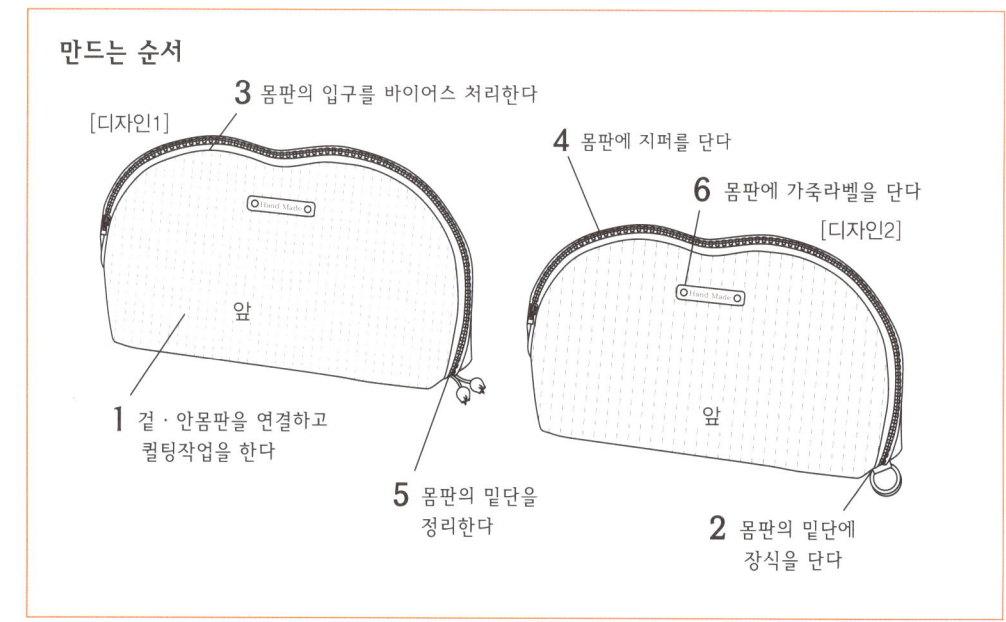

3 몸판의 입구를 바이어스 처리한다
[디자인1]
앞
1 겉 · 안몸판을 연결하고 퀼팅작업을 한다
5 몸판의 밑단을 정리한다

4 몸판에 지퍼를 단다
6 몸판에 가죽라벨을 단다
[디자인2]
앞
2 몸판의 밑단에 장식을 단다

만드는 방법   ★치수가 기재되어 있지 않은 곳은 1cm로 봉합합니다.

1 겉 · 안몸판을 연결하고 퀼팅작업을 한다

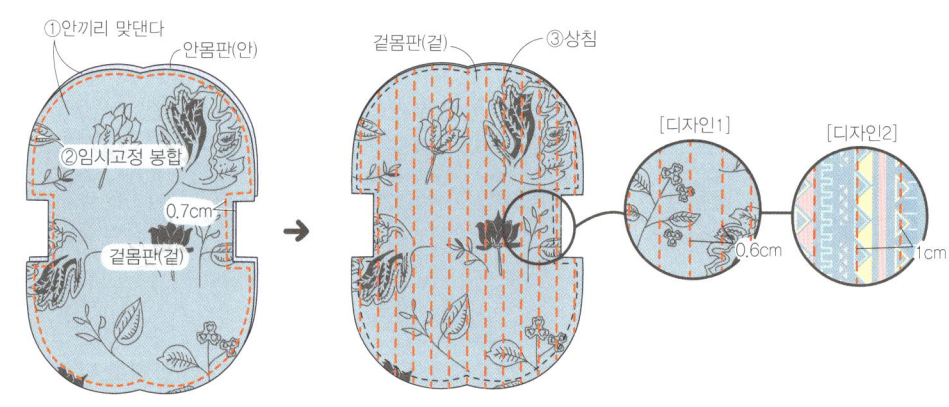

①안끼리 맞댄다   안몸판(안)
②임시고정 봉합
겉몸판(겉)
0.7cm
겉몸판(겉)   ③상침
[디자인1]   [디자인2]
0.6cm   1cm

2 몸판의 밑단에 장식을 단다

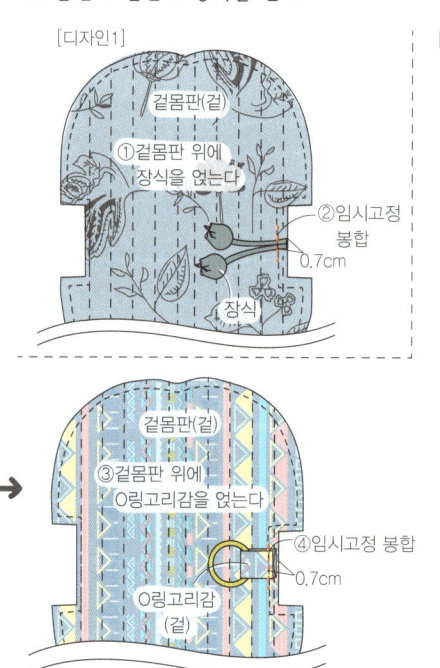

[디자인1]
겉몸판(겉)
①겉몸판 위에 장식을 얹는다
②임시고정 봉합
0.7cm
장식

[디자인2]
①접음   0.8cm   O링고리감(겉)
1.6cm
①접음   0.8cm

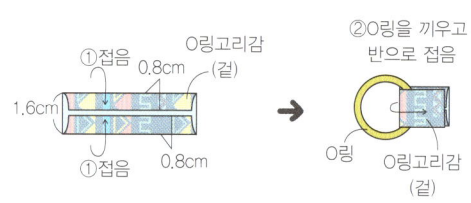

②O링을 끼우고 반으로 접음
O링   O링고리감(겉)

겉몸판(겉)
③겉몸판 위에 O링고리감을 얹는다
④임시고정 봉합
0.7cm
O링고리감(겉)

3 몸판의 입구를 바이어스 처리한다

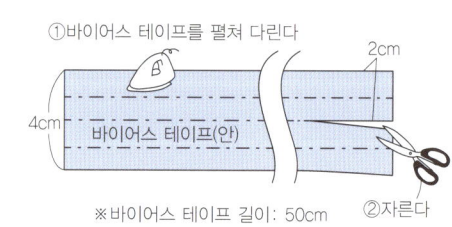

①바이어스 테이프를 펼쳐 다린다
2cm
4cm   바이어스 테이프(안)
②자른다
※바이어스 테이프 길이: 50cm

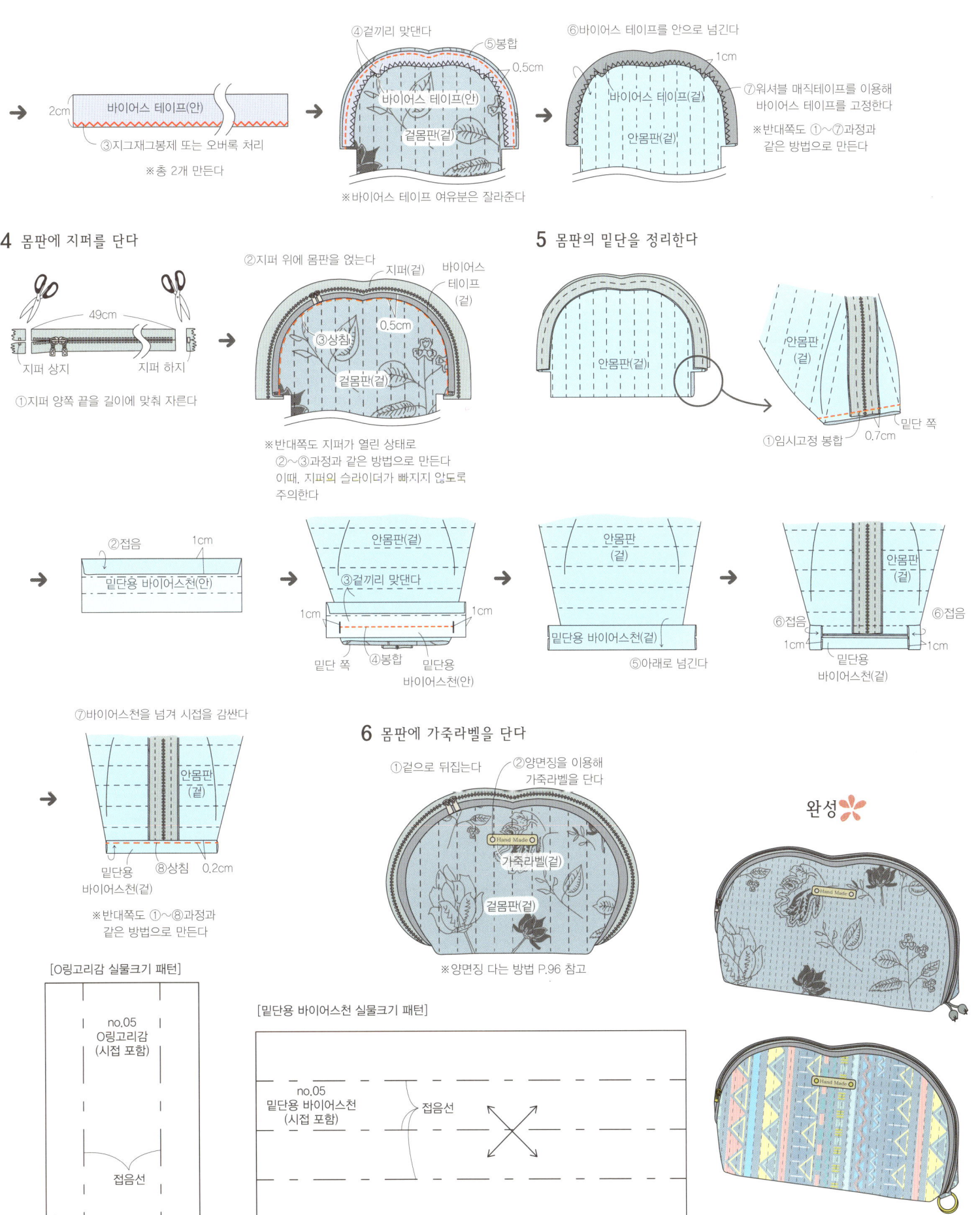

④겉끼리 맞댄다
⑤봉합
⑥바이어스 테이프를 안으로 넘긴다

바이어스 테이프(안)
2cm
③지그재그봉제 또는 오버록 처리
※총 2개 만든다

0.5cm
바이어스 테이프(안)
겉몸판(겉)
※바이어스 테이프 여유분은 잘라준다

1cm
바이어스 테이프(겉)
안몸판(겉)
⑦워셔블 매직테이프를 이용해 바이어스 테이프를 고정한다
※반대쪽도 ①~⑦과정과 같은 방법으로 만든다

4 몸판에 지퍼를 단다

49cm
지퍼 상지
지퍼 하지
①지퍼 양쪽 끝을 길이에 맞춰 자른다

②지퍼 위에 몸판을 얹는다
지퍼(겉)
바이어스 테이프(겉)
0.5cm
③상침
겉몸판(겉)
※반대쪽도 지퍼가 열린 상태로 ②~③과정과 같은 방법으로 만든다 이때, 지퍼의 슬라이더가 빠지지 않도록 주의한다

5 몸판의 밑단을 정리한다

안몸판(겉)
안몸판(겉)
①임시고정 봉합
0.7cm
밑단 쪽

②접음
1cm
밑단용 바이어스천(안)

안몸판(겉)
③겉끼리 맞댄다
1cm
1cm
밑단 쪽
④봉합
밑단용 바이어스천(안)

안몸판(겉)
밑단용 바이어스천(겉)
⑤아래로 넘긴다

안몸판(겉)
⑥접음
⑥접음
1cm
밑단용 바이어스천(겉)
1cm

⑦바이어스천을 넘겨 시접을 감싼다
안몸판(겉)
밑단용 바이어스천(겉)
⑧상침
0.2cm
※반대쪽도 ①~⑧과정과 같은 방법으로 만든다

6 몸판에 가죽라벨을 단다

①겉으로 뒤집는다
②양면징을 이용해 가죽라벨을 단다
가죽라벨(겉)
겉몸판(겉)
※양면징 다는 방법 P.96 참고

완성 🌸

[O링고리감 실물크기 패턴]
no.05
O링고리감
(시접 포함)
접음선

[밑단용 바이어스천 실물크기 패턴]
no.05
밑단용 바이어스천
(시접 포함)
접음선

완성 사이즈 One size 8cm x 21.5cm

재료

· 겉감······ 55cm폭 x 40cm

· 배색감······ 40cm폭 x 30cm

· 소잉심지 ······ 40cm폭 x 60cm

· 3온스 퀼팅솜 ······ 40cm폭 x 45cm

· 2.5cm폭 솜고정용 접착테이프 심지 ······ 1팩

· 2cm폭 D링 ······ 2개

· 2cm폭 연결고리 ······ 2개

· 20cm길이 퀼트 지퍼 ······ 2개

· 0.6cm폭 스트링끈 ······ 1팩

재단배치도

· 지정 이외의 시접은 1cm

· 끈감. D링고리감은 직접 제도하여 사용합니다

· 지퍼막음감 실물크기 패턴 P.150 참고

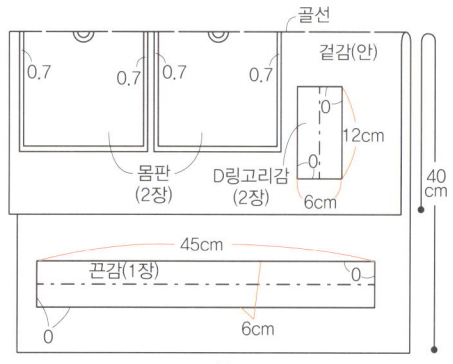

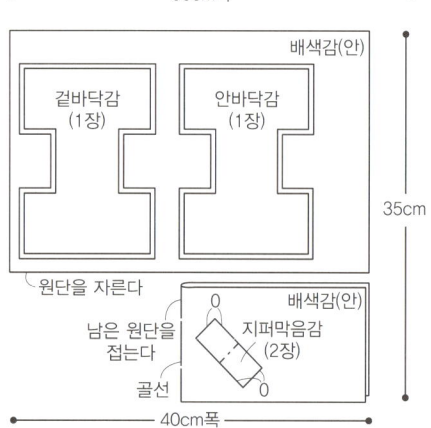

심지 재단 · 부착

※①~②는 P.98을 참고하여 심지 작업을 한다

①소잉심지

–몸판(2장), 겉 · 안바닥감(각 1장)을 재단하여 붙인다

②퀼팅솜

–겉 · 안바닥감(각 1장)을 재단하여 붙인다

③몸판용 퀼팅솜(4장)을 재단한다

(P.119 / 몸판용 퀼팅솜 재단하는 방법 참고)

※몸판용 퀼팅솜 패턴은 B면에 수록되어 있습니다

※심지 부착 방법은 P.118 / **1**-①~② 참고

만드는 순서

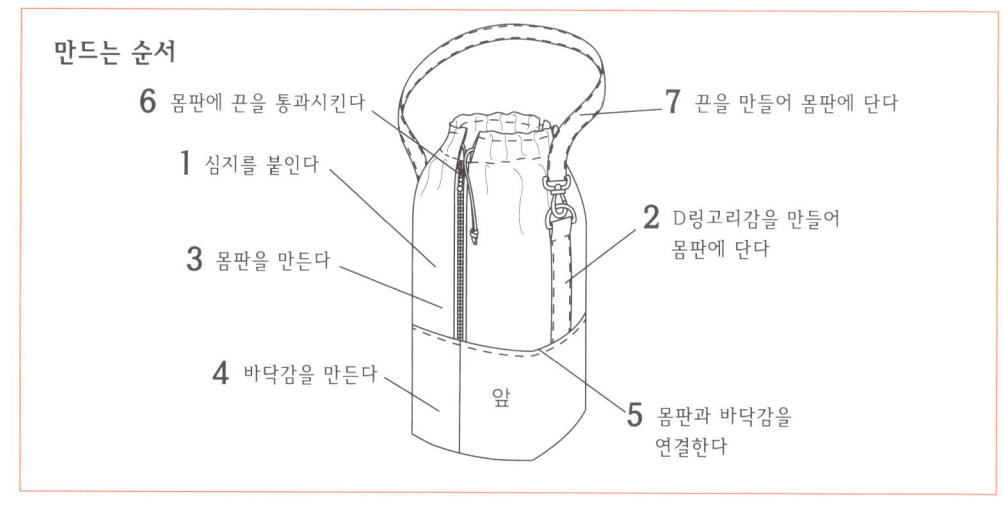

6 몸판에 끈을 통과시킨다

1 심지를 붙인다

3 몸판을 만든다

4 바닥감을 만든다

7 끈을 만들어 몸판에 단다

2 D링고리감을 만들어 몸판에 단다

5 몸판과 바닥감을 연결한다

앞

만드는 방법 ★치수가 기재되어 있지 않은 곳은 1cm로 봉합합니다.

1 심지를 붙인다

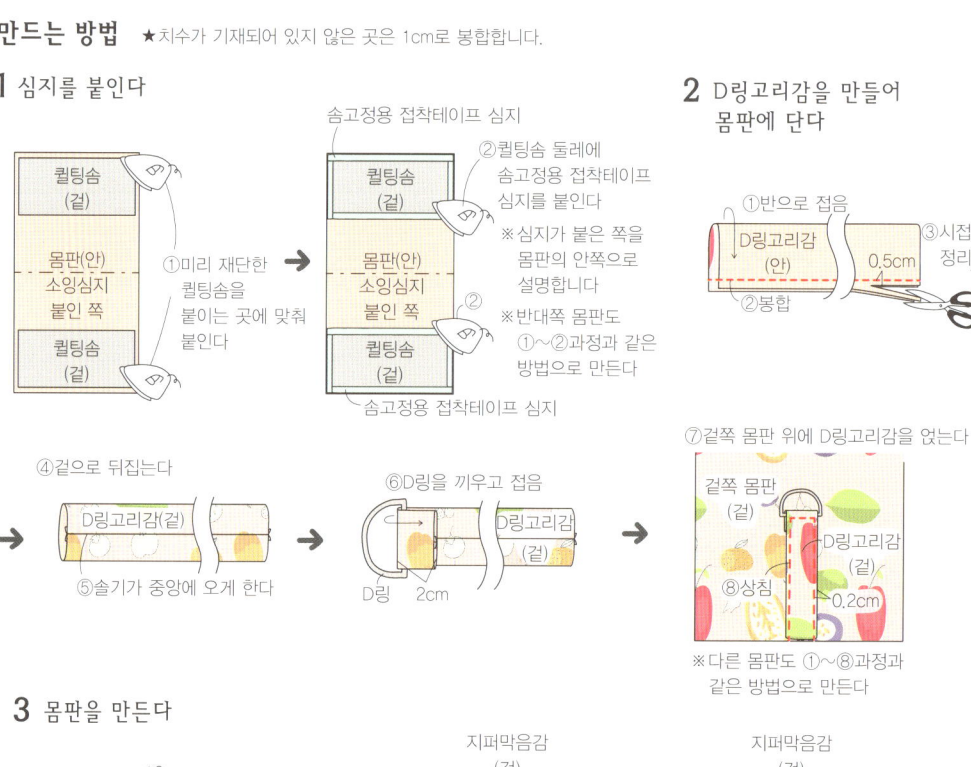

2 D링고리감을 만들어 몸판에 단다

3 몸판을 만든다

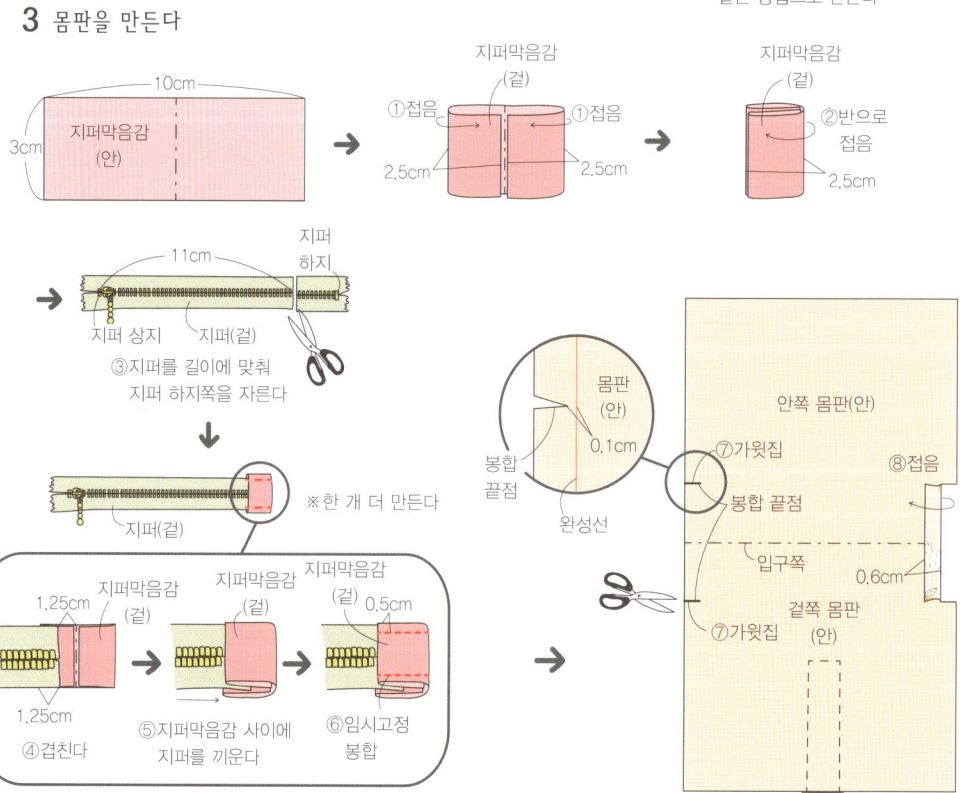

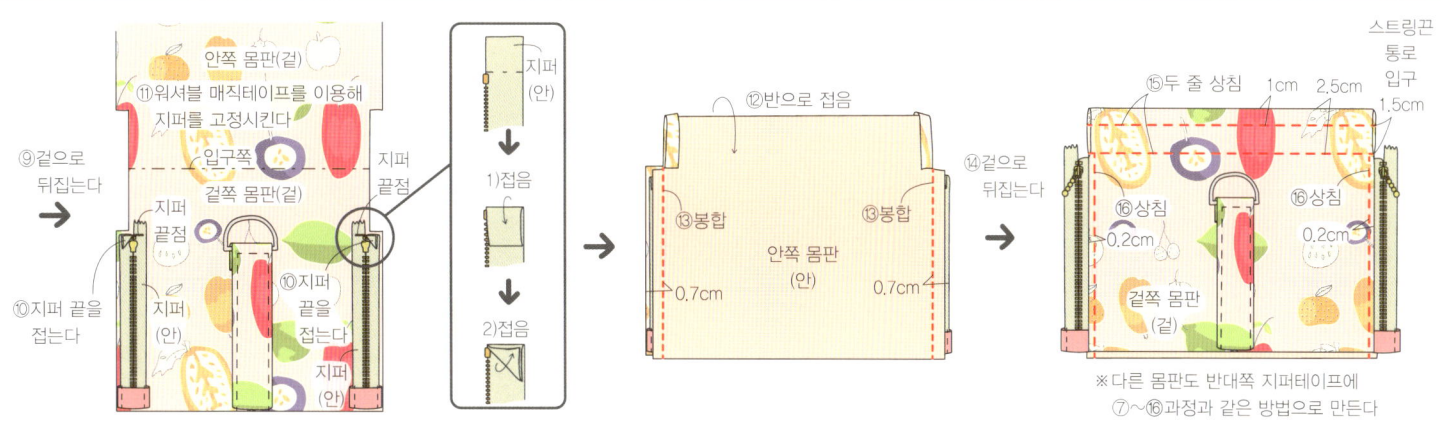

⑪워셔블 매직테이프를 이용해 지퍼를 고정시킨다
안쪽 몸판(겉)
입구쪽
겉쪽 몸판(겉)
지퍼(안)
⑨겉으로 뒤집는다
지퍼 끝점
지퍼 끝점
지퍼 끝점
⑩지퍼 끝을 접는다
⑩지퍼 끝을 접는다
지퍼(안)

지퍼(안)
1)접음
2)접음
지퍼(안)

⑫반으로 접음
⑬봉합
⑬봉합
안쪽 몸판(안)
0.7cm
0.7cm

⑮두 줄 상침
1cm 2.5cm 1.5cm
스트링끈 통로 입구
⑭겉으로 뒤집는다
⑯상침 0.2cm
⑯상침 0.2cm
겉쪽 몸판(겉)
※다른 몸판도 반대쪽 지퍼테이프에 ⑦~⑯과정과 같은 방법으로 만든다

4 바닥감을 만든다

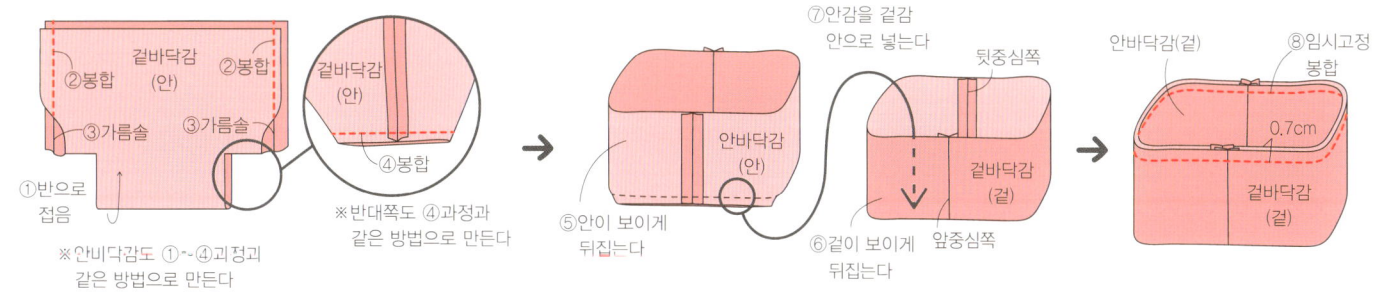

②봉합
②봉합
겉바닥감(안)
③가름솔
③가름솔
①반으로 접음
겉바닥감(안)
④봉합
※반대쪽도 ④과정과 같은 방법으로 만든다
※안비닥감도 ①~④과정과 같은 방법으로 만든다

⑦안감을 겉감 안으로 넣는다
뒷중심쪽
⑤안이 보이게 뒤집는다
안바닥감(안)
겉바닥감(겉)
⑥겉이 보이게 뒤집는다
앞중심쪽

안바닥감(겉)
⑧임시고정 봉합
0.7cm
겉바닥감(겉)

5 몸판과 바닥감을 연결한다

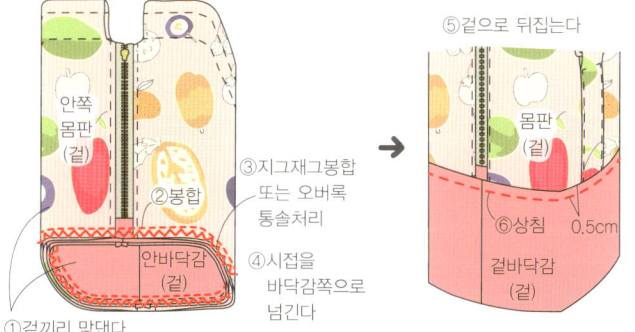

안쪽 몸판(겉)
②봉합
③지그재그봉합 또는 오버록 통솔처리
안바닥감(겉)
④시접을 바닥감쪽으로 넘긴다
①겉끼리 맞댄다

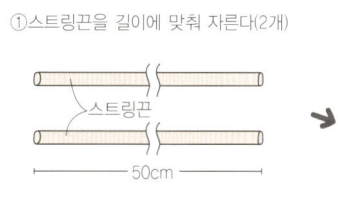

⑤겉으로 뒤집는다
몸판(겉)
⑥상침 0.5cm
겉바닥감(겉)

6 몸판에 끈을 통과시킨다

①스트링끈을 길이에 맞춰 자른다(2개)
스트링끈
50cm

②끈 통로를 통해 화살표 방향대로 끈을 교차시켜 끼운다
③끈 끝을 묶는다
스트링끈
몸판(겉)
③끈 끝을 묶는다

7 끈을 만들어 몸판에 단다

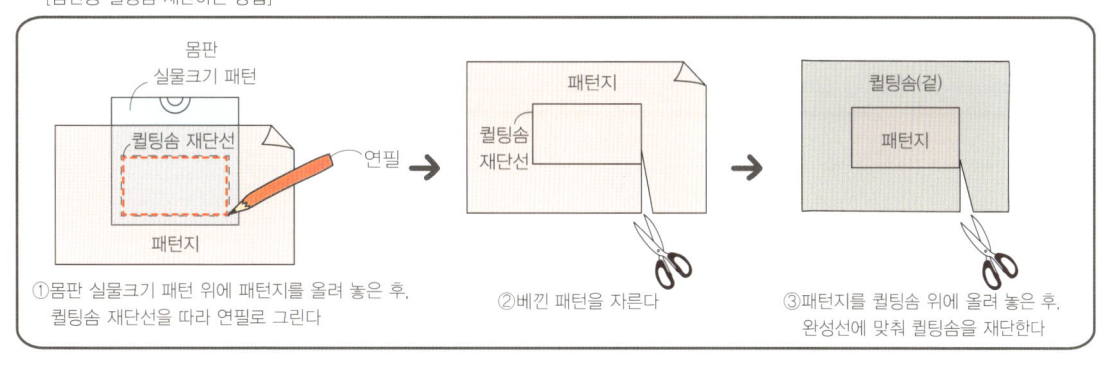

①끈을 만든다 (P.118 / 2-①~⑤ 참고)
0.2cm
끈감(겉)
②상침
0.2cm

③끈 끝에 연결고리를 끼운다
끈감(겉)
연결고리

④두 번 접음
1cm
2cm
끈감(겉)
⑤상침
0.2cm
끈감(겉)
※반대쪽도 ③~⑤과정과 같은 방법으로 만든다

완성
⑥D링에 연결고리를 끼운다

[몸판용 퀼팅솜 재단하는 방법]

몸판 실물크기 패턴
퀼팅솜 재단선
연필
패턴지
①몸판 실물크기 패턴 위에 패턴지를 올려 놓은 후, 퀼팅솜 재단선을 따라 연필로 그린다

패턴지
퀼팅솜 재단선
②베낀 패턴을 자른다

퀼팅솜(겉)
패턴지
③패턴지를 퀼팅솜 위에 올려 놓은 후, 완성선에 맞춰 퀼팅솜을 재단한다

no.07 브런치 에코백

▶ 화보 : P.24
▶ 패턴 : Pattern A면

완성 사이즈 One size(S) 19.5cm x 24.5cm

One size(L) 26cm x 33cm

재료(S사이즈)

· 겉감 ······ 45cm폭 x 90cm

· 안감 ······ 45cm폭 x 90cm

· 가방심지 ······ 45cm폭 x 80cm

· 3온스 퀼팅솜 ······ 45cm폭 x 80cm

· 2.5cm폭 솜고정용 접착테이프 심지 ······ 1팩

· 안감심지 ······ 30cm폭 x 15cm

· 양면 멜트심지 ······ 45cm폭 x 80cm

· 2.5cm폭 웨이빙끈 ······ 1팩

재단배치도(S사이즈)

· 지정 이외의 시접은 1cm

· ∿∿ 표시된 부분은 지그재그봉제 또는 오버록 처리한다

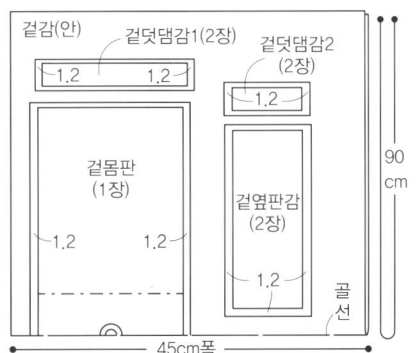

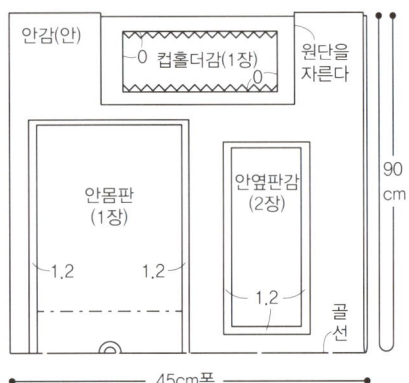

심지 재단 · 부착(S, L사이즈 공통)

※①~③은 P.98을 참고하여 심지 작업을 한다
①가방심지
-겉몸판(1장), 겉옆판감(2장)을 재단하여 붙인다
②퀼팅솜
-겉몸판(1장), 겉옆판감(2장)을 재단하여 붙인다
③안감심지
-컵홀더감(1장)을 재단하여 붙인다
④양면 멜트심지
-겉몸판(1장), 겉옆판감(2장)을 재단한다
(P.98, 18-2 / 4-①~② 참고)

※심지 부착 방법은 P.120 / 1-①~② 참고

※L사이즈 재단배치도는 P.121에 있습니다.

만드는 순서

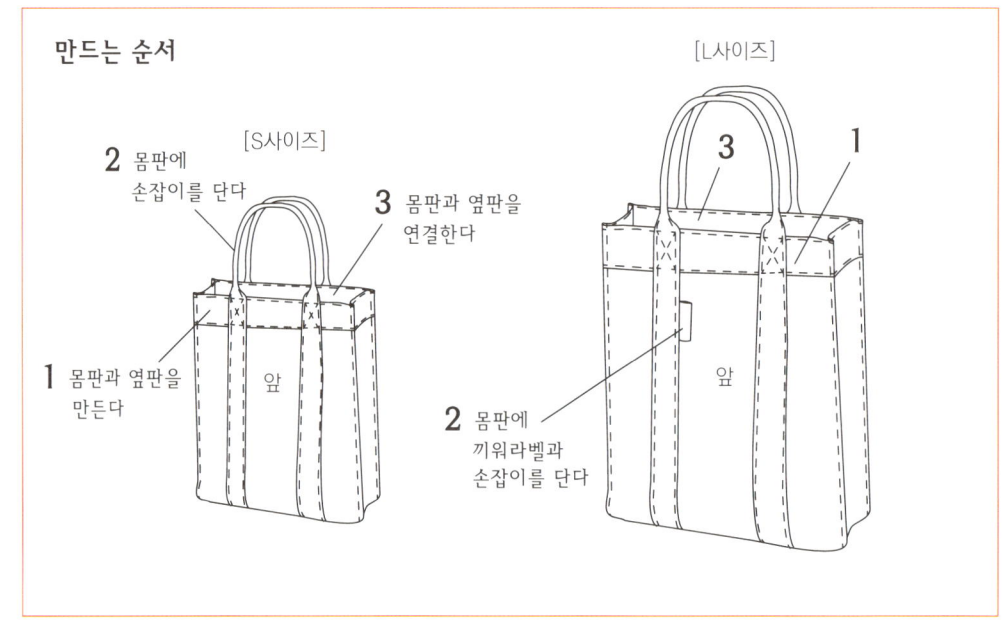

[S사이즈]

2 몸판에 손잡이를 단다

3 몸판과 옆판을 연결한다

1 몸판과 옆판을 만든다

앞

[L사이즈]

3 몸판과 옆판을 연결한다

1

2 몸판에 끼워라벨과 손잡이를 단다

앞

만드는 방법 ★치수가 기재되어 있지 않은 곳은 1cm로 봉합합니다.

1 몸판과 옆판을 만든다

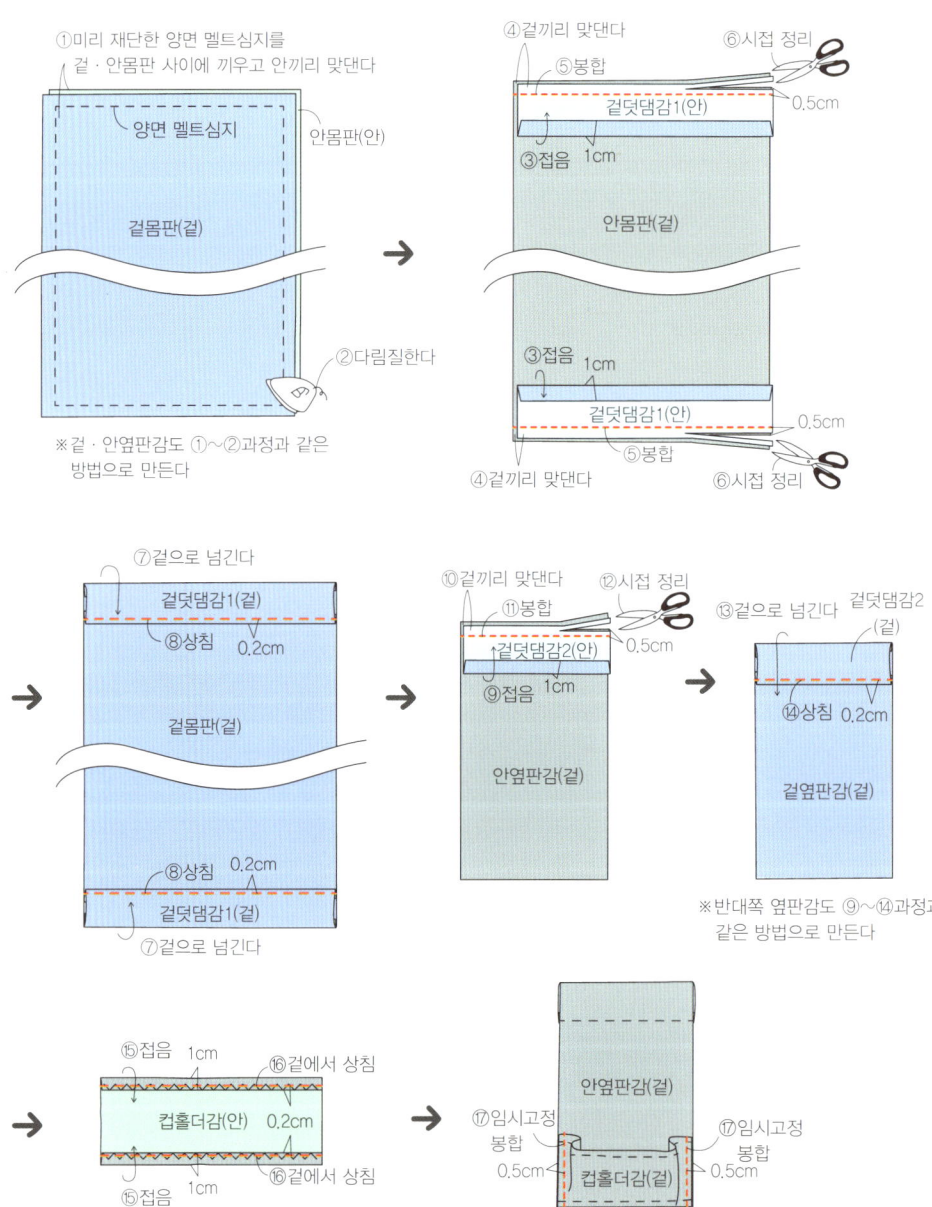

2 몸판에 손잡이를 단다

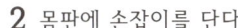

①웨이빙끈을 길이에 맞춰 자른다
(S: 94cm / L: 121cm)

②접음
1cm

웨이빙끈
(안)

②접음
1cm

→

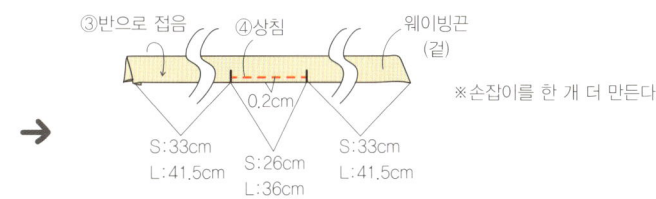

③반으로 접음　④상침　웨이빙끈(겉)

0.2cm

※손잡이를 한 개 더 만든다

S: 33cm
L: 41.5cm

S: 26cm
L: 36cm

S: 33cm
L: 41.5cm

[S사이즈 브런치 에코백]

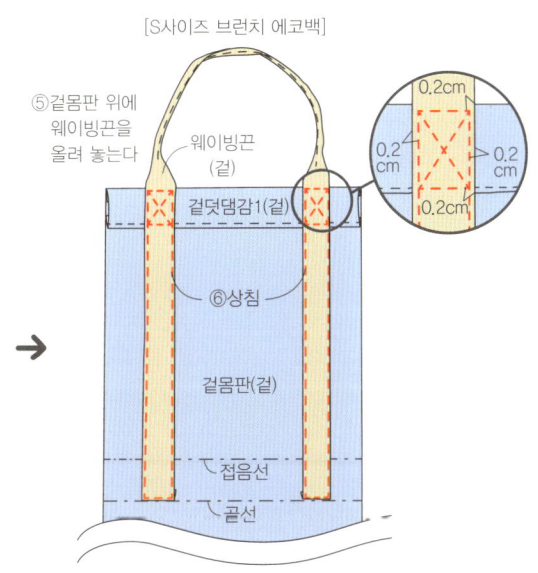

⑤겉몸판 위에 웨이빙끈을 올려 놓는다

웨이빙끈(겉)

겉덧댐감1(겉)

0.2cm
0.2cm
0.2cm
0.2cm

⑥상침

겉몸판(겉)

접음선

골선

※반대쪽도 ⑤~⑥과정과 같은 방법으로 만든다

[L사이즈 브런치 에코백]

7cm

5cm

끼워라벨(안)

↓

3.5cm

끼워라벨(겉)

⑤반으로 접음

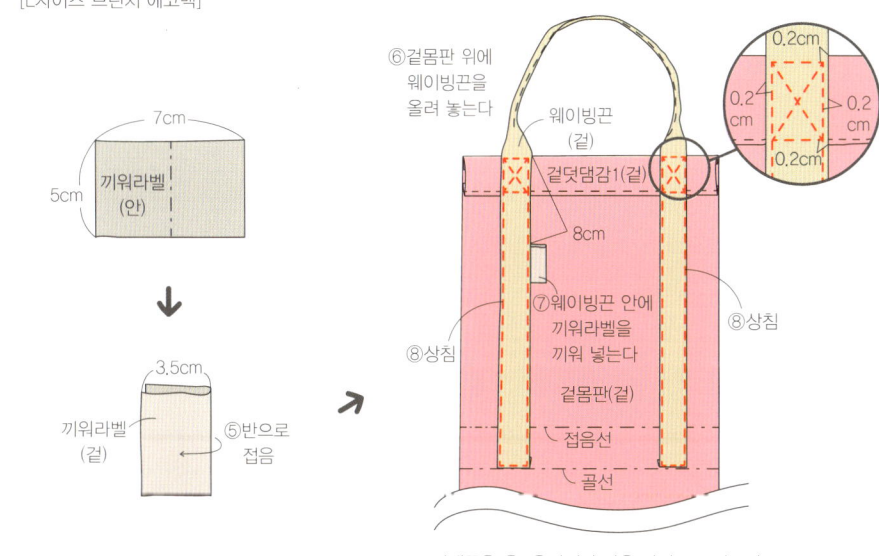

⑥겉몸판 위에 웨이빙끈을 올려 놓는다

0.2cm
0.2cm
0.2cm
0.2cm

웨이빙끈(겉)

겉덧댐감1(겉)

8cm

⑦웨이빙끈 안에 끼워라벨을 끼워 넣는다

⑧상침

⑧상침

겉몸판(겉)

접음선

골선

※반대쪽은 ⑥, ⑧과정과 같은 방법으로 만든다

3 몸판과 옆판을 연결한다

※3 과정은 S사이즈 패턴을 기준으로 설명합니다 (제작 방법은 S, L사이즈 공통)

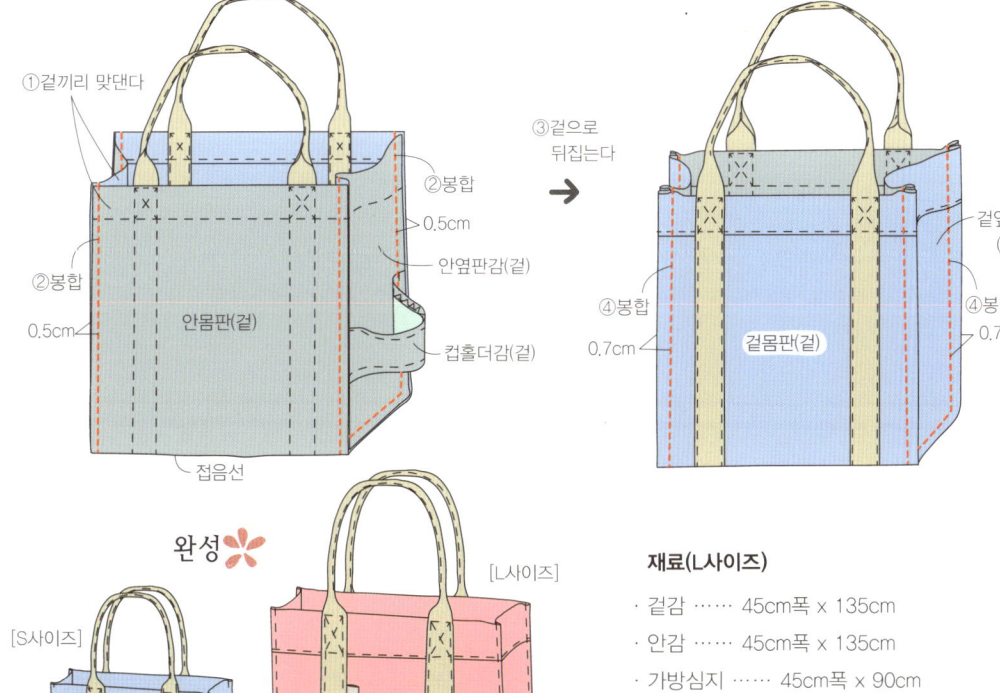

①겉끼리 맞댄다

②봉합
0.5cm

②봉합

②봉합
0.5cm

안몸판(겉)

안옆판감(겉)

컵홀더감(겉)

접음선

③겉으로 뒤집는다

→

겉옆판감(겉)

④봉합
0.7cm

겉몸판(겉)

④봉합
0.7cm

완성 ✻

[S사이즈]

[L사이즈]

재료(L사이즈)

· 겉감 …… 45cm폭 × 135cm
· 안감 …… 45cm폭 × 135cm
· 가방심지 …… 45cm폭 × 90cm
· 3온스 퀼팅솜 …… 45cm폭 × 90cm
· 2.5cm폭 솜고정용 접착테이프 심지 …… 1팩
· 안감심지 …… 30cm폭 × 15cm
· 양면 멜트심지 …… 45cm폭 × 90cm
· 3cm폭 웨이빙끈 …… 1팩
· 5cm폭 끼워라벨 …… 1개

재단배치도(L사이즈)

· 지정 이외의 시접은 1cm
· 〰〰표시된 부분은 지그재그봉제 또는 오버록 처리한다

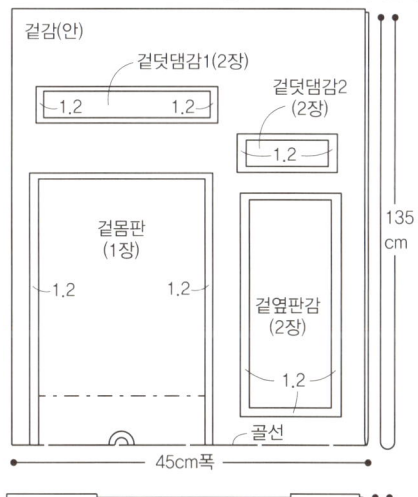

겉감(안)

겉덧댐감1(2장)

1.2　　1.2

겉덧댐감2(2장)

1.2

겉몸판(1장)

1.2　　1.2

겉옆판감(2장)

1.2

골선

135cm

45cm폭

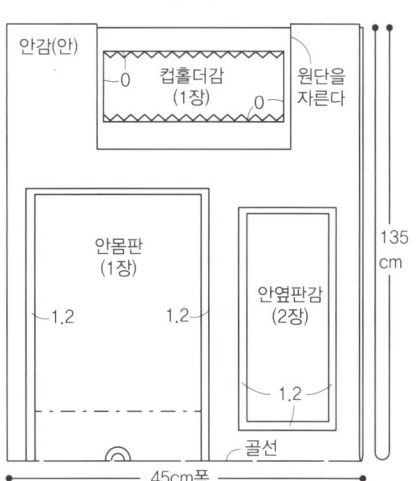

안감(안)

컵홀더감(1장)

0　　0

원단을 자른다

안몸판(1장)

1.2　　1.2

안옆판감(2장)

1.2

골선

135cm

45cm폭

no.08 납작 지퍼 클러치

▶ 화보 : P.26
▶ 패턴 : Pattern B면

완성 사이즈　One size　18.5cm x 9.5cm

재료

· 겉감 …… 25cm폭 x 45cm
· 카드감 …… 25cm폭 x 40cm
· 안감 …… 45cm폭 x 30cm
· 소잉심지 …… 25cm폭 x 30cm
· 가방심지 …… 25cm폭 x 45cm
· 소프트 보강심지 …… 25cm폭 x 20cm
· 2.5cm폭 솜고정용 접착테이프 심지 …… 1팩
· 양면 멜트심지 …… 25cm폭 x 45cm
· 30cm길이 코일 지퍼 …… 1개
· 가방 잠금장식 …… 1쌍
· 태슬 장식 …… 1개
· 참 장식 …… 1개

재단배치도

· 지정 이외의 시접은 1cm

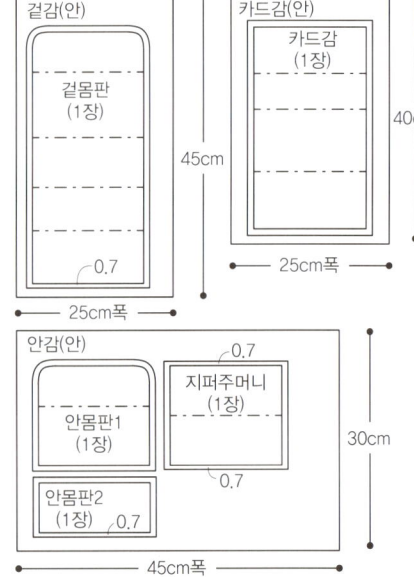

심지 재단 · 부착

※ ①~② 는 P.98을 참고하여 심지 작업을 한다
① 소잉심지
－안몸판1 · 2(각 1장)을 재단하여 붙인다
② 가방심지
－겉몸판(1장)을 재단하여 붙인다
③ 몸판용 양면 멜트심지(1장)을 재단한다
　(P.124 / 몸판용 양면 멜트심지 재단하는 방법 참고)
④ 몸판용 소프트 보강심지(1장)을 재단한다
　(P.124 / 몸판용 소프트 보강심지 재단하는 방법 참고)
※ 몸판용 양면 멜트심지, 소프트 보강심지 패턴은
　B면에 수록되어 있습니다
※ 심지 부착 방법은 P.122 / 1-①~② 참고

만드는 순서

1 겉몸판을 만든다
2 카드감을 만들어 안몸판에 단다
3 안몸판을 만든다
4 지퍼주머니를 만든다
5 겉 · 안몸판을 연결한다

만드는 방법　★치수가 기재되어 있지 않은 곳은 1cm로 봉합합니다.

1 겉몸판을 만든다

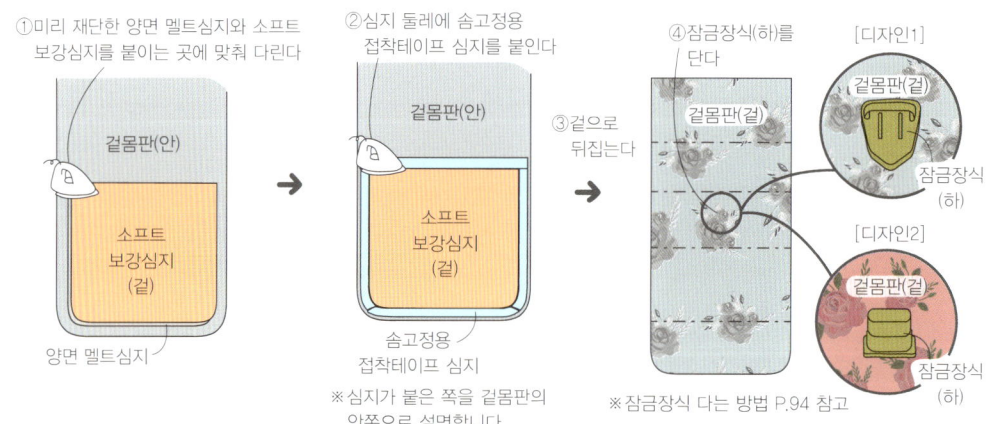

2 카드감을 만들어 안몸판에 단다

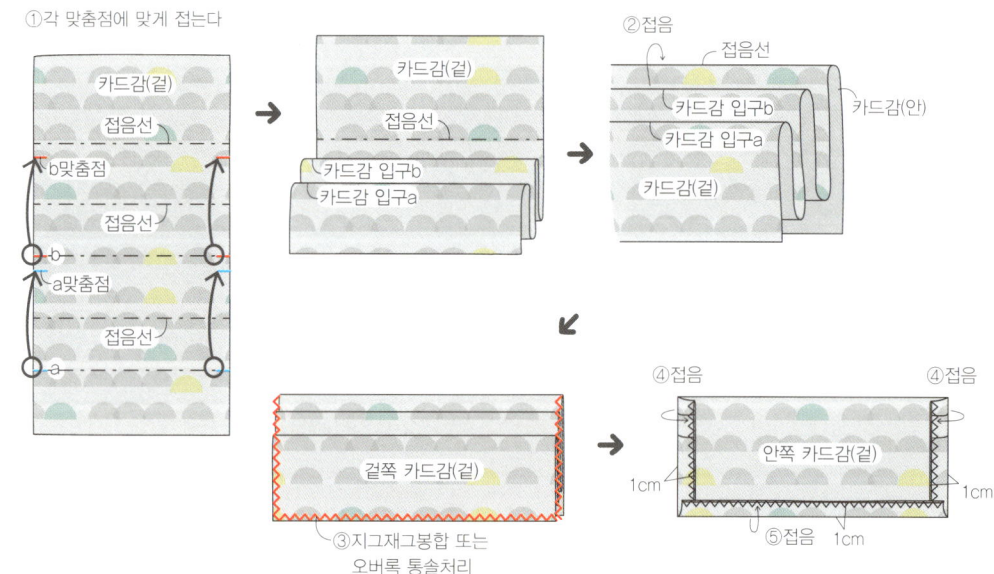

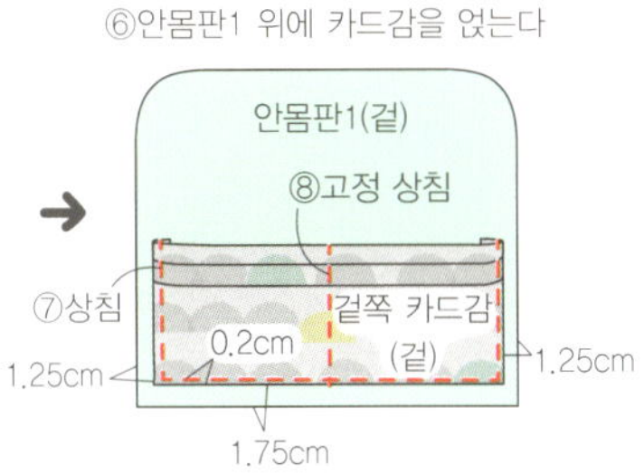

3 안몸판을 만든다

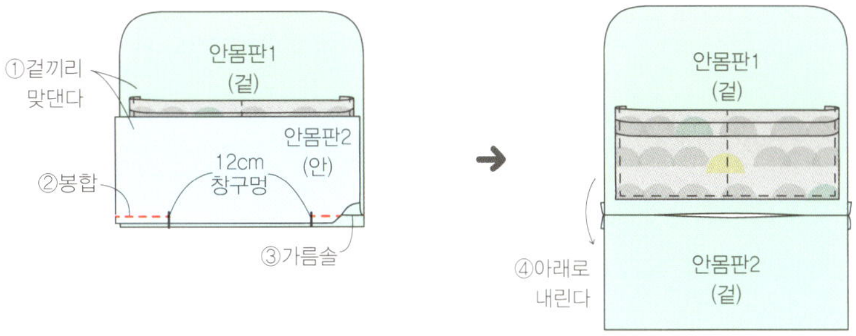

⑥안몸판1 위에 카드감을 얹는다

안몸판1(겉)
⑧고정 상침
⑦상침
0.2cm
겉쪽 카드감
(겉)
1.25cm
1.25cm
1.75cm

①겉끼리 맞댄다
안몸판1(겉)
안몸판2(안)
②봉합
12cm 창구멍
③가름솔

안몸판1(겉)
안몸판2(겉)
④아래로 내린다

4 지퍼주머니를 만든다

①지퍼 길이를 조정한다
(P.86 / 지퍼 길이 조정하는 방법 참고)
18cm
지퍼(겉)
지퍼 상지
지퍼 하지

②워셔블 매직테이프를 이용해 지퍼 위쪽을 임시고정한다
1.25cm   1.25cm
지퍼(안)
③지퍼의 여분을 자른다
겉몸판(겉)

④지퍼 위에 지퍼주머니를 맞댄다
지퍼(안)
⑤봉합 0.7cm
지퍼주머니(안)
겉몸판(겉)

⑥겉으로 뒤집는다
지퍼(겉)
겉몸판(겉)
지퍼주머니(안)

⑧워셔블 매직테이프를 이용해 지퍼 위쪽을 임시고정한다
지퍼(겉)
지퍼주머니(겉)
겉몸판(겉)
⑦반으로 접음

⑨지퍼 위에 안몸판2를 맞댄다
지퍼(겉)
⑩봉합 0.7cm
안몸판2(안)
지퍼주머니(겉)
겉몸판(겉)
안몸판1(안)

안몸판1(겉)
안몸판2(겉)
⑪안몸판을 위로 젖힌다
겉몸판(겉)
지퍼주머니(겉)
접음선
입구 접음선
밑단 접음선
뚜껑 접음선

5 겉·안몸판을 연결한다

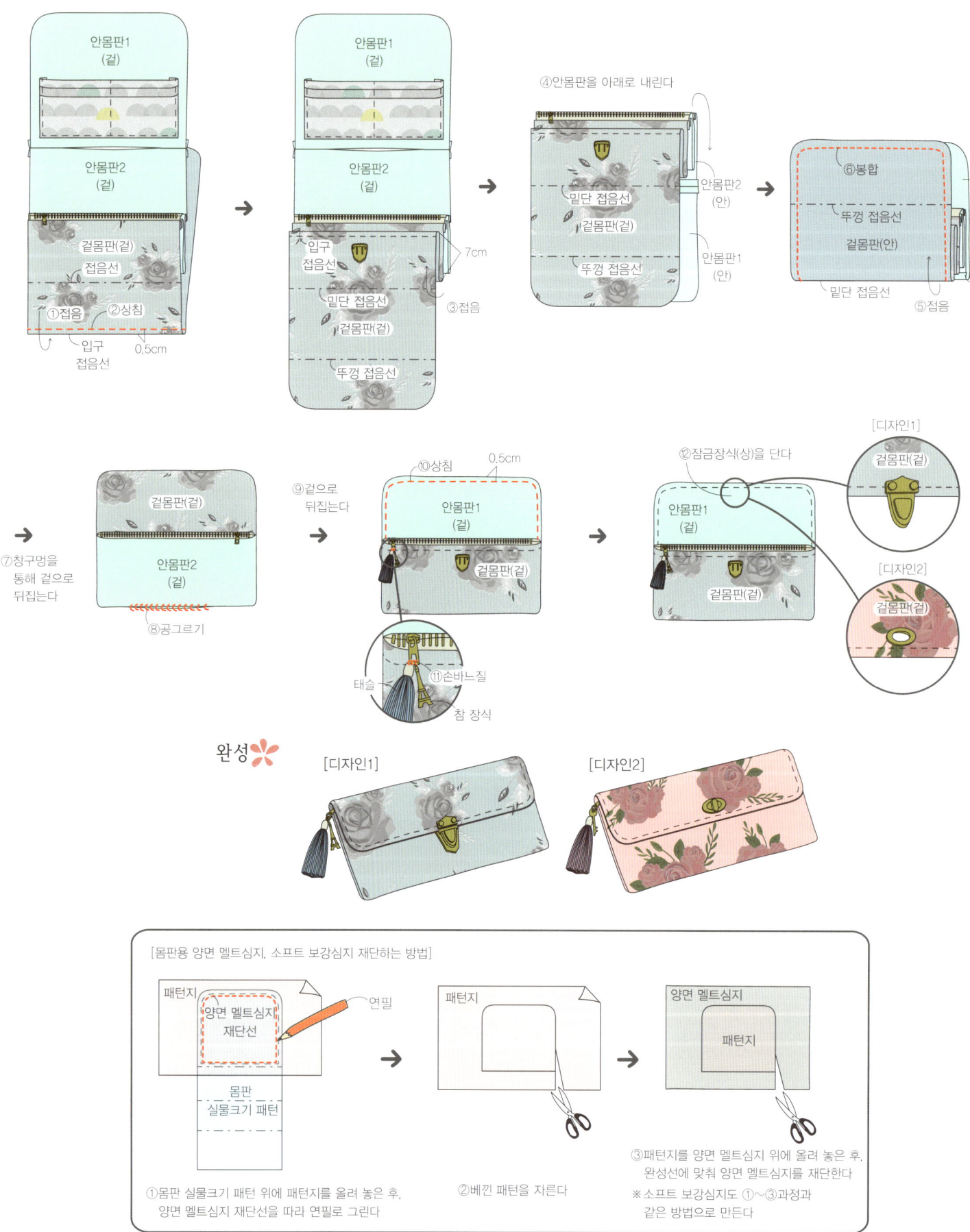

안몸판1 (겉)

안몸판2 (겉)

겉몸판(겉)
접음선
①접음　②상침
입구 접음선　0.5cm

안몸판1 (겉)

안몸판2 (겉)

입구 접음선
겉몸판(겉)
밑단 접음선
③접음　7cm
겉몸판(겉)
뚜껑 접음선

④안몸판을 아래로 내린다
밑단 접음선
겉몸판(겉)
뚜껑 접음선
안몸판2 (안)
안몸판1 (안)

⑥봉합
뚜껑 접음선
겉몸판(안)
밑단 접음선　⑤접음
안몸판1 (겉)　접음

겉몸판(겉)
안몸판2 (겉)
⑦창구멍을 통해 겉으로 뒤집는다
⑧공그리기

⑨겉으로 뒤집는다
⑩상침　0.5cm
안몸판1 (겉)
겉몸판(겉)
태슬　⑪손바느질
참 장식

⑫잠금장식(상)을 단다
안몸판1 (겉)
겉몸판(겉)

[디자인1]
겉몸판(겉)

[디자인2]
겉몸판(겉)

완성 🌸
[디자인1]　[디자인2]

[몸판용 양면 멜트심지, 소프트 보강심지 재단하는 방법]

패턴지
양면 멜트심지 재단선
연필
몸판 실물크기 패턴
①몸판 실물크기 패턴 위에 패턴지를 올려 놓은 후, 양면 멜트심지 재단선을 따라 연필로 그린다

패턴지
②베낀 패턴을 자른다

양면 멜트심지
패턴지
③패턴지를 양면 멜트심지 위에 올려 놓은 후, 완성선에 맞춰 양면 멜트심지를 재단한다
※소프트 보강심지도 ①~③과정과 같은 방법으로 만든다

no.09 버킷 백

▶ 화보 : P.28
▶ 패턴 : Pattern B면

완성 사이즈 One size 16cm x 22cm

재료

· 겉감 ····· 85cm폭 x 65cm
· 안감 ····· 85cm폭 x 25cm
· 소잉심지 ····· 85cm폭 x 25cm
· 100cm길이 솔리드 코일지퍼 ····· 1개
· 1.3cm폭 파이핑 테이프 ····· 1팩
· 9호 아일렛 ····· 12쌍
· 1.5cm폭 D링 ····· 2개
· 1cm폭(완성폭) 바이어스 테이프 ····· 1팩
· 2cm폭 연결고리 ····· 2쌍
· 0.6cm폭 양면징 ····· 2쌍

재단배치도

· 지정 이외의 시접은 1cm
· 스트링 끈감은 직접 제도하여 사용합니다
· D링고리감 실물크기 패턴 P.127 참고

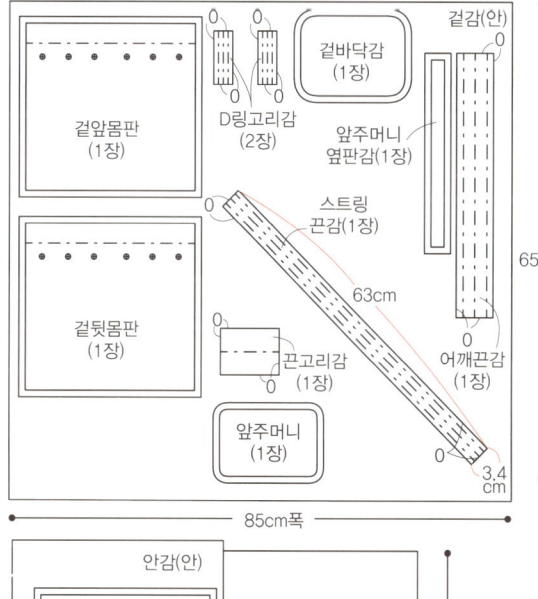

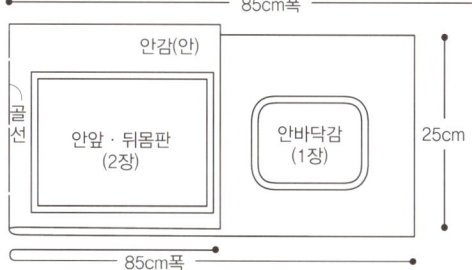

심지 재단·부착

※ P.98을 참고하여 심지 작업을 한다
① 소잉심지
─ 안앞·뒤몸판(각 1장), 안바닥감(1장)을 재단하여 붙인다

만드는 순서

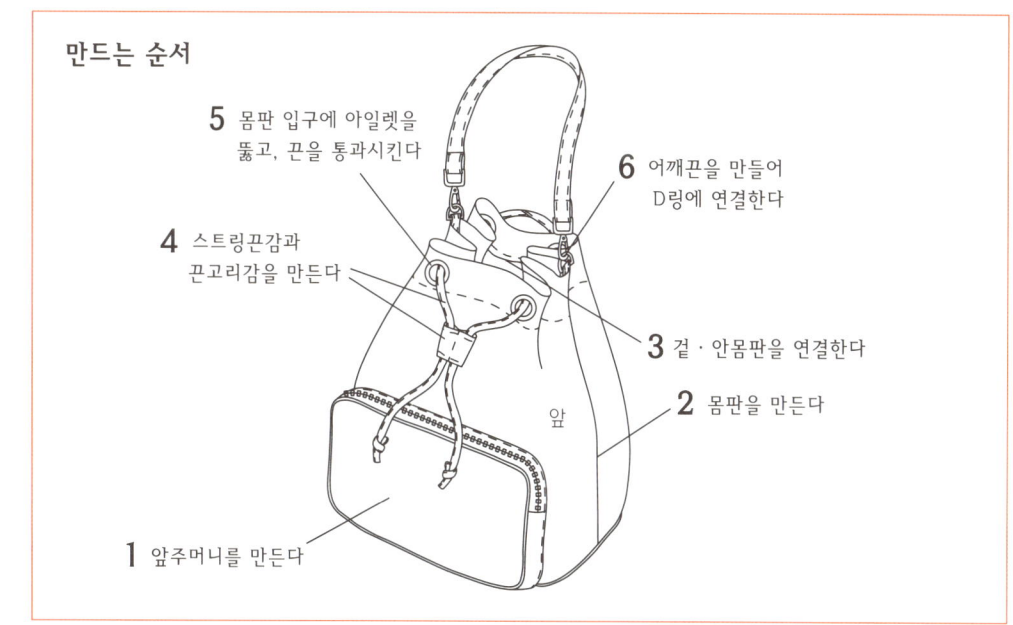

5 몸판 입구에 아일렛을 뚫고, 끈을 통과시킨다
6 어깨끈을 만들어 D링에 연결한다
4 스트링끈감과 끈고리감을 만든다
3 겉·안몸판을 연결한다
2 몸판을 만든다
1 앞주머니를 만든다
앞

만드는 방법 ★치수가 기재되어 있지 않은 곳은 1cm로 봉합합니다.

1 앞주머니를 만든다

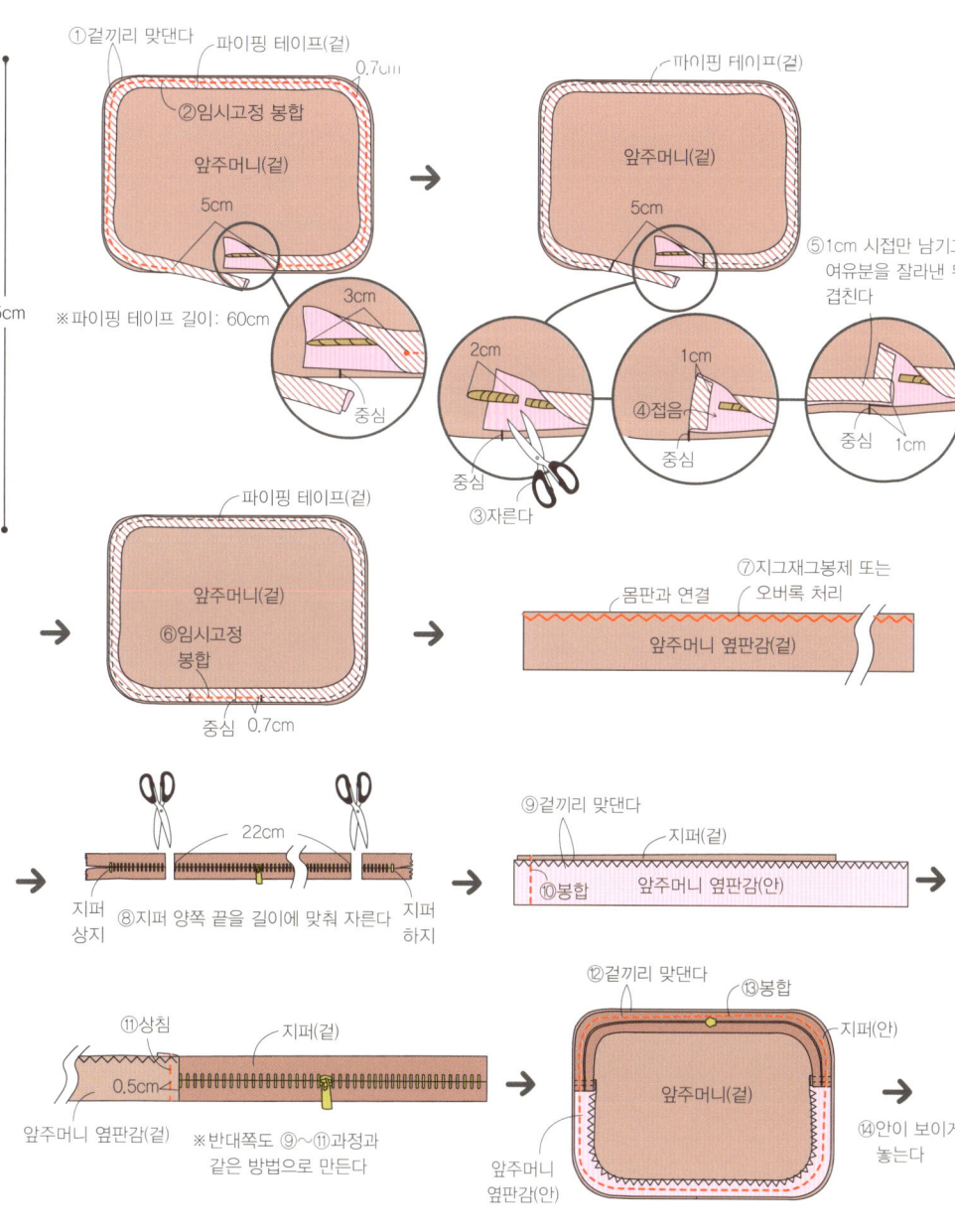

125

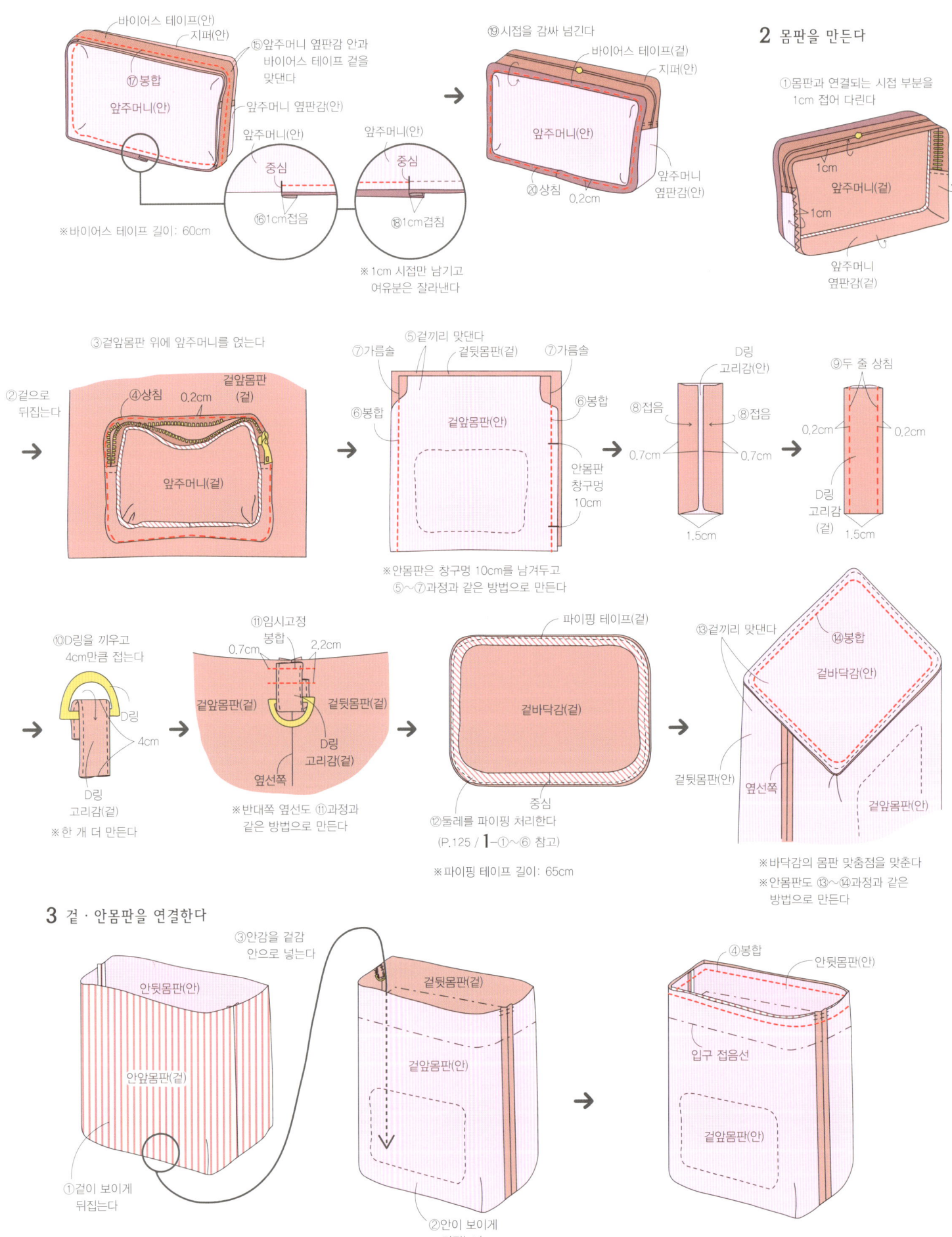

바이어스 테이프(안)
지퍼(안)
⑮앞주머니 옆판감 안과
바이어스 테이프 겉을
맞댄다
⑲시접을 감싸 넘긴다
바이어스 테이프(겉)
지퍼(안)

2 몸판을 만든다

⑰봉합
앞주머니(안)
앞주머니 옆판감(안)
앞주머니(안)
중심
앞주머니(안)
중심
앞주머니(안)
⑯1cm접음
⑱1cm겹침

①몸판과 연결되는 시접 부분을
1cm 접어 다린다

앞주머니(겉)
1cm
1cm

앞주머니
옆판감(겉)

㉑상침
0.2cm
앞주머니
옆판감(안)

※바이어스 테이프 길이: 60cm

※1cm 시접만 남기고
여유분은 잘라낸다

③겉앞몸판 위에 앞주머니를 얹는다

⑤겉끼리 맞댄다
겉뒷몸판(겉)
⑦가름솔
⑦가름솔

D링
고리감(안)

⑨두 줄 상침

②겉으로
뒤집는다

겉앞몸판
(겉)

④상침　0.2cm

⑥봉합
겉앞몸판(안)
⑥봉합

⑧접음
⑧접음
0.7cm
0.7cm

0.2cm
0.2cm

앞주머니(겉)

안몸판
창구멍
10cm

D링
고리감
(겉)
1.5cm
1.5cm

※안몸판은 창구멍 10cm를 남겨두고
⑤〜⑦과정과 같은 방법으로 만든다

⑩D링을 끼우고
4cm만큼 접는다

⑪임시고정
봉합
0.7cm　2.2cm

파이핑 테이프(겉)

⑬겉끼리 맞댄다
⑭봉합
겉바닥감(안)

D링
D링
4cm

겉앞몸판(겉)
겉뒷몸판(겉)

겉바닥감(겉)

D링
고리감(겉)
옆선쪽

D링
고리감(겉)

※한 개 더 만든다

※반대쪽 옆선도 ⑪과정과
같은 방법으로 만든다

중심
⑫둘레를 파이핑 처리한다
(P.125 / 1-①〜⑥ 참고)

※파이핑 테이프 길이: 65cm

겉뒷몸판(안)
옆선쪽
겉앞몸판(안)

※바닥감의 몸판 맞춤점을 맞춘다
※안몸판도 ⑬〜⑭과정과 같은
방법으로 만든다

3 겉·안몸판을 연결한다

③안감을 겉감
안으로 넣는다

안뒷몸판(안)

④봉합
안뒷몸판(안)

겉뒷몸판(겉)

안앞몸판(겉)

겉앞몸판(안)

입구 접음선

겉앞몸판(안)

①겉이 보이게
뒤집는다

②안이 보이게
뒤집는다

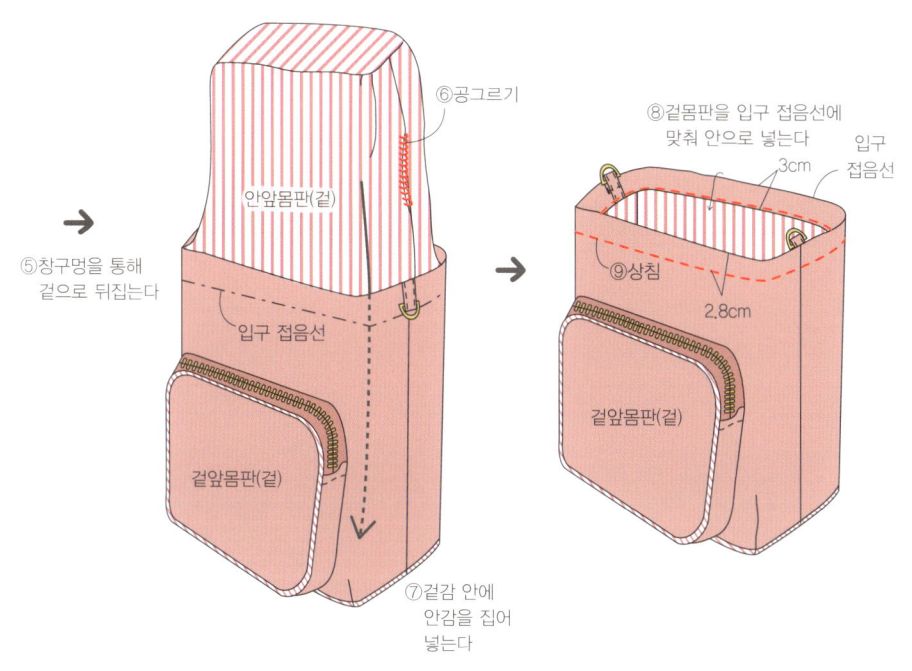

⑤창구멍을 통해 겉으로 뒤집는다

⑥공그리기

안앞몸판(겉)

입구 접음선

겉앞몸판(겉)

⑦겉감 안에 안감을 집어 넣는다

⑧겉몸판을 입구 접음선에 맞춰 안으로 넣는다

3cm

입구 접음선

⑨상침

2.8cm

겉앞몸판(겉)

4 스트링끈감과 끈고리감을 만든다

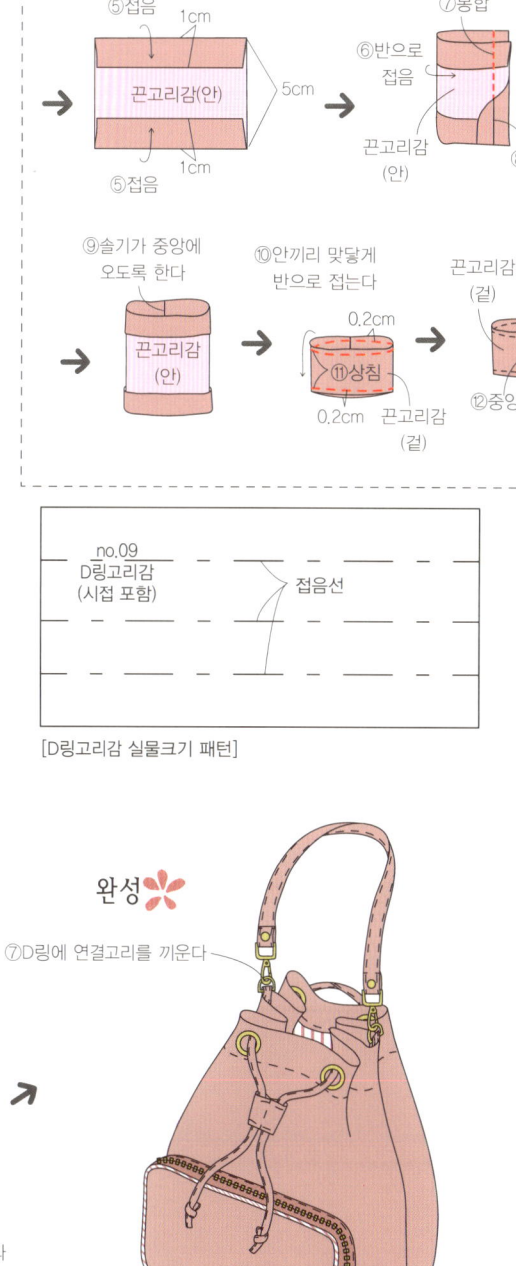

①접음
②접음 0.7cm 스트링끈감(안)
1cm
②접음
0.7cm 2cm 1cm

④상침 0.2cm
스트링끈감(겉)
③반으로 접음 1cm

⑤접음 1cm ⑦봉합
끈고리감(안) 5cm ⑥반으로 접음
⑤접음 1cm 끈고리감(안) ⑧가름솔

⑨솔기가 중앙에 오도록 한다
끈고리감(안)
⑩안끼리 맞닿게 반으로 접는다
0.2cm
⑪상침
0.2cm 끈고리감(겉)
끈고리감(겉)
⑫중앙에 상침

5 몸판 입구에 아일렛을 뚫고, 끈을 통과시킨다

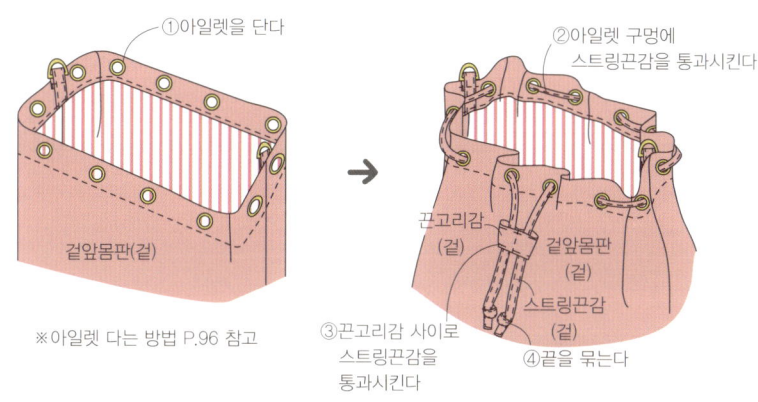

①아일렛을 단다

겉앞몸판(겉)

※아일렛 다는 방법 P.96 참고

②아일렛 구멍에 스트링끈감을 통과시킨다

끈고리감(겉) 겉앞몸판(겉)

③끈고리감 사이로 스트링끈감을 통과시킨다

스트링끈감(겉)

④끝을 묶는다

no.09
D링고리감 (시접 포함) 접음선

[D링고리감 실물크기 패턴]

6 어깨끈을 만들어 D링에 연결한다

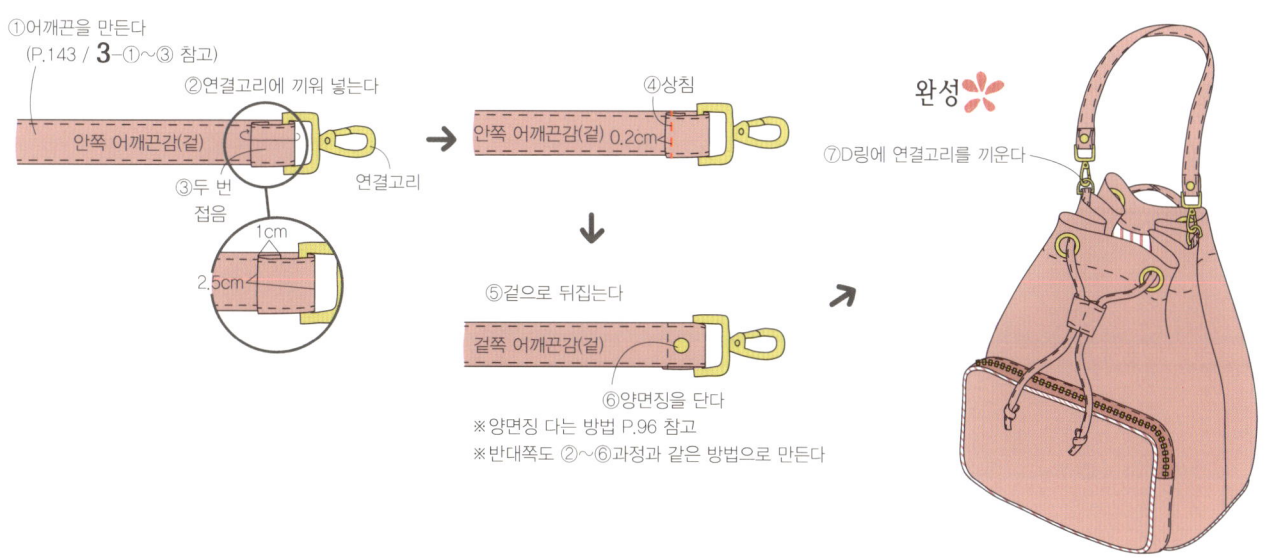

①어깨끈을 만든다
(P.143 / 3-①～③ 참고)

②연결고리에 끼워 넣는다

안쪽 어깨끈감(겉)

③두 번 접음

연결고리

1cm

2.5cm

④상침

안쪽 어깨끈감(겉) 0.2cm

⑤겉으로 뒤집는다

겉쪽 어깨끈감(겉)

⑥양면징을 단다
※양면징 다는 방법 P.96 참고
※반대쪽도 ②～⑥과정과 같은 방법으로 만든다

완성 ❀

⑦D링에 연결고리를 끼운다

no.10 원피스형 에이프런

▶ 화보 : P.30
▶ 패턴 : Pattern C면

완성 사이즈

사이즈 명칭	55	66	77	88
가슴둘레	108	112	116	120
옷길이	101	102	103	104

재료

· 겉감 ······ 150cm폭 x 180cm
· 1cm(완성폭) 바이어스 테이프 ······ 2팩

재단배치도

· 지정 이외의 시접은 1cm
· ∿∿ 표시된 부분은 지그재그봉제 또는 오버록 처리한다

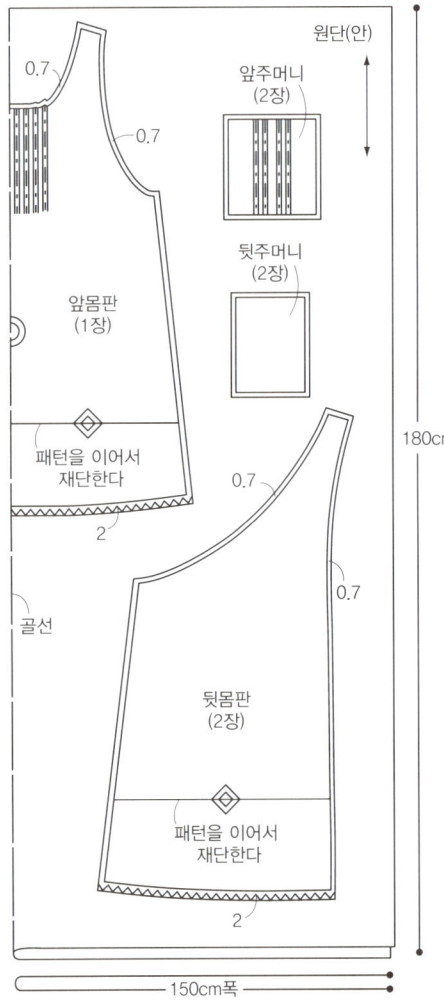

원단(안)

앞주머니
(2장)

뒷주머니
(2장)

앞몸판
(1장)

패턴을 이어서
재단한다

골선

뒷몸판
(2장)

패턴을 이어서
재단한다

0.7
0.7
0.7
2
0.7
2
180cm
150cm폭

만드는 순서

1 앞몸판에 핀턱을 잡는다
2 몸판의 어깨를 봉합한다
3 몸판의 옆선을 봉합한다
4 주머니를 만들어 몸판에 단다
5 몸판의 둘레를 정리한다
6 몸판의 밑단을 정리한다

앞 뒤

만드는 방법 ★치수가 기재되어 있지 않은 곳은 1cm로 봉합합니다.

1 앞몸판에 핀턱을 잡는다

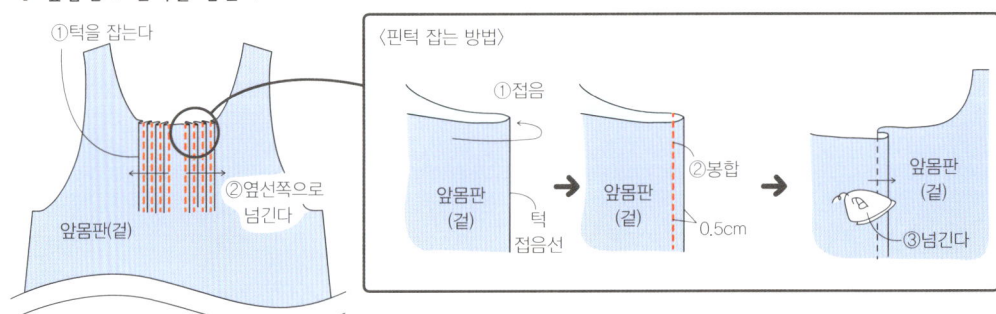

①턱을 잡는다
②옆선쪽으로 넘긴다
앞몸판(겉)

〈핀턱 잡는 방법〉
①접음
②봉합
0.5cm
③넘긴다
앞몸판(겉)
앞몸판(겉)
앞몸판(겉)
턱 접음선

2 몸판의 어깨를 봉합한다   ### 3 몸판의 옆선을 봉합한다

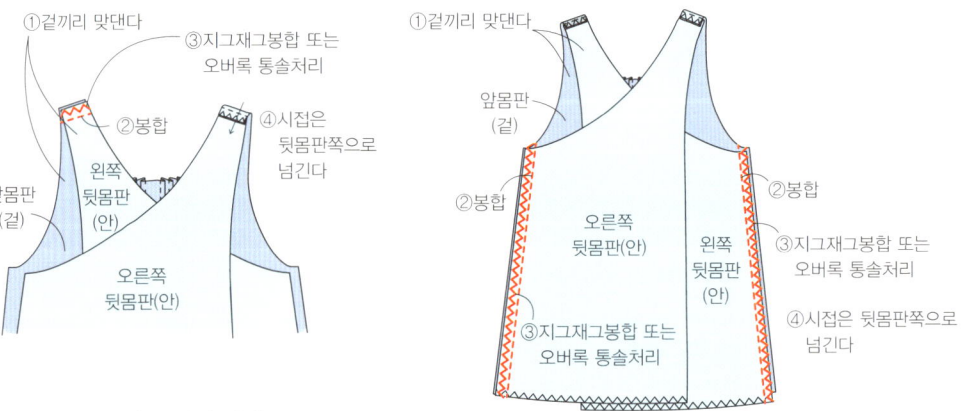

①겉끼리 맞댄다
②봉합
③지그재그봉합 또는 오버록 통솔처리
④시접은 뒷몸판쪽으로 넘긴다
앞몸판(겉)
왼쪽 뒷몸판(안)
오른쪽 뒷몸판(안)

①겉끼리 맞댄다
앞몸판(겉)
②봉합
②봉합
오른쪽 뒷몸판(안)
왼쪽 뒷몸판(안)
③지그재그봉합 또는 오버록 통솔처리
④시접은 뒷몸판쪽으로 넘긴다
③지그재그봉합 또는 오버록 통솔처리

4 주머니를 만들어 몸판에 단다

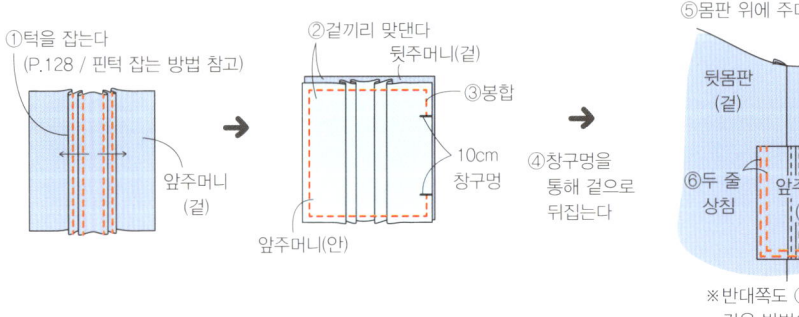

①턱을 잡는다
(P.128 / 핀턱 잡는 방법 참고)
앞주머니(겉)

②겉끼리 맞댄다
뒷주머니(겉)
③봉합
10cm 창구멍
앞주머니(안)

④창구멍을 통해 겉으로 뒤집는다

⑤몸판 위에 주머니를 얹는다
뒷몸판(겉)
앞몸판(겉)
⑥두 줄 상침
앞주머니(겉)
0.2cm
0.5cm

※반대쪽도 ①~⑥과정과 같은 방법으로 만든다

5 몸판의 둘레를 정리한다

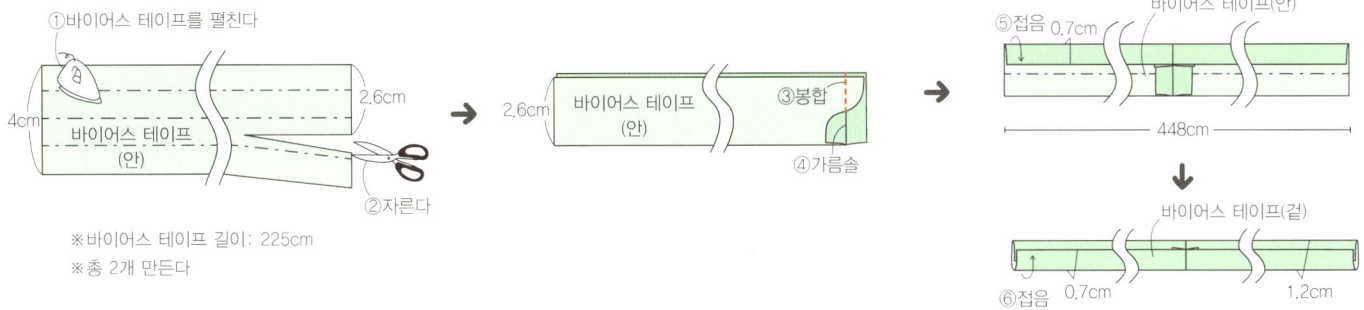

①바이어스 테이프를 펼친다

4cm

2.6cm

바이어스 테이프
(안)

②자른다

※바이어스 테이프 길이 : 225cm
※총 2개 만든다

2.6cm

바이어스 테이프
(안)

③봉합

④가름솔

⑤접음 0.7cm

바이어스 테이프(안)

448cm

바이어스 테이프(겉)

⑥접음 0.7cm   1.2cm

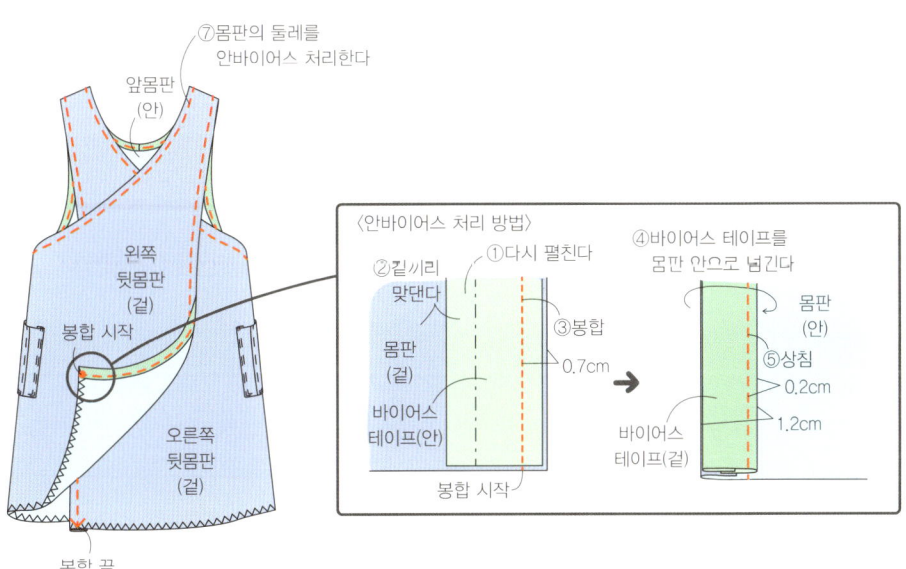

⑦몸판의 둘레를
안바이어스 처리한다

앞몸판
(안)

왼쪽
뒷몸판
(겉)

봉합 시작

오른쪽
뒷몸판
(겉)

봉합 끝

〈안바이어스 처리 방법〉

②끝끼리
맞댄다

①다시 펼친다

③봉합
0.7cm

몸판
(겉)

바이어스
테이프(안)

봉합 시작

④바이어스 테이프를
몸판 안으로 넘긴다

몸판
(안)

⑤상침
0.2cm
1.2cm

바이어스
테이프(겉)

6 몸판의 밑단을 정리한다

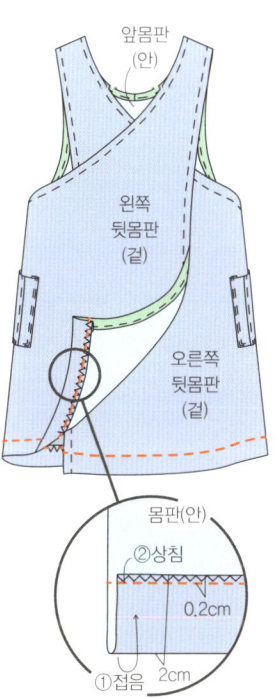

앞몸판
(안)

왼쪽
뒷몸판
(겉)

오른쪽
뒷몸판
(겉)

몸판(안)

②상침
0.2cm

①접음   2cm

완성✿

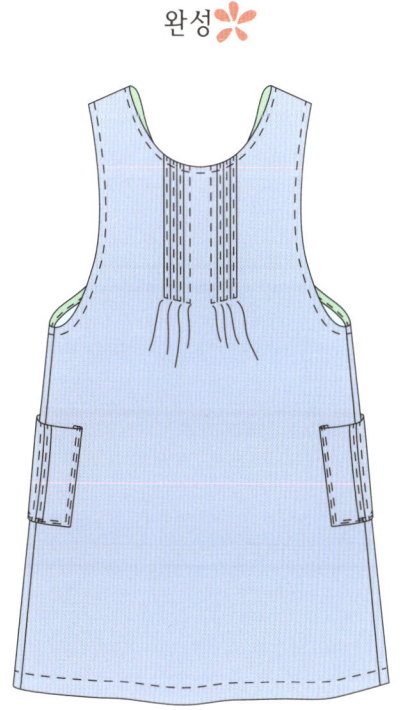

완성 사이즈

사이즈 명칭	55	66	77	88
가슴둘레	95	100	105	110
소매길이	55.5	56	57.5	58
옷길이	66	67	69	71

재료

· 겉감 …… 110cm폭 × 250cm

· 소잉심지 …… 60cm폭 × 25cm

· 1.2cm폭 소잉테이프 심지 …… 1팩

· 0.6cm폭 고무줄 …… 1팩

재단배치도

· 지정 이외의 시접은 1cm
· ⋁⋁ 표시된 부분은 지그재그봉제 또는 오버록 처리한다
· ▰ 부분에 소잉심지를 붙인다
· ▰ 부분에 소잉테이프 심지를 붙인다
· 목둘레용 바이어스천은 직접 제도하여 사용합니다

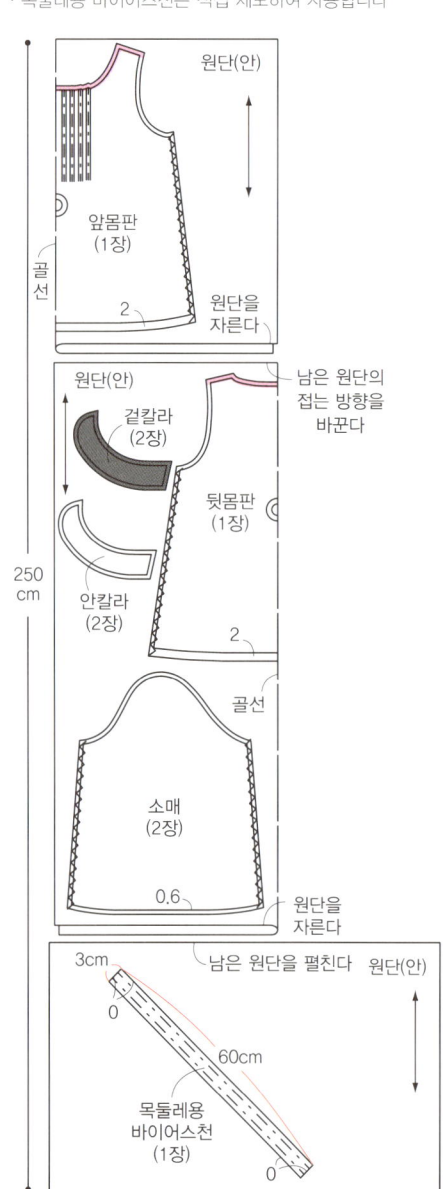

만드는 순서

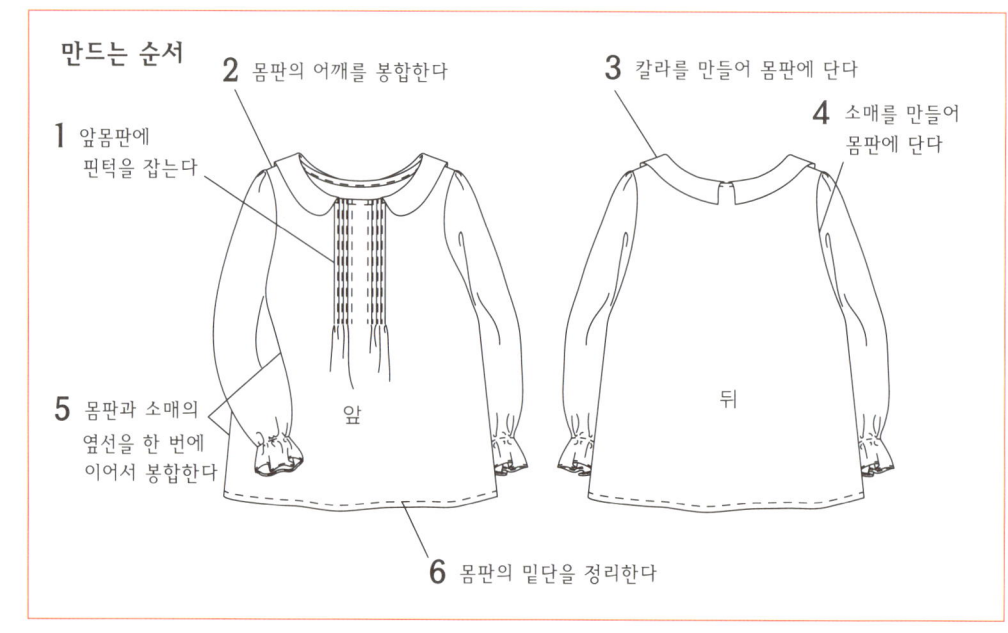

2 몸판의 어깨를 봉합한다

1 앞몸판에 핀턱을 잡는다

3 칼라를 만들어 몸판에 단다

4 소매를 만들어 몸판에 단다

5 몸판과 소매의 옆선을 한 번에 이어서 봉합한다

앞　뒤

6 몸판의 밑단을 정리한다

만드는 방법　★치수가 기재되어 있지 않은 곳은 1cm로 봉합합니다.

1 앞몸판에 핀턱을 잡는다

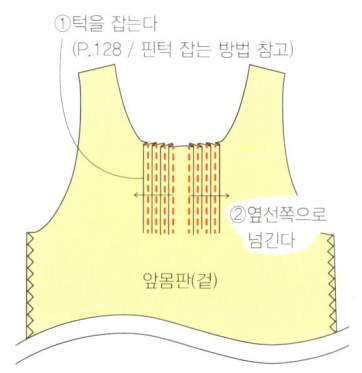

①턱을 잡는다
(P.128 / 핀턱 잡는 방법 참고)

②옆선쪽으로 넘긴다

앞몸판(겉)

2 몸판의 어깨를 봉합한다

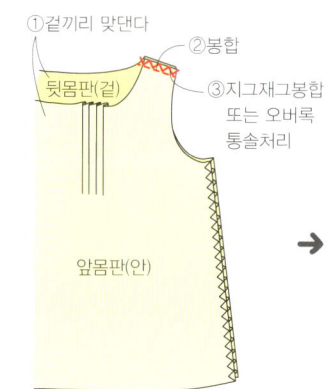

①겉끼리 맞댄다
②봉합
③지그재그봉합 또는 오버록 통솔처리

뒷몸판(겉)

앞몸판(안)

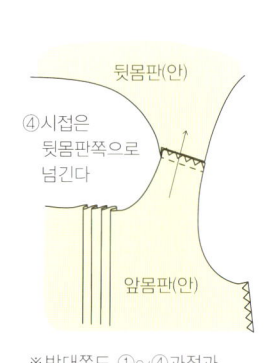

④시접은 뒷몸판쪽으로 넘긴다

뒷몸판(안)

앞몸판(안)

※반대쪽도 ①~④과정과 같은 방법으로 만든다

3 칼라를 만들어 몸판에 단다

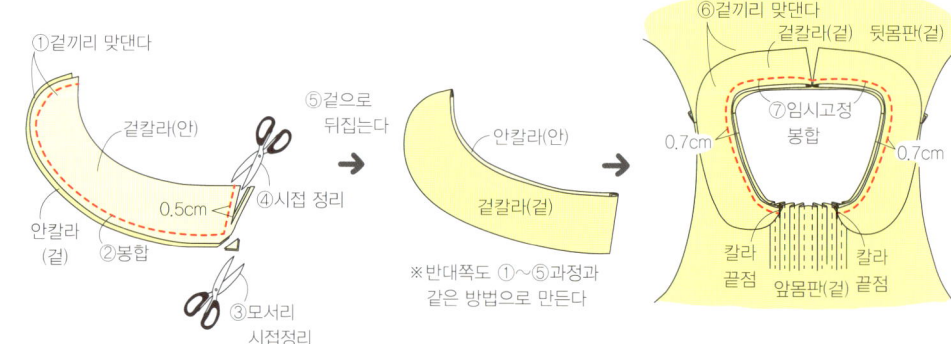

①겉끼리 맞댄다
겉칼라(안)
안칼라(겉)
②봉합
③모서리 시접정리
④시접 정리
0.5cm

⑤겉으로 뒤집는다
안칼라(안)
겉칼라(겉)

※반대쪽도 ①~⑤과정과 같은 방법으로 만든다

⑥겉끼리 맞댄다
겉칼라(겉)　뒷몸판(겉)
⑦임시고정 봉합
0.7cm　0.7cm
칼라 끝점
앞몸판(겉)　끝점

목둘레용 바이어스천(안)
⑧접음　1cm　2cm

⑨접음　목둘레용 바이어스천(겉)
1cm

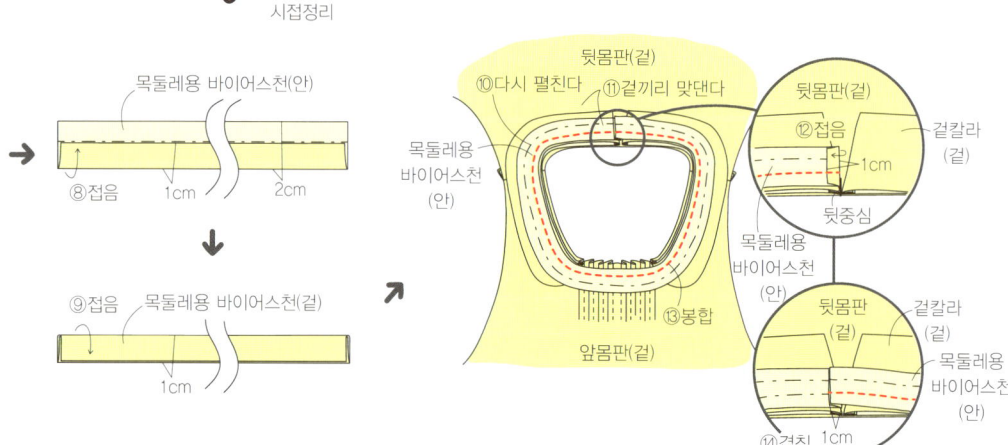

⑩다시 펼친다　⑪겉끼리 맞댄다
뒷몸판(겉)
목둘레용 바이어스천(안)
⑬봉합
앞몸판(겉)

뒷몸판(겉)
⑫접음
1cm
겉칼라(겉)
뒷중심

뒷몸판(겉)　겉칼라(겉)
목둘레용 바이어스천(안)
⑭겹침　1cm

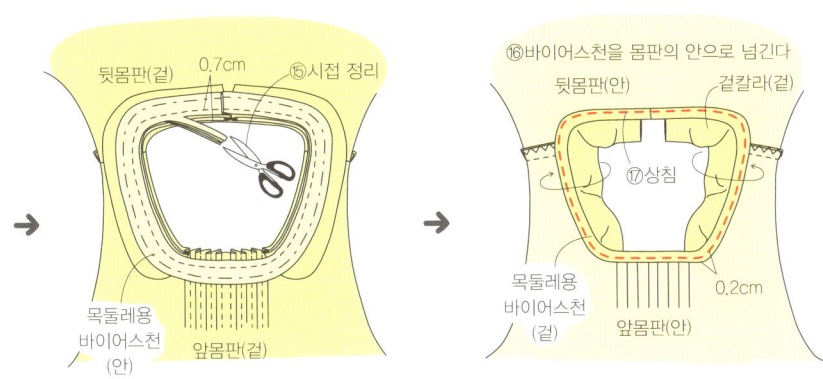

4 소매를 만들어 몸판에 단다

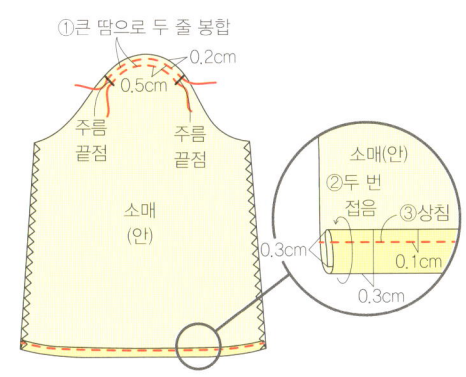

①큰 땀으로 두 줄 봉합
0.2cm
0.5cm
주름 끝점   주름 끝점
소매(안)
②두 번 접음
③상침
0.3cm   0.1cm
0.3cm
소매(안)

뒷몸판(겉)   0.7cm   ⑮시접 정리
⑯바이어스천을 몸판의 안으로 넘긴다
뒷몸판(안)   겉칼라(겉)
⑰상침
목둘레용 바이어스천(안)   목둘레용 바이어스천(겉)
앞몸판(겉)   앞몸판(안)   0.2cm

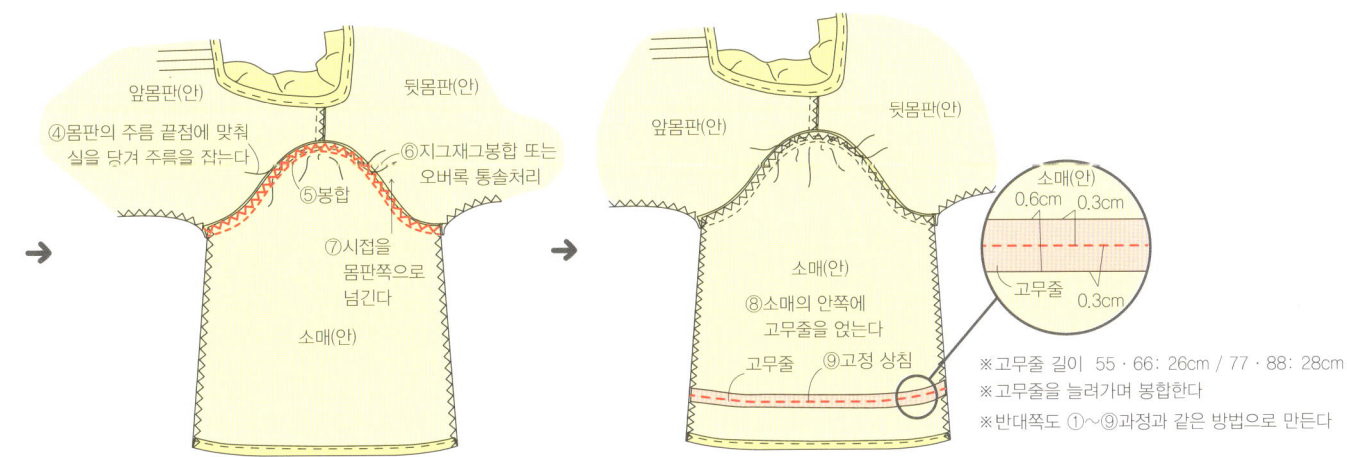

앞몸판(안)   뒷몸판(안)
④몸판의 주름 끝점에 맞춰 실을 당겨 주름을 잡는다
⑥지그재그봉합 또는 오버록 통솔처리
⑤봉합
⑦시접을 몸판쪽으로 넘긴다
소매(안)

앞몸판(안)   뒷몸판(안)
소매(안)
0.6cm   0.3cm
고무줄   0.3cm
⑧소매의 안쪽에 고무줄을 얹는다
고무줄   ⑨고정 상침

※고무줄 길이 55 · 66 : 26cm / 77 · 88 : 28cm
※고무줄을 늘려가며 봉합한다
※반대쪽도 ①~⑨과정과 같은 방법으로 만든다

5 몸판과 소매의 옆선을 한 번에 이어서 봉합한다

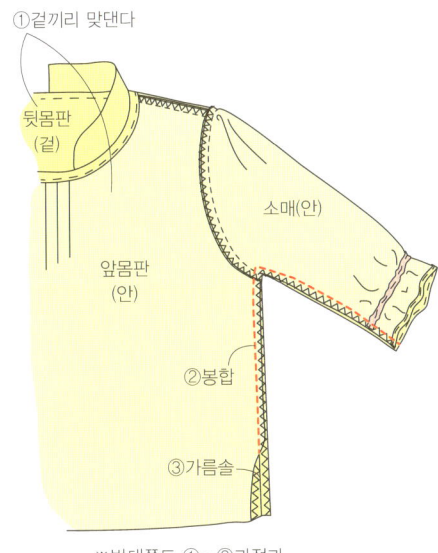

①겉끼리 맞댄다
뒷몸판(겉)
소매(안)
앞몸판(안)
②봉합
③가름솔
※반대쪽도 ①~③과정과 같은 방법으로 만든다

6 몸판의 밑단을 정리한다

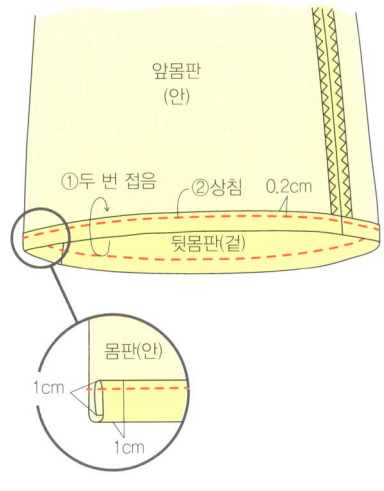

앞몸판(안)
①두 번 접음   ②상침   0.2cm
뒷몸판(겉)
몸판(안)
1cm
1cm

완성

► 화보 : P.34
► 패턴 : Pattern C면

완성 사이즈

One size (옷길이)72cm x (허리둘레)104cm

※ 허리둘레는 고무줄을 달기 전 사이즈입니다

재료

· 겉감 ······ 150cm폭 x 180cm
· 2.5cm폭 고무줄 ······ 1팩

재단배치도

· 지정 이외의 시접은 1cm

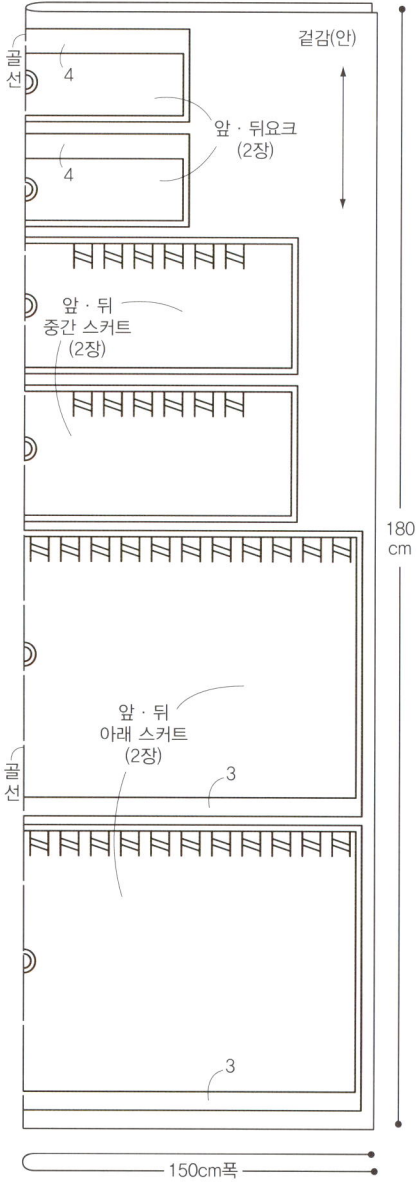

겉감(안)

골선
앞·뒤요크 (2장)
앞·뒤 중간 스커트 (2장)
앞·뒤 아래 스커트 (2장)
골선
180 cm
150cm폭

만드는 순서

1 스커트를 만든다

앞

2 스커트의 허리에 고무줄을 통과시킨다

뒤

3 스커트의 밑단을 정리한다

만드는 방법 ★치수가 기재되어 있지 않은 곳은 1cm로 봉합합니다.

1 스커트를 만든다

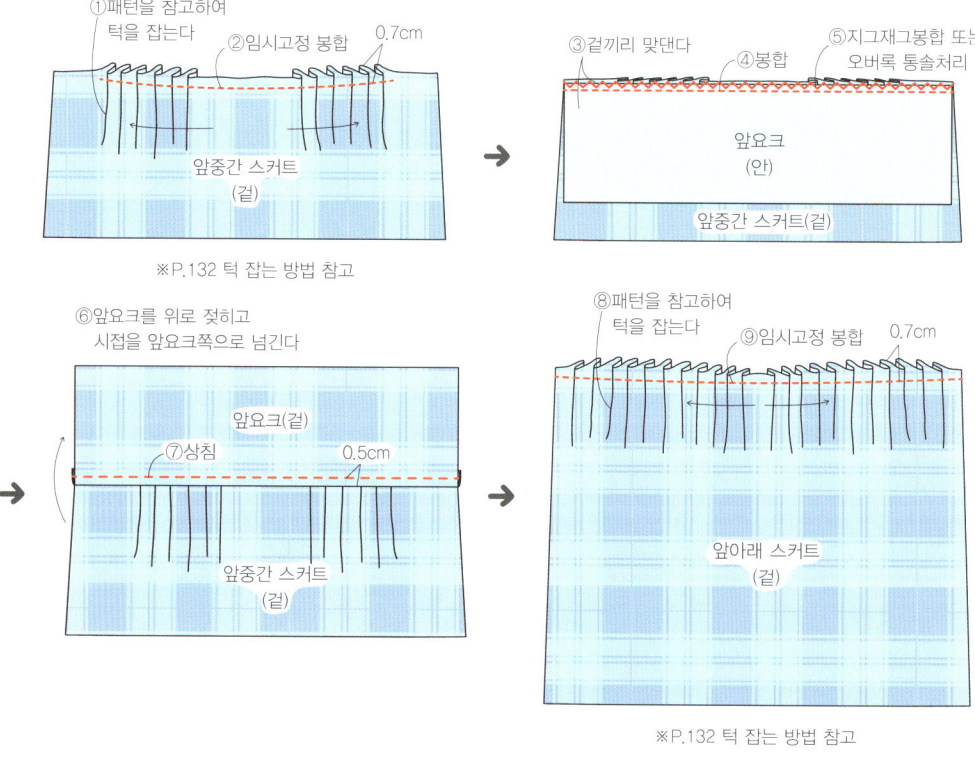

①패턴을 참고하여 턱을 잡는다
②임시고정 봉합
0.7cm
앞중간 스커트 (겉)
※P.132 턱 잡는 방법 참고

③겉끼리 맞댄다
④봉합
⑤지그재그봉합 또는 오버록 통솔처리
앞요크 (안)
앞중간 스커트(겉)

⑥앞요크를 위로 젖히고 시접을 앞요크쪽으로 넘긴다
앞요크(겉)
⑦상침
0.5cm
앞중간 스커트 (겉)

⑧패턴을 참고하여 턱을 잡는다
⑨임시고정 봉합
0.7cm
앞아래 스커트 (겉)
※P.132 턱 잡는 방법 참고

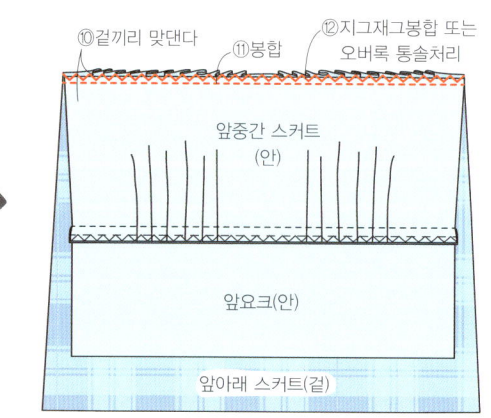

⑩겉끼리 맞댄다
⑪봉합
⑫지그재그봉합 또는 오버록 통솔처리
앞중간 스커트 (안)
앞요크(안)
앞아래 스커트(겉)

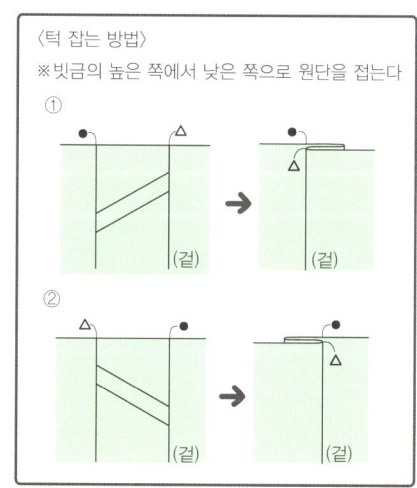

〈턱 잡는 방법〉
※빗금의 높은 쪽에서 낮은 쪽으로 원단을 접는다
①
(겉) (겉)
②
(겉) (겉)

⑬앞중간 스커트를 위로 젖히고
시접을 앞중간 스커트쪽으로 넘긴다

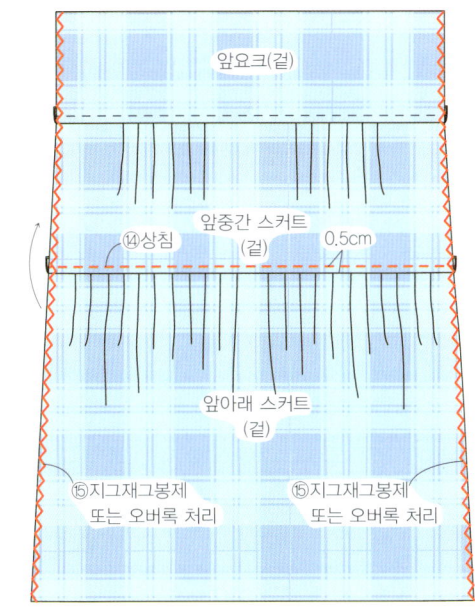

⑯겉끼리 맞댄다　　뒷요크(겉)

앞요크(겉)

앞요크(안)

고무줄 통로
3cm

⑰봉합

⑭상침　앞중간 스커트
(겉)　　0.5cm

앞중간 스커트
(안)　　⑰봉합

앞아래 스커트
(겉)

앞아래 스커트
(안)

⑮지그재그봉제
또는 오버록 처리　⑮지그재그봉제
또는 오버록 처리

⑱가름솔　　　　⑱가름솔

※뒷스커트노 ①~⑮과성과 같은 방법으로 만든나

2 스커트의 허리에 고무줄을 통과시킨다

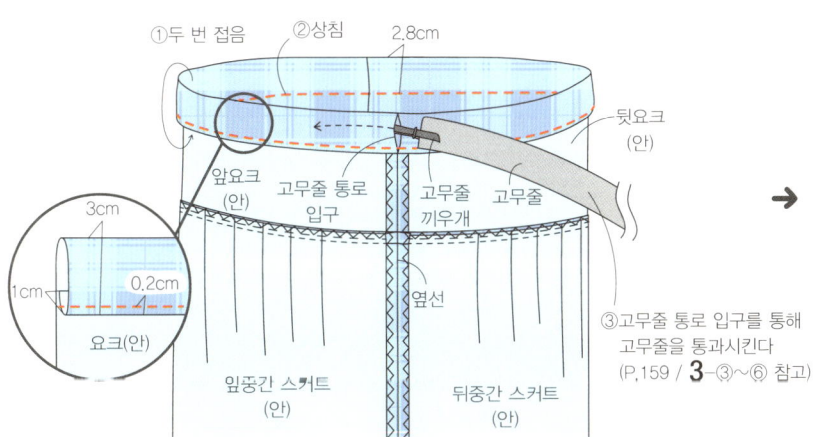

①두 번 접음　②상침　　2.8cm

④공그르기

뒷요크
(안)

앞요크
(안)

고무줄 통로
입구　고무줄
끼우개　고무줄

앞요크
(안)　　뒷요크
(안)

3cm

1cm　　0.2cm

요크(안)

옆선

옆선

③고무줄 통로 입구를 통해
고무줄을 통과시킨다
(P,159 / 3-③~⑥ 참고)

잎중간 스커트
(안)　　뒤중간 스커트
(안)

앞중간 스커트
(안)　　뒤중간 스커트
(안)

※고무줄 길이
55:53cm / 66:56cm / 77:59cm / 88:62cm

3 스커트의 밑단을 정리한다

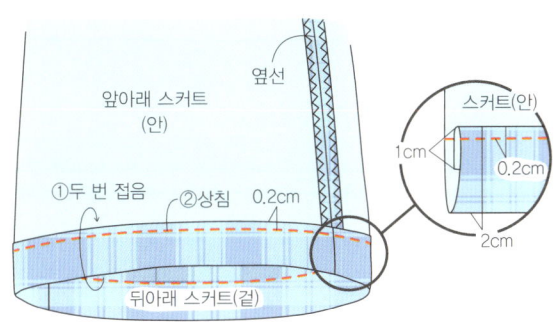

옆선

앞아래 스커트
(안)

스커트(안)

①두 번 접음　②상침　0.2cm

1cm　　0.2cm

뒤아래 스커트(겉)

2cm

완성❁

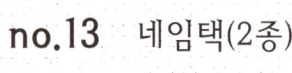
완성 사이즈

One size(일반용) 11.5cm × 8.5cm

One size(자수용) 11cm × 6cm

재료(일반용)

· 겉감1 ······ 30cm폭 × 15cm
· 겉감2 ······ 35cm폭 × 35cm
· 투명감 ······ 15cm폭 × 15cm
· 안감심지 ······ 30cm폭 × 15cm
· 3호 아일렛 ······ 1쌍
· 1.5cm폭 연결고리 ······ 1쌍
· 1cm폭 T단추 ······ 1쌍
· 0.5cm폭 워셔블 매직테이프 ······ 1개

재단배치도(일반용)

· 모든 패턴이 시접이 포함되어 있습니다
· 앞 · 뒤몸판용 바이어스천은 직접 제도하여 사용합니다

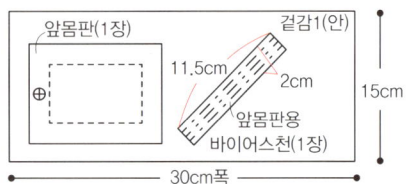

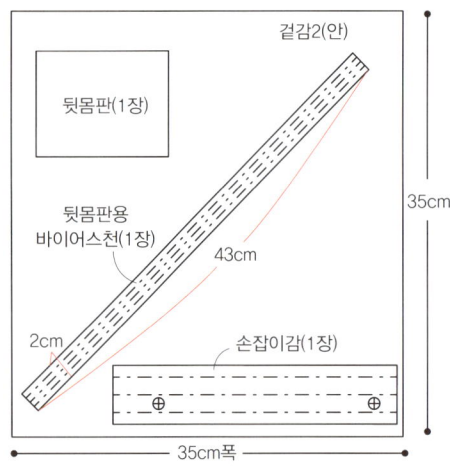

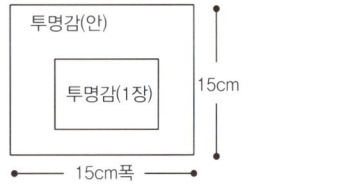

심지 재단 · 부착(일반용)

※①은 P.98을 참고하여 심지 작업을 한다
①안감심지
–뒷몸판(1장)을 재단하여 붙인다
②안감심지
–앞몸판(1장)을 재단한다 (P.98, 18-2 / ①-①~② 참고)

※심지 부착 방법은 P.134 / **1**-①~⑥과정 참고

※자수용 재단배치도는 P.136에 있습니다.

만드는 순서

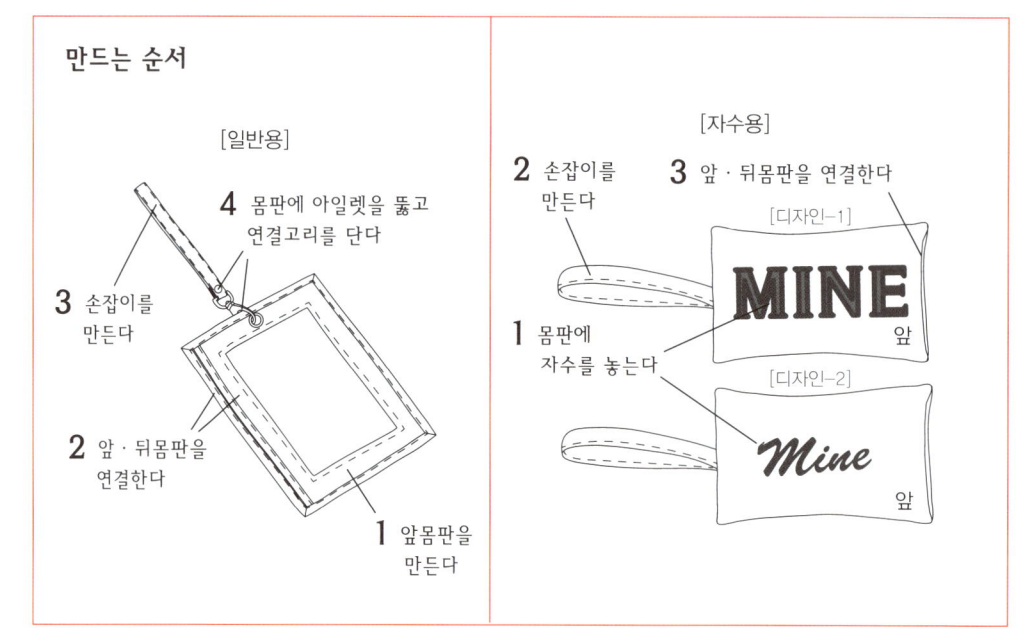

[일반용]

4 몸판에 아일렛을 뚫고 연결고리를 단다

3 손잡이를 만든다

2 앞 · 뒤몸판을 연결한다

1 앞몸판을 만든다

[자수용]

2 손잡이를 만든다

3 앞 · 뒤몸판을 연결한다

1 몸판에 자수를 놓는다

[디자인-1]
MINE 앞

[디자인-2]
Mine 앞

만드는 방법(일반용) ★치수가 기재되어 있지 않은 곳은 1cm로 봉합합니다.

1 앞몸판을 만든다

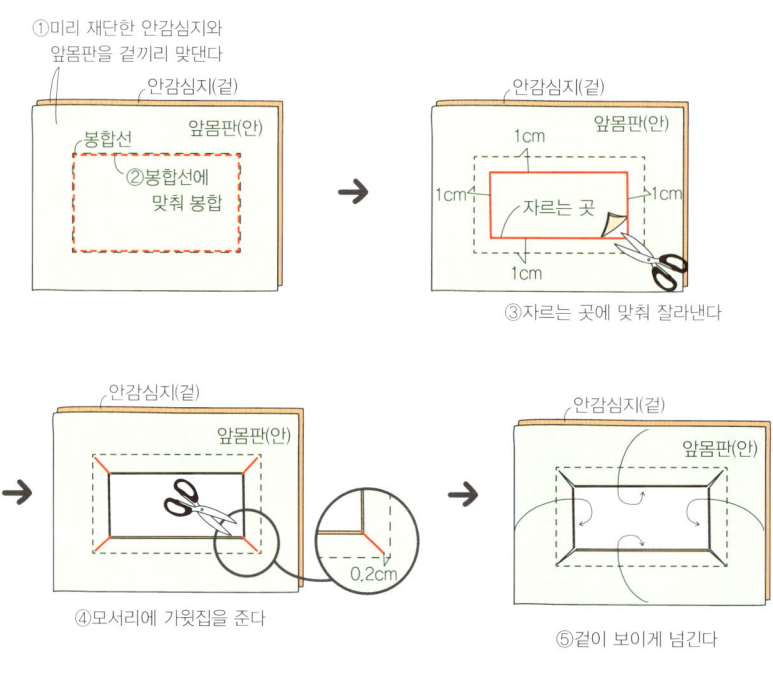

①미리 재단한 안감심지와 앞몸판을 겉끼리 맞댄다

안감심지(겉)
앞몸판(안)
봉합선
②봉합선에 맞춰 봉합

안감심지(겉)
앞몸판(안)
1cm 1cm 1cm 1cm
자르는 곳
③자르는 곳에 맞춰 잘라낸다

안감심지(겉)
앞몸판(안)
④모서리에 가윗집을 준다
0.2cm

안감심지(겉)
앞몸판(안)
⑤겉이 보이게 넘긴다

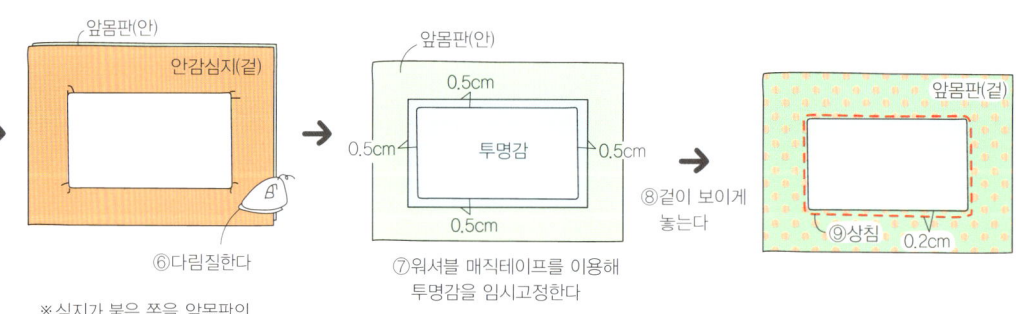

앞몸판(안)
안감심지(겉)
⑥다림질한다

※심지가 붙은 쪽을 앞몸판의 안쪽으로 설명합니다

앞몸판(안)
0.5cm 0.5cm 0.5cm
투명감
0.5cm
⑦워셔블 매직테이프를 이용해 투명감을 임시고정한다

앞몸판(겉)
⑧겉이 보이게 놓는다
⑨상침 0.2cm

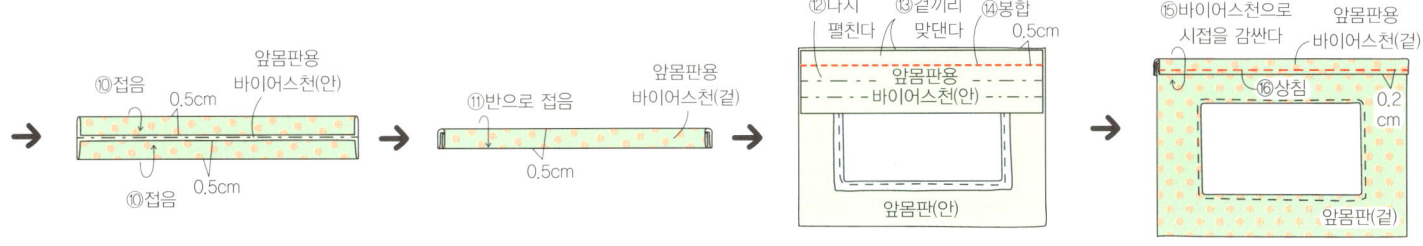

⑩접음
0.5cm
앞몸판용
바이어스천(안)
0.5cm
⑩접음

⑪반으로 접음
앞몸판용
바이어스천(겉)
0.5cm

⑫다시
펼친다
⑬겉끼리
맞댄다
⑭봉합
0.5cm
앞몸판용
바이어스천(안)
앞몸판(안)

⑮바이어스천으로
시접을 감싼다
앞몸판용
바이어스천(겉)
⑯상침
0.2 cm
앞몸판(겉)

2 앞·뒤몸판을 연결한다

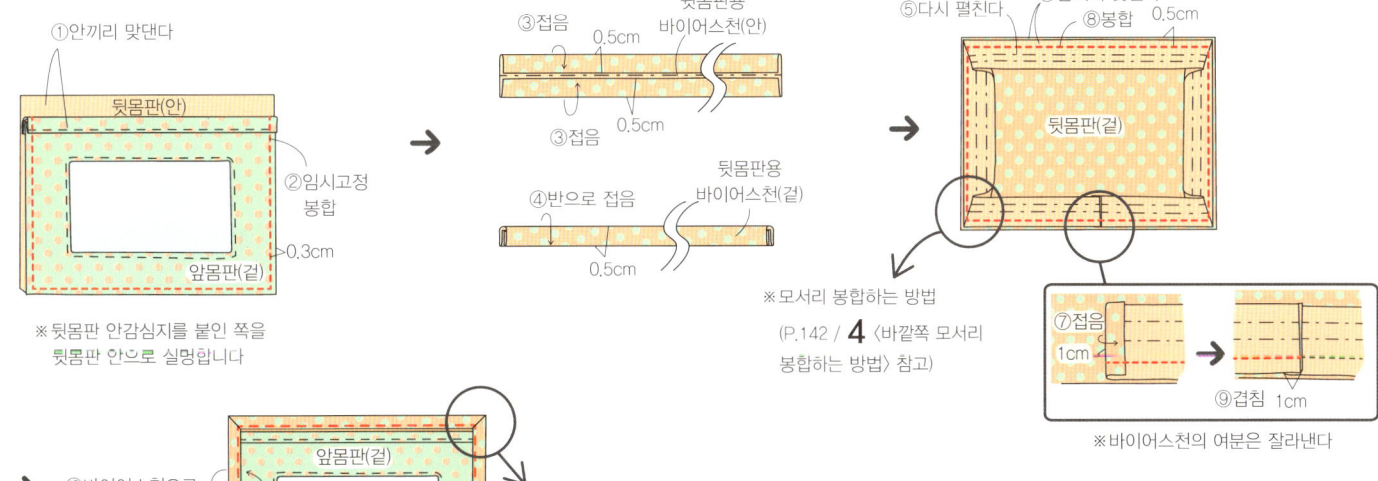

①안끼리 맞댄다
뒷몸판(안)
앞몸판(겉)
②임시고정
봉합
0.3cm

※뒷몸판 안감심지를 붙인 쪽을
뒷몸판 안으로 실명합니다

③접음
0.5cm
뒷몸판용
바이어스천(안)
③접음
0.5cm

④반으로 접음
뒷몸판용
바이어스천(겉)
0.5cm

⑤다시 펼친다
⑥겉끼리 맞댄다
⑧봉합
0.5cm
뒷몸판(겉)

※모서리 봉합하는 방법
(P.142 / 4 〈바깥쪽 모서리
봉합하는 방법〉 참고)

⑦접음
1cm
⑨겹침 1cm

※바이어스천의 여분은 잘라낸다

⑩바이어스천으로
시접을 감싼다
앞몸판(겉)
0.2 cm
⑪상침

※모서리 정리하는 방법
(P.142 / 4 〈바깥쪽 모서리
정리하는 방법〉 참고)

4 몸판에 아일렛을 뚫고 연결고리를 단다

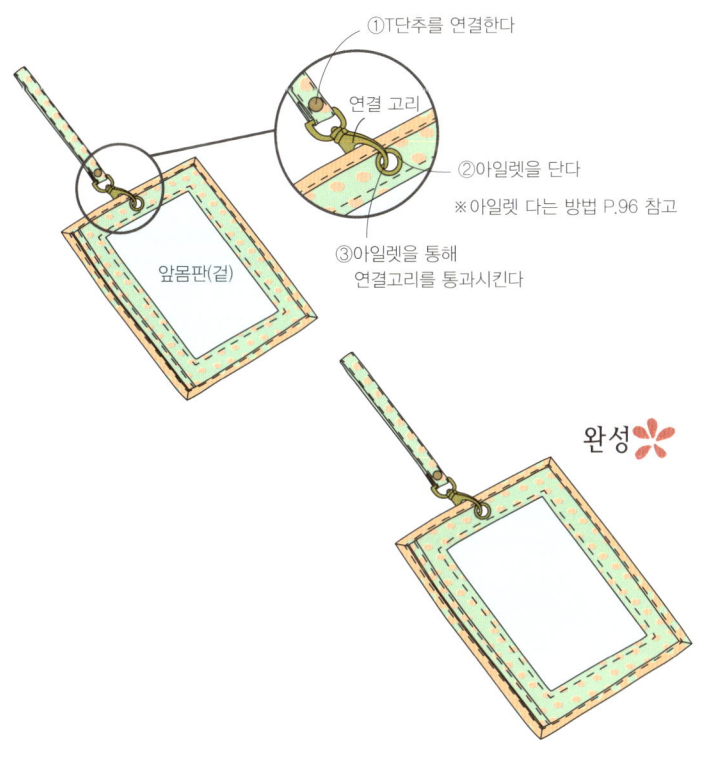

①T단추를 연결한다
연결 고리
②아일렛을 단다
※아일렛 다는 방법 P.96 참고
③아일렛을 통해
연결고리를 통과시킨다
앞몸판(겉)

완성 🌼

3 손잡이감을 만든다

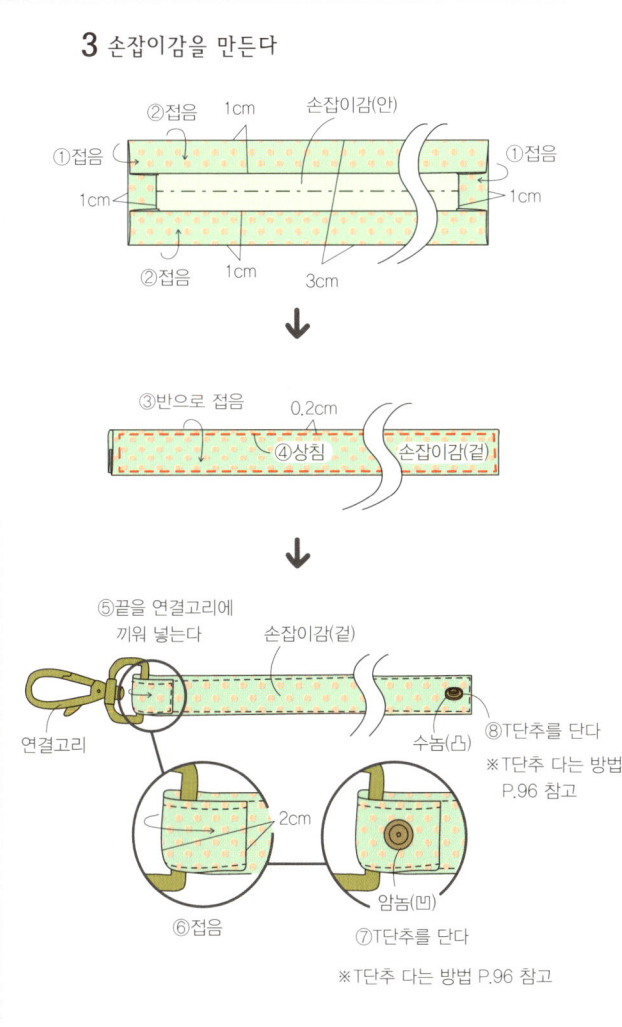

②접음 1cm
손잡이감(안)
①접음
1cm
①접음
1cm
②접음 1cm
3cm

③반으로 접음
0.2cm
④상침
손잡이감(겉)

⑤끝을 연결고리에
끼워 넣는다
손잡이감(겉)
연결고리
수놈(凸)
⑧T단추를 단다
※T단추 다는 방법
P.96 참고
2cm
⑥접음
암놈(凹)
⑦T단추를 단다
※T단추 다는 방법 P.96 참고

만드는 방법(자수용) ★치수가 기재되어 있지 않은 곳은 1cm로 봉합합니다.

1 몸판에 자수를 놓는다

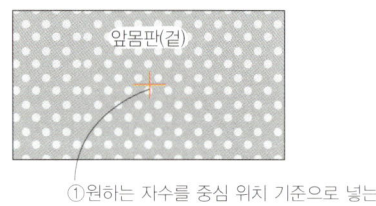

앞몸판(겉)

①원하는 자수를 중심 위치 기준으로 넣는다

2 손잡이를 만든다

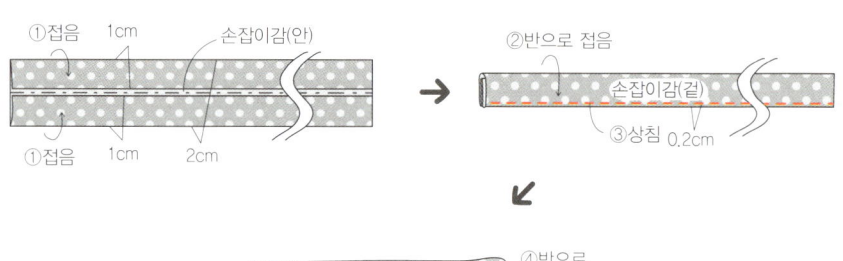

①접음 1cm 손잡이감(안)
①접음 1cm 2cm
②반으로 접음
손잡이감(겉)
③상침 0.2cm

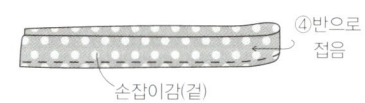

④반으로 접음
손잡이감(겉)

3 앞·뒤몸판을 연결한다

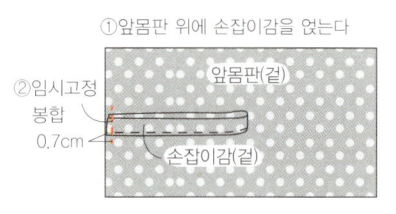

①앞몸판 위에 손잡이감을 얹는다
앞몸판(겉)
②임시고정 봉합 0.7cm
손잡이감(겉)

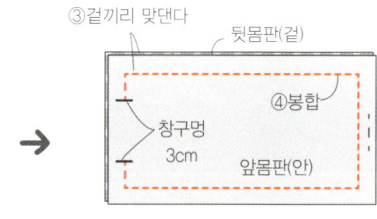

③겉끼리 맞댄다 뒷몸판(겉)
④봉합
창구멍 3cm
앞몸판(안)

⑤창구멍을 통해 겉으로 뒤집는다

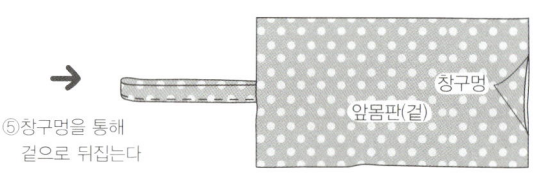

창구멍
앞몸판(겉)

⑥창구멍을 통해 방울솜을 넣는다

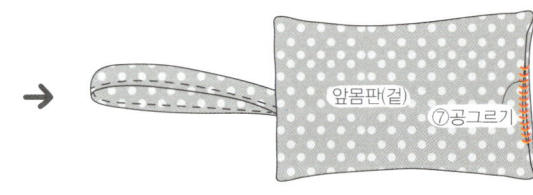

앞몸판(겉)
⑦공그르기

완성 ✽

MINE

Mine

재료(자수용)

· 겉감 ······ 30cm폭 x 15cm
· 500g 방울솜 ······ 1팩

재단배치도(자수용)

· 모든 패턴이 시접이 포함되어 있습니다
· 손잡이감은 직접 제도하여 사용합니다

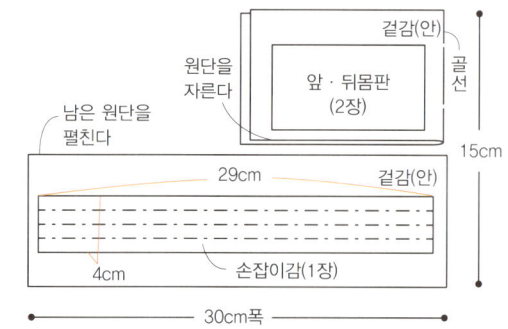

겉감(안)
원단을 자른다
앞·뒤몸판 (2장)
골선
15cm
남은 원단을 펼친다
29cm 겉감(안)
4cm 손잡이감(1장)
30cm폭

no.14 마스크

▶ 화보 : P.40
▶ 패턴 : Pattern B면

완성 사이즈 One size 18cm x 11cm

재료

· 겉감 ······ 25cm폭 x 20cm
· 안감 ······ 25cm폭 x 20cm
· 소잉심지 ······ 25cm폭 x 35cm
· 0.4cm폭 소프트 롱밴드 고무줄 ······ 1팩

재단배치도
· 지정 이외의 시접은 1cm

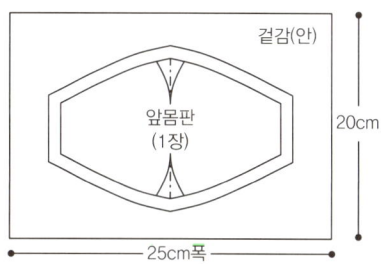

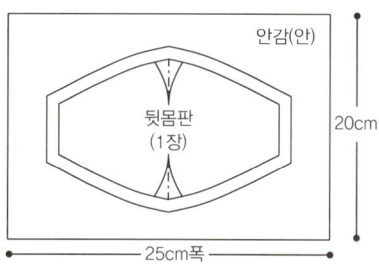

심지 재단 · 부착
※ P.98을 참고하여 심지 작업을 한다
①소잉심지
−앞 · 뒷몸판(각 1장)을 재단하여 붙인다

만드는 순서

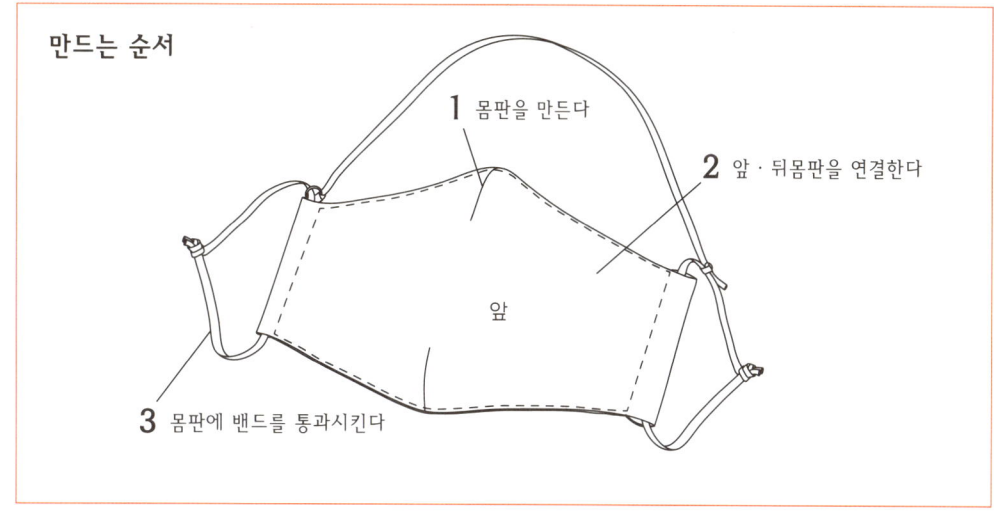

1 몸판을 만든다
2 앞 · 뒤몸판을 연결한다
3 몸판에 밴드를 통과시킨다

만드는 방법 ★치수가 기재되어 있지 않은 곳은 1cm로 봉합합니다.

1 몸판을 만든다

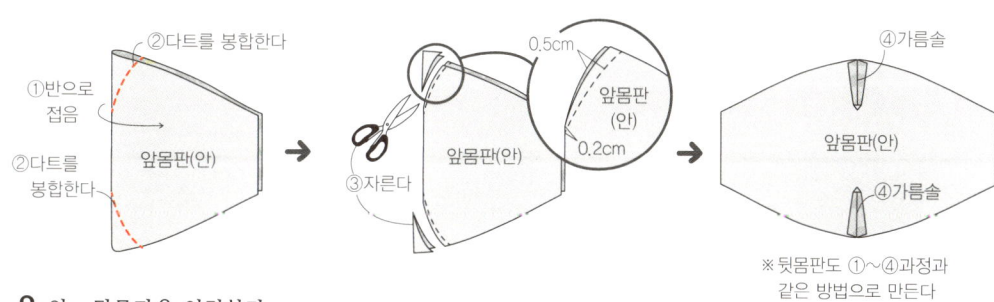

2 앞 · 뒤몸판을 연결한다

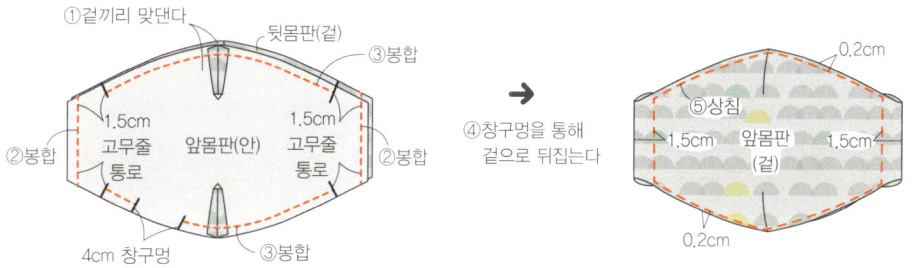

3 몸판에 밴드를 통과시킨다

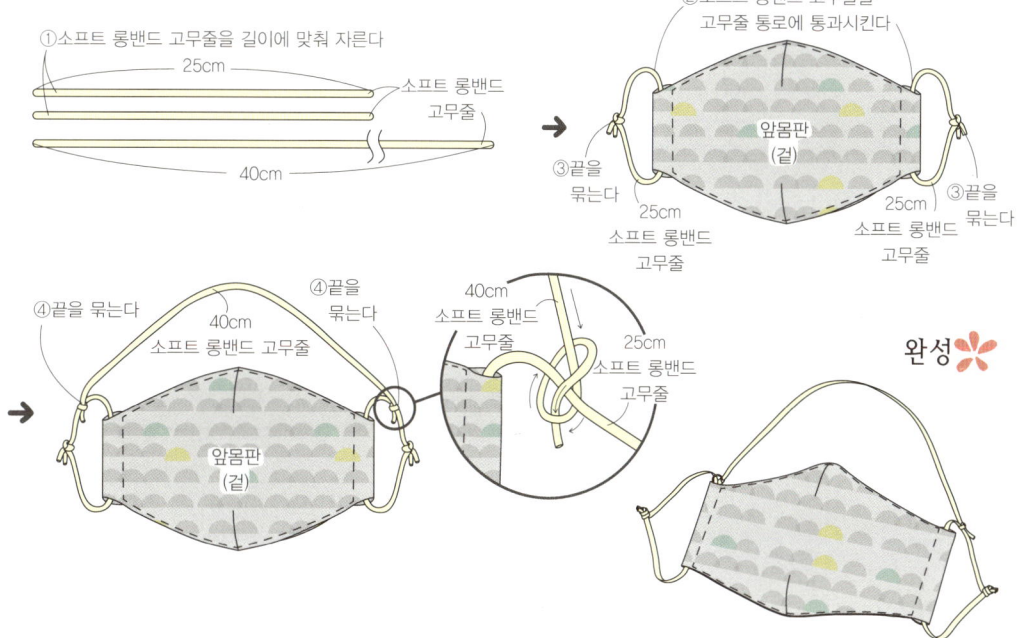

▶화보 : P.42
▶패턴 : Pattern B면

no.15 필통(2종)

완성 사이즈 One size(디자인1) 12.5cm x 22.5cm

One size(디자인2) 27cm x 8cm

재료(디자인1-1, 2 공통)

· 겉감 ······ 55cm폭 x 30cm
· 안감 ······ 40cm폭 x 30cm
· 커버링 심지 ······ 40cm폭 x 30cm
· 2.5cm폭 웨이빙끈 ······ 1팩
· 22cm길이 퀼트 지퍼 ······ 1개
· 0.5cm폭 워셔블 매직테이프 ······ 1개
· 태슬 장식 ······ 2개

재단배치도(디자인1-1)

· 지정 이외의 시접은 1cm

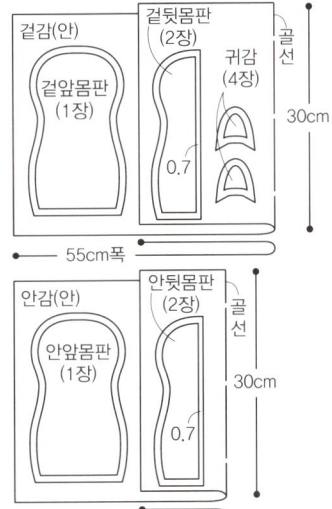

재단배치도(디자인1-2)

· 지정 이외의 시접은 1cm

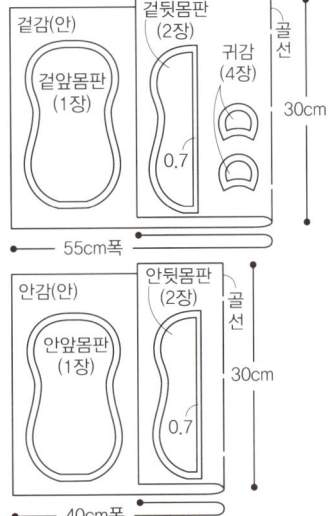

심지 재단 · 부착(디자인1-1, 2 공통)

※P.98을 참고하여 심지 작업을 한다
①커버링 심지
-겉앞몸판(1장), 겉뒷몸판(2장)을 재단하여 붙인다

※디자인2 재단배치도는 P.140에 있습니다.

만드는 순서(디자인1)

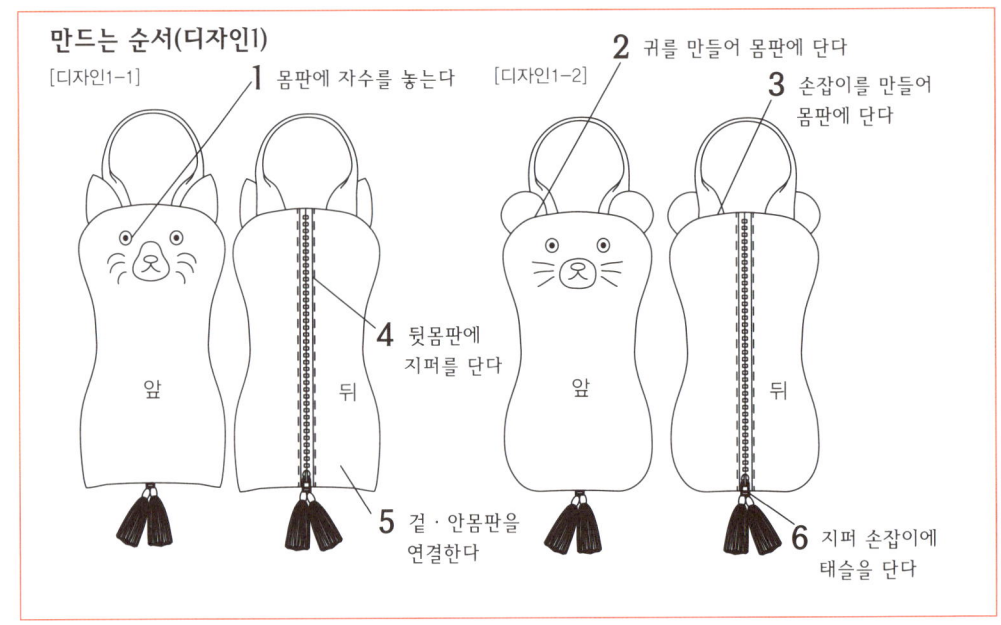

[디자인1-1] 1 몸판에 자수를 놓는다
2 귀를 만들어 몸판에 단다
[디자인1-2] 3 손잡이를 만들어 몸판에 단다
4 뒷몸판에 지퍼를 단다
5 겉 · 안몸판을 연결한다
6 지퍼 손잡이에 태슬을 단다

만드는 순서(디자인2)

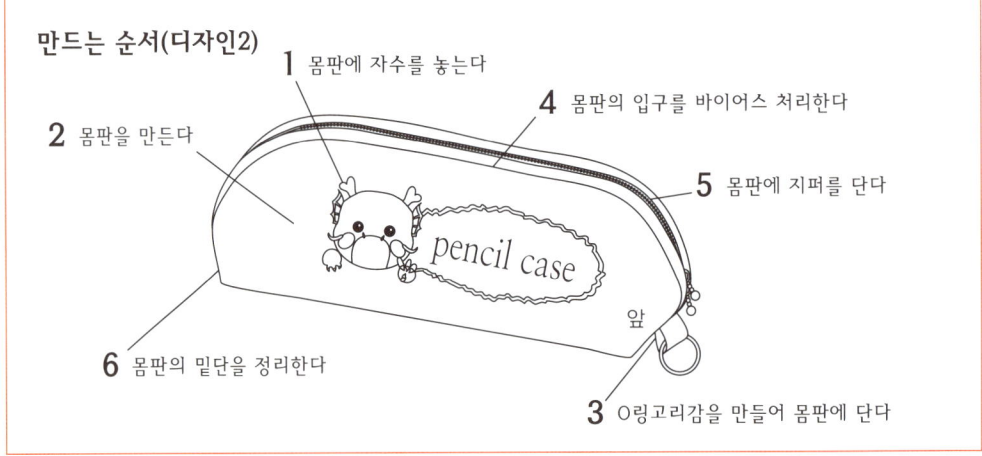

1 몸판에 자수를 놓는다
4 몸판의 입구를 바이어스 처리한다
2 몸판을 만든다
5 몸판에 지퍼를 단다
6 몸판의 밑단을 정리한다
3 오링고리감을 만들어 몸판에 단다

만드는 방법(디자인1)   ★치수가 기재되어 있지 않은 곳은 1cm로 봉합합니다.

1 몸판에 자수를 놓는다

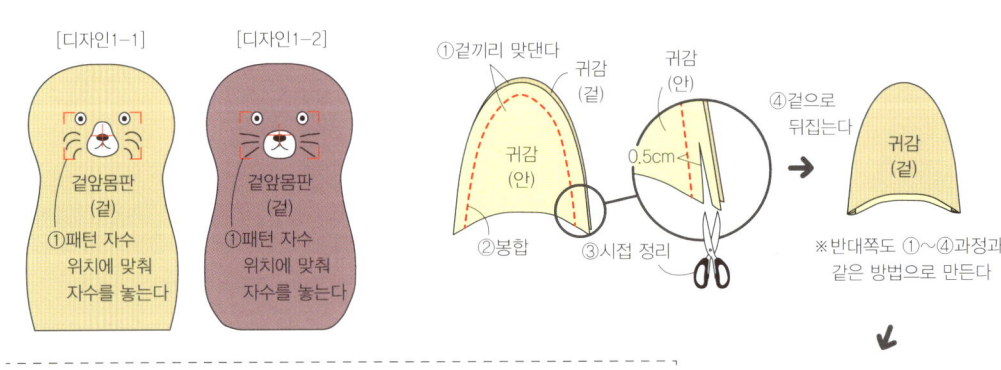

[디자인1-1] [디자인1-2]
겉앞몸판(겉) ①패턴 자수 위치에 맞춰 자수를 놓는다

2 귀를 만들어 몸판에 단다

①겉끼리 맞댄다
귀감(겉) 귀감(안)
귀감(안)
②봉합 ③시접 정리 0.5cm
④겉으로 뒤집는다
귀감(겉)
※반대쪽도 ①~④과정과 같은 방법으로 만든다

3 손잡이를 만들어 몸판에 단다

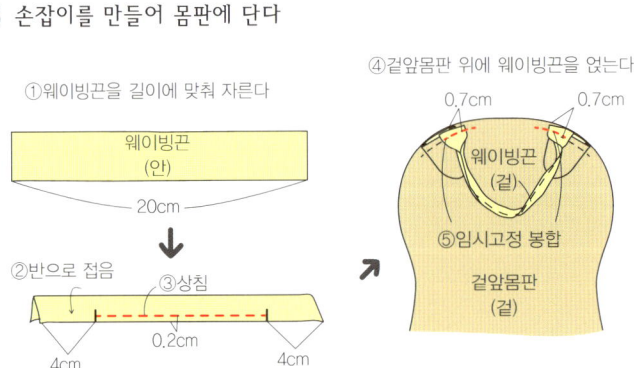

①웨이빙끈을 길이에 맞춰 자른다
웨이빙끈(안) 20cm
②반으로 접음 ③상침
0.2cm 4cm 4cm

④겉앞몸판 위에 웨이빙끈을 얹는다
0.7cm 0.7cm
웨이빙끈(겉)
⑤임시고정 봉합
겉앞몸판(겉)

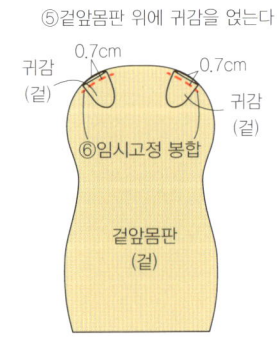

⑤겉앞몸판 위에 귀감을 얹는다
0.7cm 0.7cm
귀감(겉) 귀감(겉)
⑥임시고정 봉합
겉앞몸판(겉)

4 뒷몸판에 지퍼를 단다

①지퍼 길이를 조정한다
(P.86 / 지퍼 길이 조정
하는 방법 참고)

지퍼
상지

20cm

지퍼
하지

②워셔블 매직테이프를
이용해 지퍼를
임시고정한다

1.5cm

지퍼
하지

지퍼
(안)

안뒷몸판
(겉)

지퍼
상지

1.5cm

③지퍼의 여분을
자른다

④겉끼리 맞댄다

안뒷몸판
(겉)

겉뒷몸판
(안)

⑤봉합

0.7cm

⑥겉으로
뒤집는다

안뒷몸판
(겉)

겉뒷몸판
(겉)

⑦상침

0.2cm

※반대쪽도 ②~⑦과정과
같은 방법으로 만든다

5 겉·안몸판을 연결한다

①겉끼리 맞댄다

겉앞몸판(겉)

겉뒷몸판
(안)

8cm
창구멍

②봉합

안뒷몸판
(겉)

③겉끼리 맞댄다

겉앞몸판(겉)

겉뒷몸판
(안)

안앞몸판
(안)

8cm
창구멍

안뒷몸판
(겉)

④봉합

6 지퍼 손잡이에 태슬을 단다

⑤창구멍을 통해 겉으로 뒤집는다

안앞몸판
(겉)

⑥공그르기

⑦겉으로
뒤집는다

겉앞몸판
(겉)

겉뒷몸판
(겉)

겉뒷몸판
(겉)

①손바느질

태슬

태슬

완성 ✿

만드는 방법(디자인2) ★치수가 기재되어 있지 않은 곳은 1cm로 봉합합니다.

1 몸판에 자수를 놓는다

①패턴 자수 위치에 맞춰 자수를 놓는다

겉앞몸판(겉)

2 몸판을 만든다

①겉끼리 맞댄다

겉뒷몸판
(겉)

겉앞몸판
(안)

②봉합

③가름솔

④미리 재단한 양면 멜트심지를
겉·안몸판 사이에 끼우고 안끼리 맞댄다

겉몸판(안)

안몸판(겉)

양면
멜트심지

⑤다림질한다

3 O링고리감을 만들어 몸판에 단다

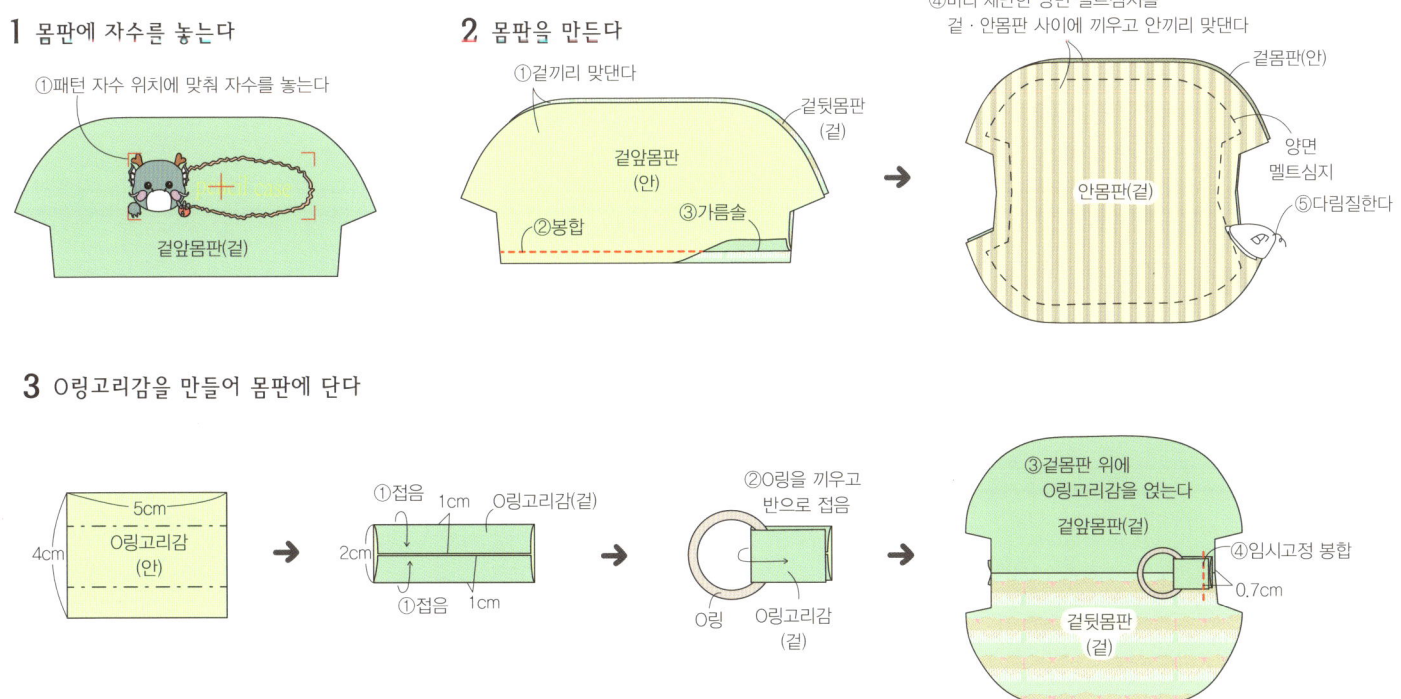

5cm

4cm

O링고리감
(안)

①접음 1cm

2cm

O링고리감(겉)

①접음 1cm

②O링을 끼우고
반으로 접음

O링

O링고리감
(겉)

③겉몸판 위에
O링고리감을 얹는다

겉앞몸판(겉)

④임시고정 봉합

0.7cm

겉뒷몸판
(겉)

4 몸판의 입구를 바이어스 처리한다

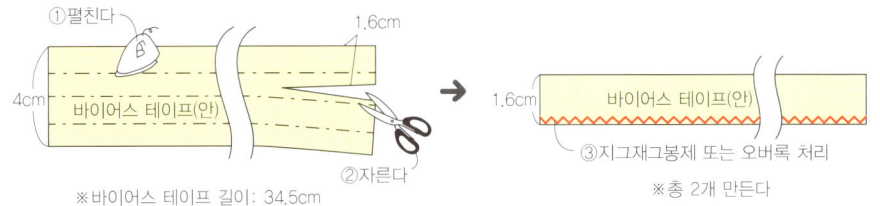

①펼친다
1.6cm
4cm
바이어스 테이프(안)
②자른다
※바이어스 테이프 길이: 34.5cm

1.6cm
바이어스 테이프(안)
③지그재그봉제 또는 오버록 처리
※총 2개 만든다

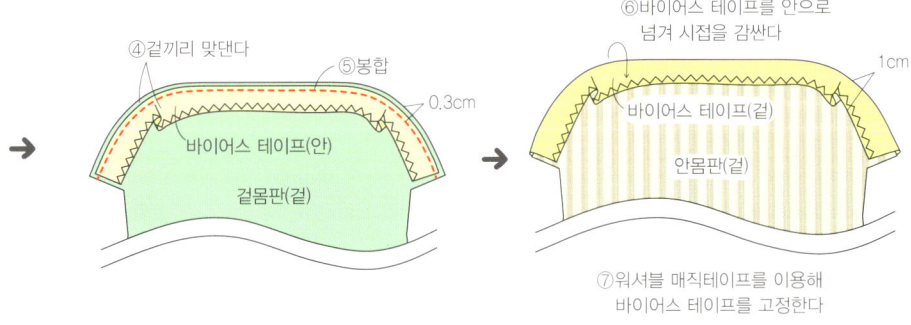

④겉끼리 맞댄다
⑤봉합
0.3cm
바이어스 테이프(안)
겉몸판(겉)

⑥바이어스 테이프를 안으로 넘겨 시접을 감싼다
1cm
바이어스 테이프(겉)
안몸판(겉)
⑦워셔블 매직테이프를 이용해 바이어스 테이프를 고정한다
※반대쪽도 ①~⑦ 과정과 같은 방법으로 만든다

5 몸판에 지퍼를 단다

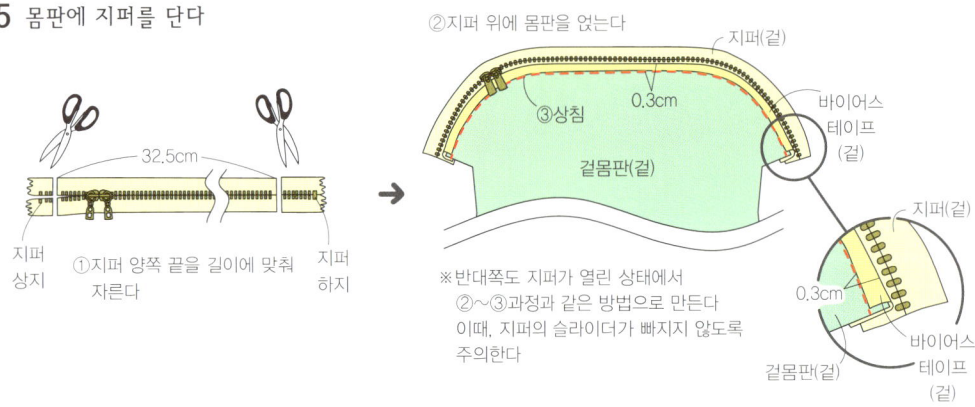

32.5cm
지퍼 상지
①지퍼 양쪽 끝을 길이에 맞춰 자른다
지퍼 하지

②지퍼 위에 몸판을 얹는다
지퍼(겉)
③상침
0.3cm
겉몸판(겉)
바이어스 테이프(겉)
지퍼(겉)
0.3cm
겉몸판(겉)
바이어스 테이프(겉)
※반대쪽도 지퍼가 열린 상태에서 ②~③과정과 같은 방법으로 만든다 이때, 지퍼의 슬라이더가 빠지지 않도록 주의한다

6 몸판의 밑단을 정리한다 (P.117 / 5-①~⑧ 참고)

완성 ✱

[O링고리감 실물크기 패턴]
no.05
O링고리감
(시접 포함)
접음선

완성 사이즈
One size(디자인2) 27cm x 8cm

재료(디자인2)
· 겉감 …… 35cm폭 x 20cm
· 배색감 …… 35cm폭 x 20cm
· 안감 …… 35cm폭 x 40cm
· 가방심지 …… 35cm폭 x 40cm
· 소프트 보강심지 …… 35cm폭 x 30cm
· 양면 멜트심지 …… 35cm폭 x 60cm
· 2.5cm폭 솜고정용 접착테이프 심지 …… 1팩
· 40cm길이 지퍼 …… 1개
· 1cm(완성폭) 바이어스 테이프 …… 1팩
· 2.5cm폭 O링 …… 1개

재단배치도(디자인2)
· 지정 이외의 시접은 1cm
· 밑단용 바이어스천은 직접 제도하여 사용합니다
· O링고리감 실물크기 패턴 P.140 참고

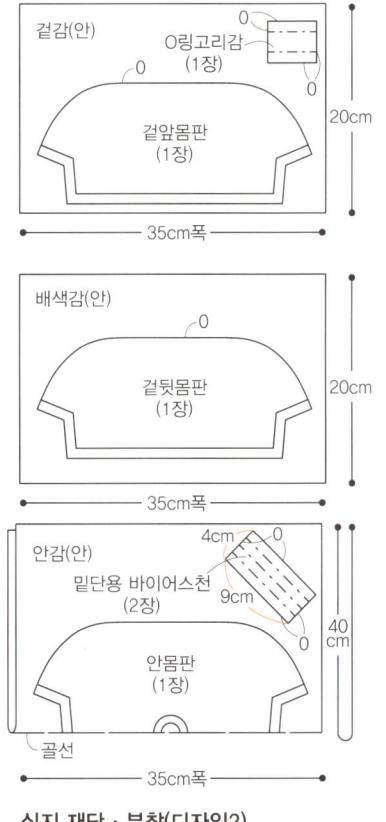

겉감(안)
O링고리감
(1장)
0
겉앞몸판
(1장)
20cm
35cm폭

배색감(안)
0
겉뒷몸판
(1장)
20cm
35cm폭

안감(안)
4cm
0
밑단용 바이어스천
(2장)
9cm
0
안몸판
(1장)
40cm
골선
35cm폭

심지 재단 · 부착(디자인2)
※①~②는 P.98을 참고하여 심지 작업을 한다
①가방심지
– 겉앞 · 뒤몸판(각 1장)을 재단하여 붙인다
②소프트 보강심지
–안몸판(1장)을 재단하여 붙인다
③양면 멜트심지
–겉몸판(1장)을 재단한다 (P.98, 18-2 / 4-①~② 참고)
※심지 부착 방법은 P.139 / 2-④~⑤ 참고

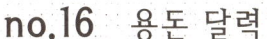

no.16 용돈 달력

▶ 화보 : P.44
▶ 패턴 : Pattern B면

완성 사이즈 One size 49cm x 47cm

재료

· 겉감 ······ 150cm폭 x 135cm
· 소프트 보강심지 ······ 150cm폭 x 45cm
· 1cm(완성폭) 바이어스 테이프 ······ 1팩
· 7.8cm폭 싸개 단추 ······ 12개
· 3.8cm폭 싸개 단추 ······ 31개
· 3.7cm폭 빅아일렛 ······ 2개
· 4.5cm길이 집게핀 ······ 43개

재단배치도

· 모든 패턴은 시접이 포함되어 있습니다
· ∿∿ 표시된 부분은 지그재그봉제 또는 오버록 처리한다

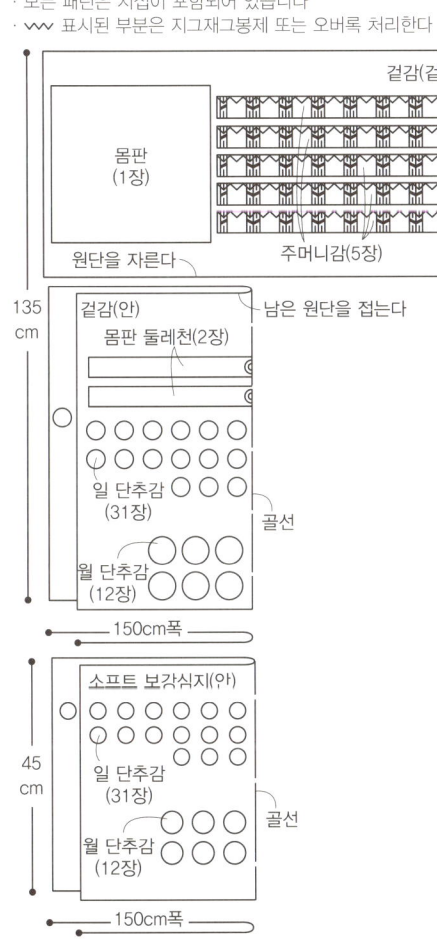

만드는 순서

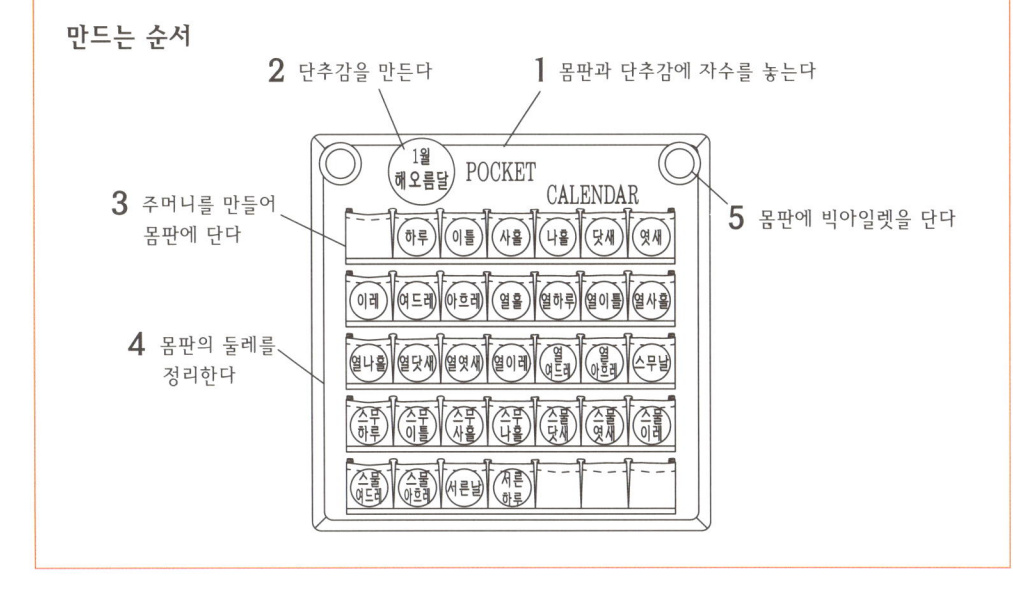

1 몸판과 단추감에 자수를 놓는다
2 단추감을 만든다
3 주머니를 만들어 몸판에 단다
4 몸판의 둘레를 정리한다
5 몸판에 빅아일렛을 단다

만드는 방법 ★치수가 기재되어 있지 않은 곳은 1cm로 봉합합니다.

1 몸판과 단추감에 자수를 놓는다

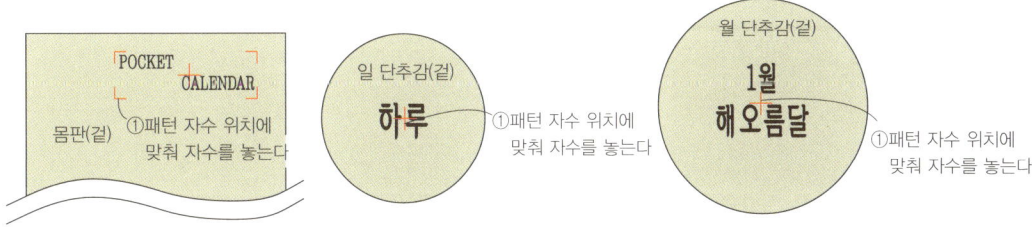

몸판(겉) ①패턴 자수 위치에 맞춰 자수를 놓는다

일 단추감(겉) 하루 ①패턴 자수 위치에 맞춰 자수를 놓는다

월 단추감(겉) 1월 해오름달 ①패턴 자수 위치에 맞춰 자수를 놓는다

2 단추감을 만든다

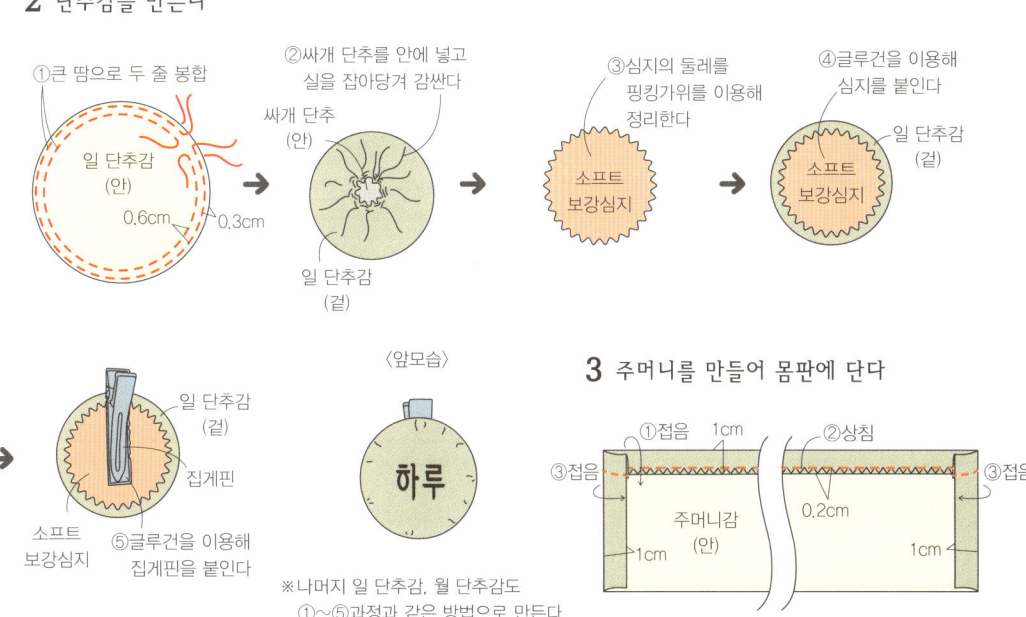

①큰 땀으로 두 줄 봉합
②싸개 단추를 안에 넣고 실을 잡아당겨 감싼다
③심지의 둘레를 핑킹가위를 이용해 정리한다
④글루건을 이용해 심지를 붙인다
⑤글루건을 이용해 집게핀을 붙인다

〈앞모습〉 하루

※나머지 일 단추감, 월 단추감도 ①~⑤과정과 같은 방법으로 만든다

3 주머니를 만들어 몸판에 단다

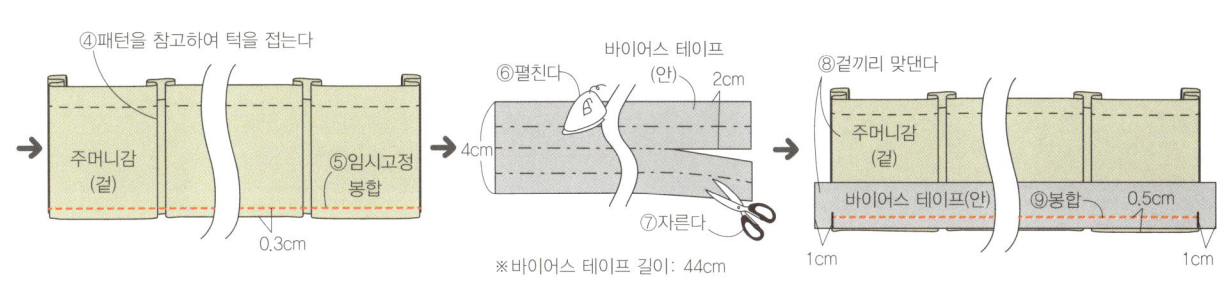

④패턴을 참고하여 턱을 접는다
⑤임시고정 봉합
⑥펼친다
⑦자른다
⑧겉끼리 맞댄다
⑨봉합

※바이어스 테이프 길이: 44cm

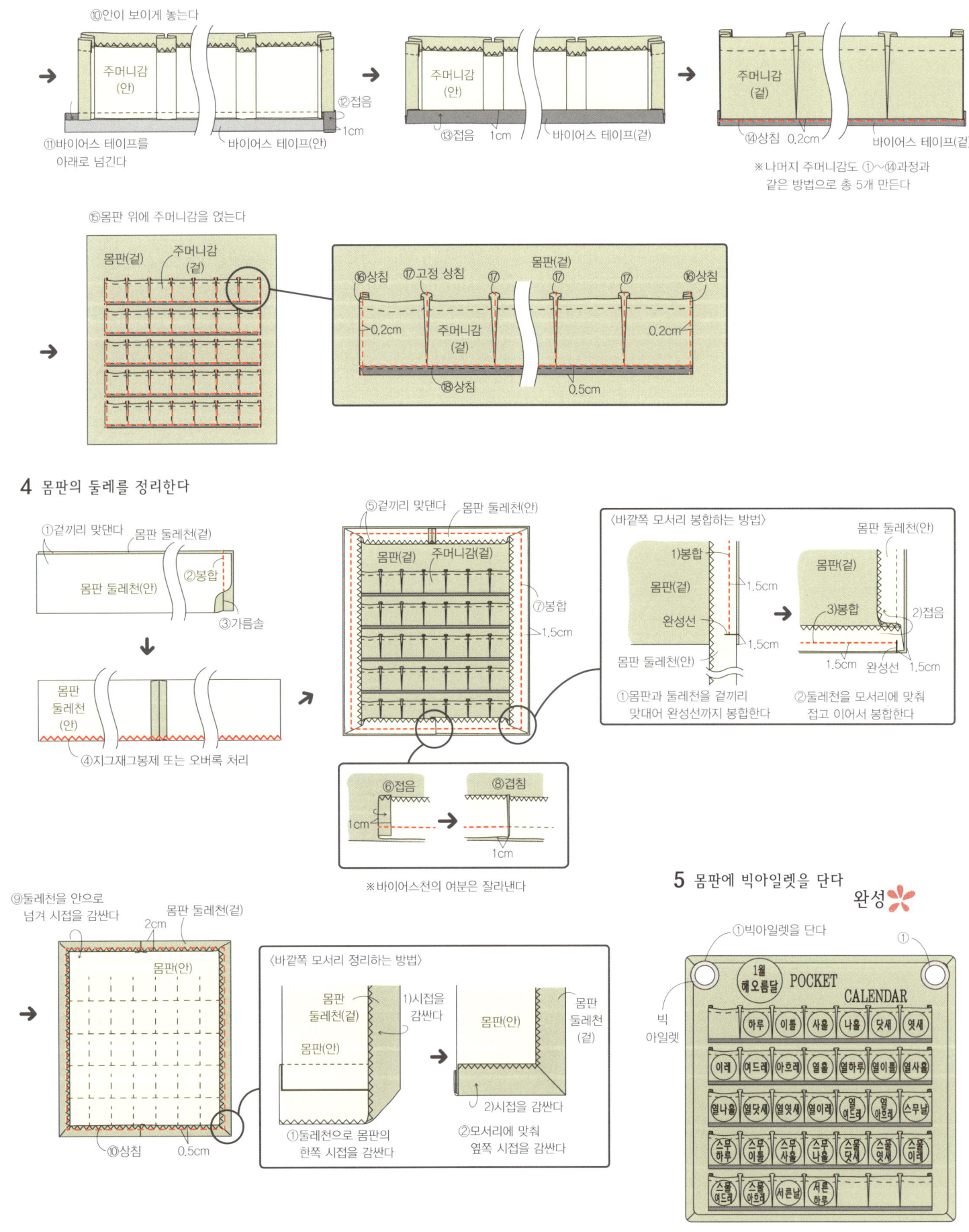

⑩안이 보이게 놓는다

주머니감
(안)

⑫접음

1cm

⑪바이어스 테이프를
아래로 넘긴다

바이어스 테이프(안)

주머니감
(안)

⑬접음　1cm

바이어스 테이프(겉)

주머니감
(겉)

⑭상침　0.2cm

바이어스 테이프(겉)

※나머지 주머니감도 ①～⑭과정과
　같은 방법으로 총 5개 만든다

⑮몸판 위에 주머니감을 얹는다

몸판(겉)　주머니감(겉)

⑯상침　⑰고정 상침　⑰　몸판(겉)　⑰　⑰　⑰　⑯상침

0.2cm　주머니감(겉)　0.2cm

⑱상침　0.5cm

4 몸판의 둘레를 정리한다

①겉끼리 맞댄다　몸판 둘레천(겉)

몸판 둘레천(안)　②봉합

③가름솔

몸판
둘레천
(안)

④지그재그봉제 또는 오버록 처리

⑤겉끼리 맞댄다　몸판 둘레천(안)

몸판(겉)　주머니감(겉)

⑦봉합

1.5cm

⑥접음　⑧겹침

1cm　1cm

※바이어스천의 여분은 잘라낸다

〈바깥쪽 모서리 봉합하는 방법〉

1)봉합　몸판 둘레천(안)

몸판(겉)　몸판(겉)

완성선　1.5cm　3)봉합　2)접음

몸판 둘레천(안)　1.5cm　1.5cm　완성선　1.5cm

①몸판과 둘레천을 겉끼리
　맞대어 완성선까지 봉합한다

②둘레천을 모서리에 맞춰
　접고 이어서 봉합한다

⑨둘레천을 안으로
　넘겨 시접을 감싼다

2cm　몸판 둘레천(겉)

몸판(안)

⑩상침　0.5cm

〈바깥쪽 모서리 정리하는 방법〉

몸판
둘레천(겉)　1)시접을
감싼다

몸판(안)

①둘레천으로 몸판의
　한쪽 시접을 감싼다

몸판(안)　몸판
둘레천
(겉)

2)시접을 감싼다

②모서리에 맞춰
　옆쪽 시접을 감싼다

5 몸판에 빅아일렛을 단다

완성 🌼

①빅아일렛을 단다　①

빅
아일렛

1월
해오름달　POCKET　CALENDAR

하루　이틀　사흘　나흘　닷새　엿새

이레　여드레　아흐레　열흘　열하루　열이틀　열사흘

열나흘　열닷새　열엿새　열이레　열여드레　열아흐레　스무날

스무하루　스무이틀　스무사흘　스무나흘　스무닷새　스무엿새　스무이레

스무여드레　스무아흐레　서른날　서른하루

※빅아일렛 다는 방법 P.95 참고

no.17 스트링 백팩

▶ 화보 : P.46
▶ 패턴 : Pattern A면

완성 사이즈 One size 30cm x 26cm

재료

· 겉감 ······ 90cm폭 x 60cm
· 안감 ······ 90cm폭 x 35cm
· 소잉심지 ······ 90cm폭 x 90cm
· 2cm폭 D링 ······ 2개
· 2cm폭 연결고리 ······ 4개
· 2cm폭 길이조절 고리 ······ 2개
· 9호 아일렛 ······ 2쌍
· 0.6cm폭 둥근 스트링끈 ······ 1팩

재단배치도

· 지정 이외의 시접은 1cm
· D링고리감 실물크기 패턴 P.144 참고
· 어깨끈감, 손잡이감은 직접 제도하여 사용합니다

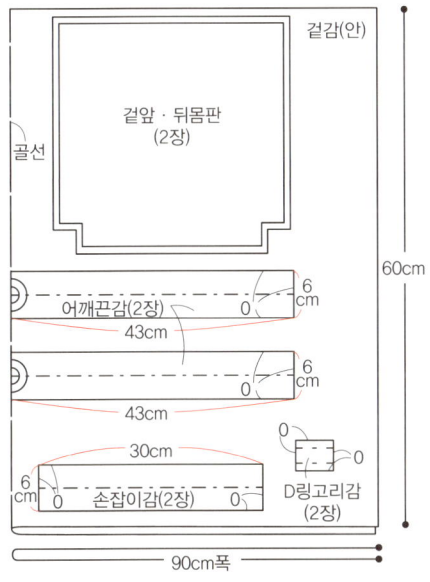

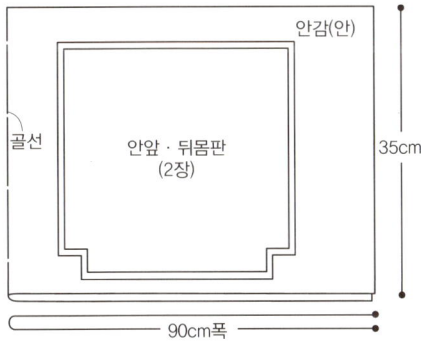

심지 재단 · 부착

※P.98을 참고하여 심지 작업을 한다
①소잉심지
-겉앞·뒤몸판(각 1장), 안앞·뒤몸판(각 1장),
손잡이감(2장), 어깨끈감(2장), D링고리감(2장)을
재단하여 붙인다

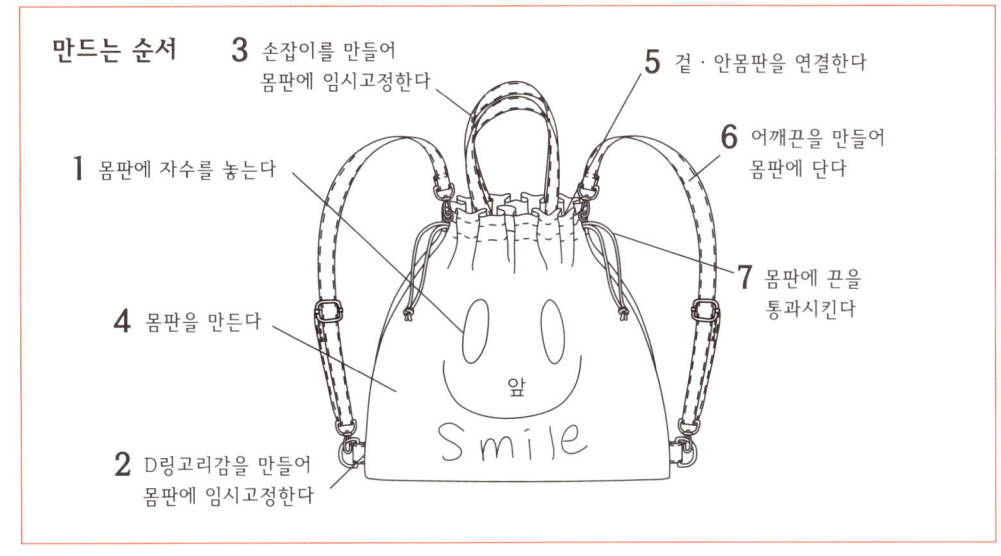

만드는 순서

1 몸판에 자수를 놓는다
2 D링고리감을 만들어 몸판에 임시고정한다
3 손잡이를 만들어 몸판에 임시고정한다
4 몸판을 만든다
5 겉·안몸판을 연결한다
6 어깨끈을 만들어 몸판에 단다
7 몸판에 끈을 통과시킨다

만드는 방법 ★치수가 기재되어 있지 않은 곳은 1cm로 봉합합니다.

1 몸판에 자수를 놓는다

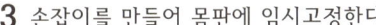

①패턴 사수 위치에 맞춰 자수를 놓는다

2 D링고리감을 만들어 몸판에 임시고정한다

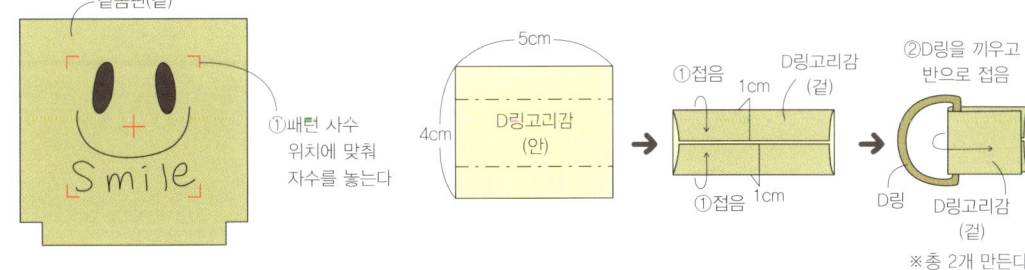

3 손잡이를 만들어 몸판에 임시고정한다

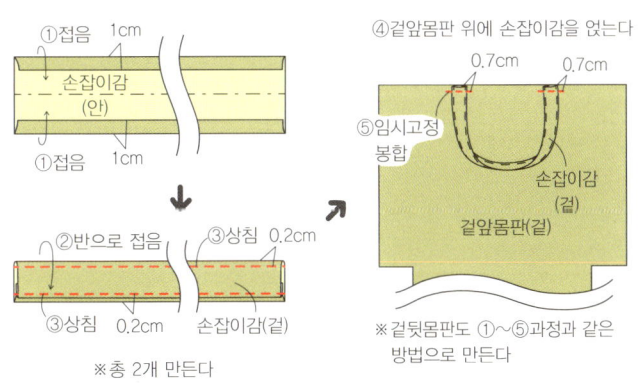

※총 2개 만든다

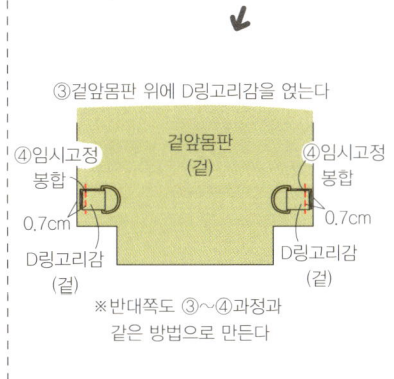

4 몸판을 만든다

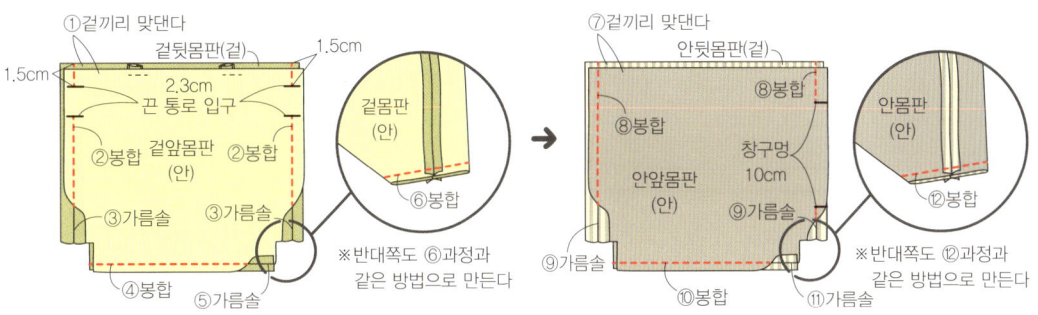

5 겉·안몸판을 연결한다

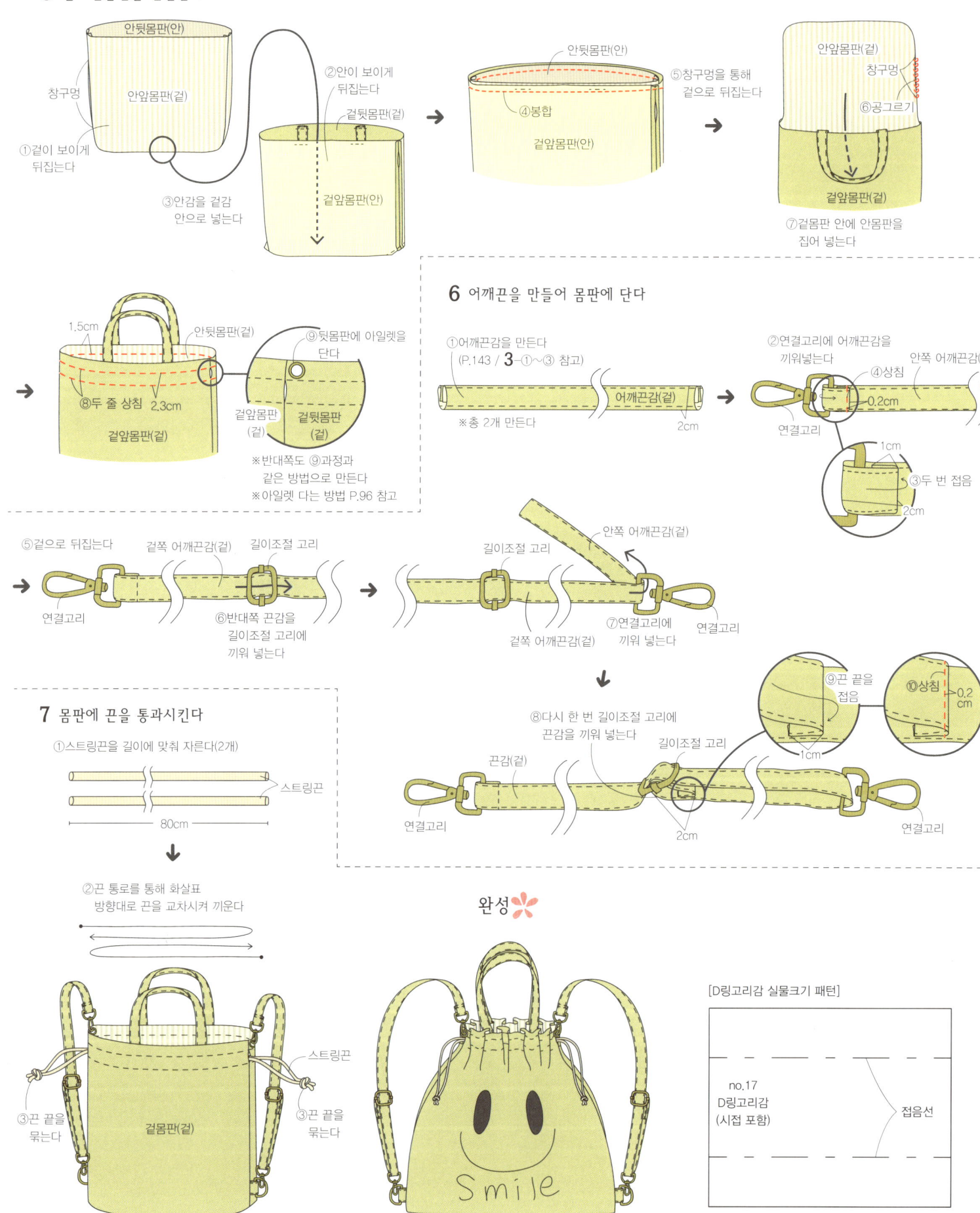

안뒷몸판(안)

창구멍

안앞몸판(겉)

①겉이 보이게
뒤집는다

③안감을 겉감
안으로 넣는다

②안이 보이게
뒤집는다

겉뒷몸판(겉)

겉앞몸판(안)

안뒷몸판(안)

④봉합

겉앞몸판(안)

⑤창구멍을 통해
겉으로 뒤집는다

안앞몸판(겉)

창구멍

⑥공그르기

겉앞몸판(겉)

⑦겉몸판 안에 안몸판을
집어 넣는다

1,5cm

안뒷몸판(겉)

⑨뒷몸판에 아일렛을
단다

⑧두 줄 상침 2.3cm

겉앞몸판(겉)

겉앞몸판
(겉)

겉뒷몸판
(겉)

※반대쪽도 ⑨과정과
같은 방법으로 만든다
※아일렛 다는 방법 P.96 참고

6 어깨끈을 만들어 몸판에 단다

①어깨끈감을 만든다
(P.143 / **3**-①~③ 참고)

어깨끈감(겉)

2cm

※총 2개 만든다

②연결고리에 어깨끈감을
끼워넣는다

안쪽 어깨끈감(겉)

④상침

0.2cm

연결고리

1cm

③두 번 접음

2cm

⑤겉으로 뒤집는다

겉쪽 어깨끈감(겉)

길이조절 고리

연결고리

⑥반대쪽 끈감을
길이조절 고리에
끼워 넣는다

길이조절 고리

안쪽 어깨끈감(겉)

겉쪽 어깨끈감(겉)

⑦연결고리에
끼워 넣는다

연결고리

⑧다시 한 번 길이조절 고리에
끈감을 끼워 넣는다

끈감(겉)

길이조절 고리

⑨끈 끝을
접음

⑩상침

0.2
cm

1cm

연결고리

2cm

연결고리

7 몸판에 끈을 통과시킨다

①스트링끈을 길이에 맞춰 자른다(2개)

스트링끈

80cm

②끈 통로를 통해 화살표
방향대로 끈을 교차시켜 끼운다

③끈 끝을
묶는다

겉몸판(겉)

스트링끈

③끈 끝을
묶는다

완성

Smile

[D링고리감 실물크기 패턴]

no.17
D링고리감
(시접 포함)

접음선

no.18 둥근 크로스백

▶ 화보 : P.48
▶ 패턴 : Pattern B면

완성 사이즈   One size   22cm x 17cm

재료

- 겉감 …… 110cm폭 x 35cm
- 안감 …… 60cm폭 x 40cm
- 가방심지 …… 60cm폭 x 40cm
- 1.4cm폭 자석단추 …… 1쌍
- 1.5cm폭 D링 …… 1개
- 1.5cm폭 연결고리 …… 1개
- 1.5cm폭 길이조절 고리 …… 1개
- 참 장식 …… 2개

재단배치도

· 지정 이외의 시접은 1cm
· 어깨끈감은 직접 제도하여 사용합니다
· D링고리감 실물크기 패턴 P.145 참고

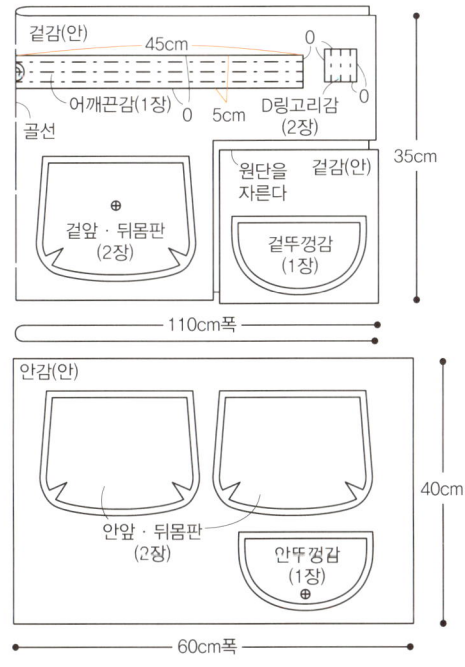

심지 재단 · 부착

※P.98을 참고하여 심지 작업을 한다
①가방심지
－안앞 · 뒤몸판(각 1장), 안뚜껑감(1장)을 재단하여 붙인다

[D링고리감 실물크기 패턴]

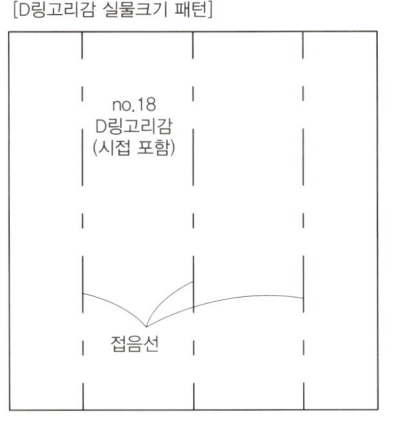

만드는 순서

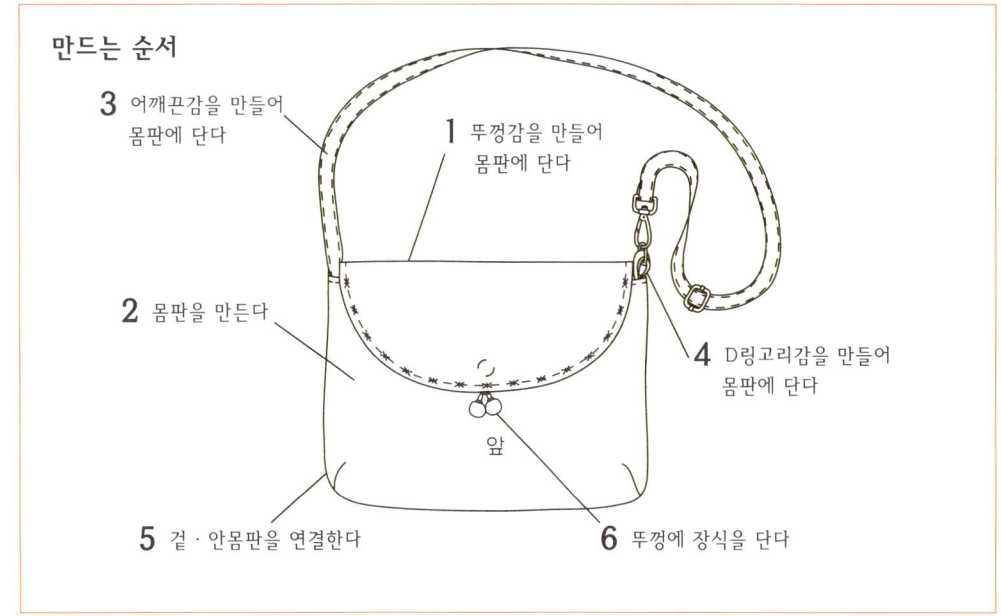

3 어깨끈감을 만들어 몸판에 단다
1 뚜껑감을 만들어 몸판에 단다
2 몸판을 만든다
4 D링고리감을 만들어 몸판에 단다
5 겉 · 안몸판을 연결한다
6 뚜껑에 장식을 단다
앞

만드는 방법   ★치수가 기재되어 있지 않은 곳은 1cm로 봉합합니다.

1 뚜껑감을 만들어 몸판에 단다

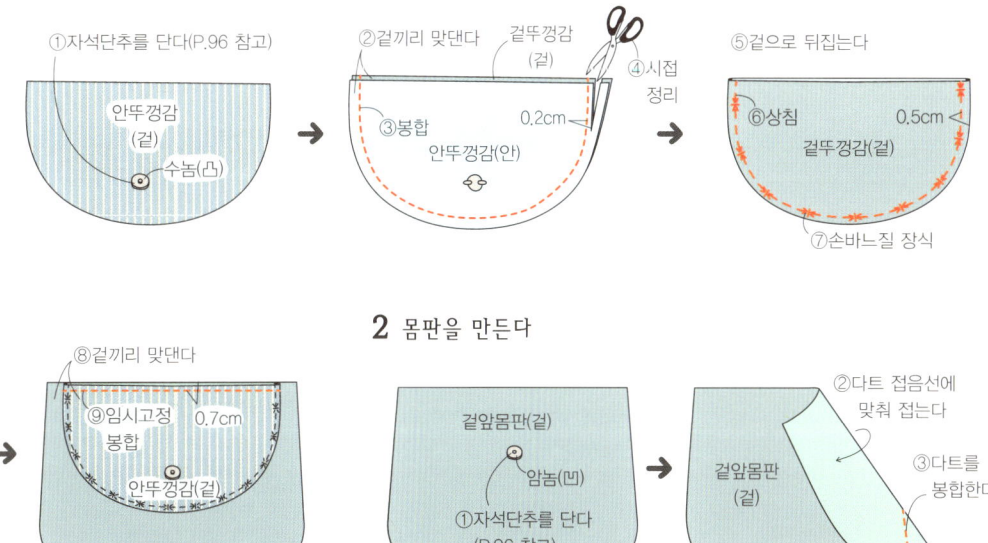

①자석단추를 단다(P.96 참고)
안뚜껑감(겉)
수놈(凸)
②겉끼리 맞댄다
겉뚜껑감(겉)
③봉합
안뚜껑감(안)
0.2cm
④시접 정리
⑤겉으로 뒤집는다
⑥상침
겉뚜껑감(겉)
0.5cm
⑦손바느질 장식

2 몸판을 만든다

⑧겉끼리 맞댄다
⑨임시고정 봉합
0.7cm
안뚜껑감(겉)
겉뒷몸판(겉)

겉앞몸판(겉)
①자석단추를 단다(P.06 참고)
암놈(凹)

②다트 접음선에 맞춰 접는다
겉앞몸판(겉)
③다트를 봉합한다

※반대쪽과 뒷몸판도 ②~③과정과 같은 방법으로 만든다

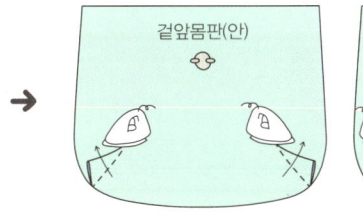

겉앞몸판(안)
겉뒷몸판(안)

④다트 시접을 화살표 방향대로 넘겨 다린다

※안앞 · 뒤몸판은 반대로 다트를 넘겨 다린다

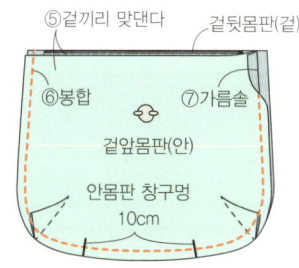

⑤겉끼리 맞댄다
겉뒷몸판(겉)
⑥봉합
⑦가름솔
겉앞몸판(안)
안몸판 창구멍
10cm

※안앞 · 뒤몸판은 창구멍 10cm를 제외하고
②~⑦과정과 같은 방법으로 만든다

3 어깨끈감을 만들어 몸판에 단다

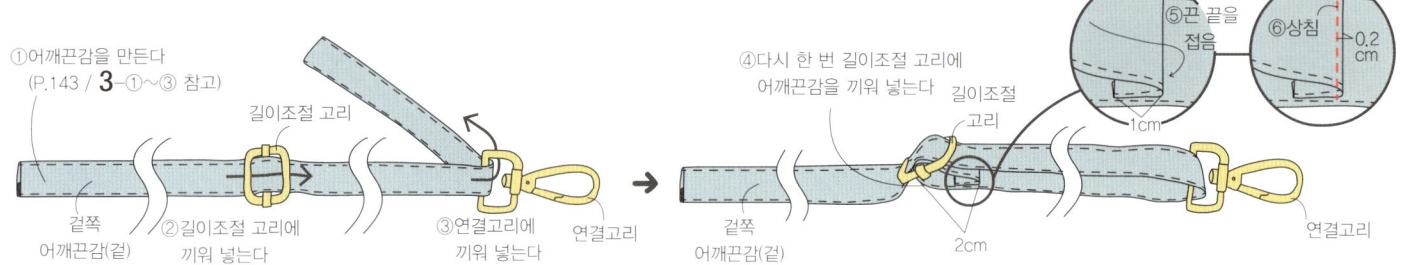

① 어깨끈감을 만든다
(P.143 / **3**-①~③ 참고)

겉쪽 어깨끈감(겉)

② 길이조절 고리에 끼워 넣는다

길이조절 고리

③ 연결고리에 끼워 넣는다

연결고리

④ 다시 한 번 길이조절 고리에 어깨끈감을 끼워 넣는다

길이조절 고리

⑤끈 끝을 접음

⑥상침
0.2 cm

1cm

2cm

겉쪽 어깨끈감(겉)

연결고리

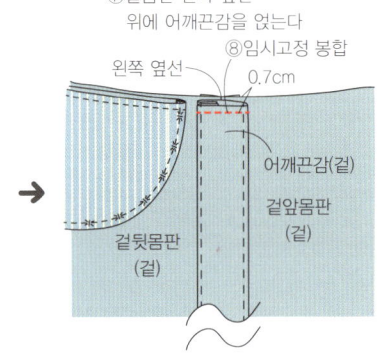

⑦겉몸판 왼쪽 옆선 위에 어깨끈감을 얹는다

왼쪽 옆선

⑧임시고정 봉합 0.7cm

어깨끈감(겉)

겉뒷몸판 (겉)

겉앞몸판 (겉)

4 D링고리감을 만들어 몸판에 단다

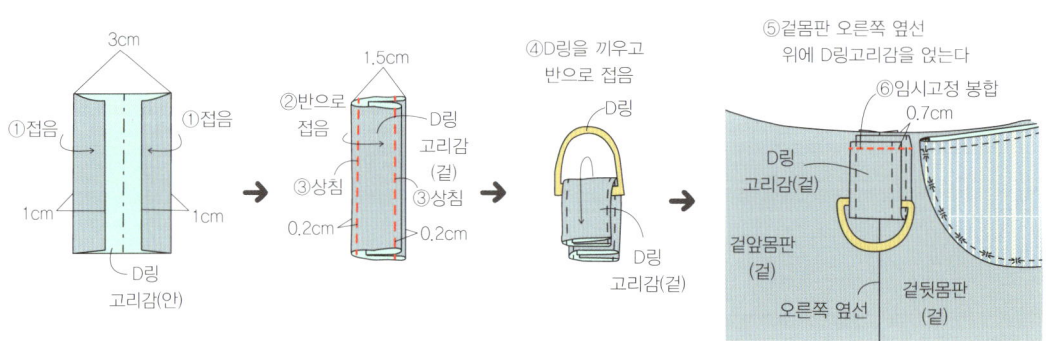

3cm

①접음

①접음

1cm

1cm

D링 고리감(안)

1.5cm

②반으로 접음

③상침

0.2cm

D링 고리감 (겉)

③상침

0.2cm

④D링을 끼우고 반으로 접음

D링

D링 고리감(겉)

D링 고리감(겉)

⑤겉몸판 오른쪽 옆선 위에 D링고리감을 얹는다

⑥임시고정 봉합 0.7cm

D링 고리감(겉)

겉앞몸판 (겉)

오른쪽 옆선

겉뒷몸판 (겉)

5 겉·안몸판을 연결한다

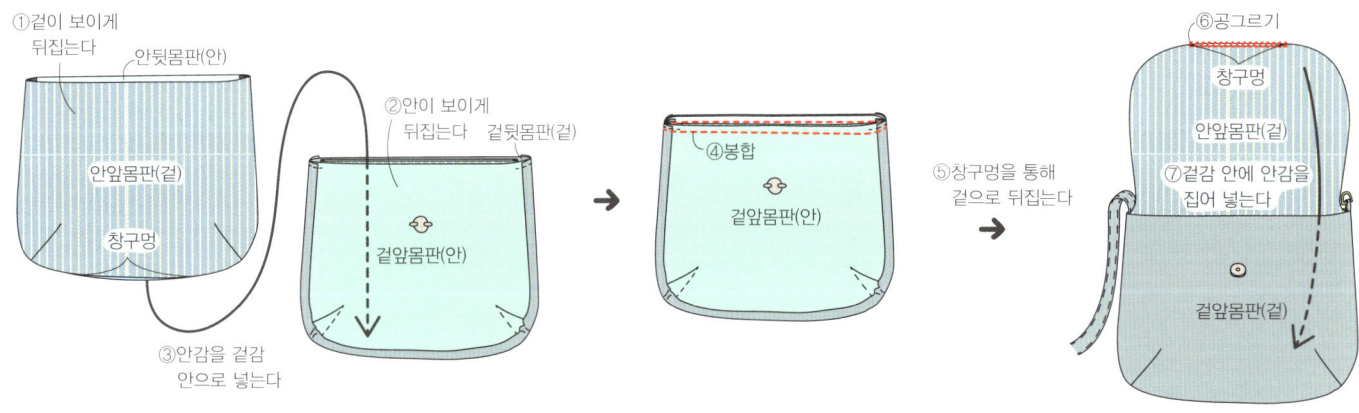

①겉이 보이게 뒤집는다

안뒷몸판(안)

안앞몸판(겉)

창구멍

②안이 보이게 뒤집는다

겉뒷몸판(겉)

겉앞몸판(안)

③안감을 겉감 안으로 넣는다

④봉합

겉앞몸판(안)

⑤창구멍을 통해 겉으로 뒤집는다

⑥공그르기

창구멍

안앞몸판(겉)

⑦겉감 안에 안감을 집어 넣는다

겉앞몸판(겉)

6 뚜껑에 장식을 단다

안뚜껑감(겉)

⑧상침 0.5cm

겉앞몸판(겉)

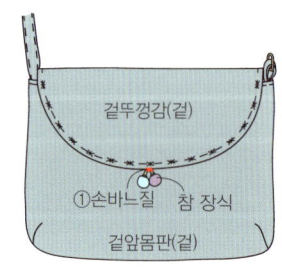

겉뚜껑감(겉)

①손바느질 참 장식

겉앞몸판(겉)

완성

no.19 웨이스트백

▶ 화보 : P.50
▶ 패턴 : Pattern A면

완성 사이즈 One size 18cm x 28cm

재료

· 겉감 ······ 75cm폭 x 50cm
· 배색감 ······ 65cm폭 x 35cm
· 안감 ······ 65cm폭 x 70cm
· 가방심지 ······ 65cm폭 x 140cm
· 안감심지 ······ 25cm폭 x 35cm
· 3온스 퀼팅솜 ······ 65cm폭 x 70cm
· 2.5cm폭 솜고정용 접착테이프 심지 ······ 1팩
· 20cm길이 코일지퍼 ······ 1개
· 60cm길이 코일지퍼 ······ 1개
· 2.5cm폭 D링 ······ 2개
· 2.5cm폭 연결고리 ······ 1개
· 2.5cm폭 길이조절 고리 ······ 1개
· 2.5cm폭 웨이빙끈 ······ 1팩
· 2.5cm폭 소프트 테이프 ······ 1팩
· 0.5cm폭 워셔블 매직테이프 ······ 1개
· 1.5cm 라벨 ····· 1개

재단배치도

· 지정 이외의 시접은 1cm
· 앞지퍼 막음감, 옆지퍼 막음각 실물크기 패턴 P.150 참고

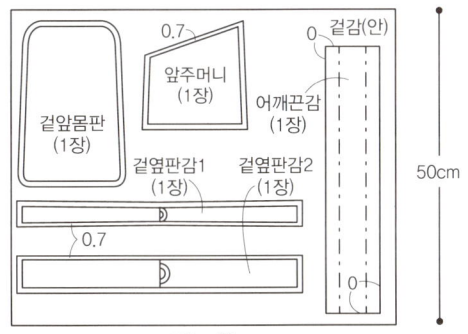

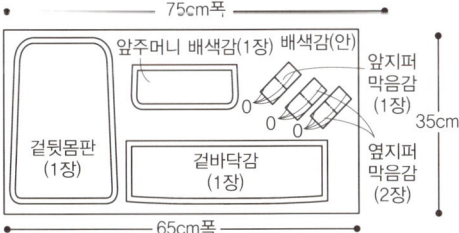

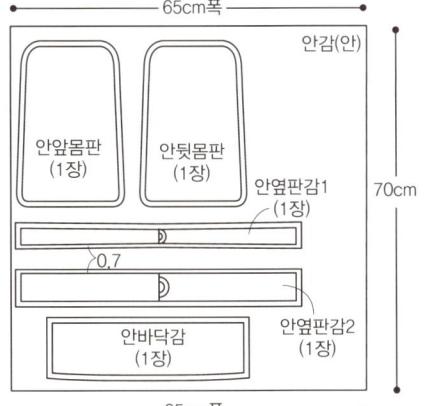

※심지 재단 · 부착은 P.150에 있습니다.

만드는 순서

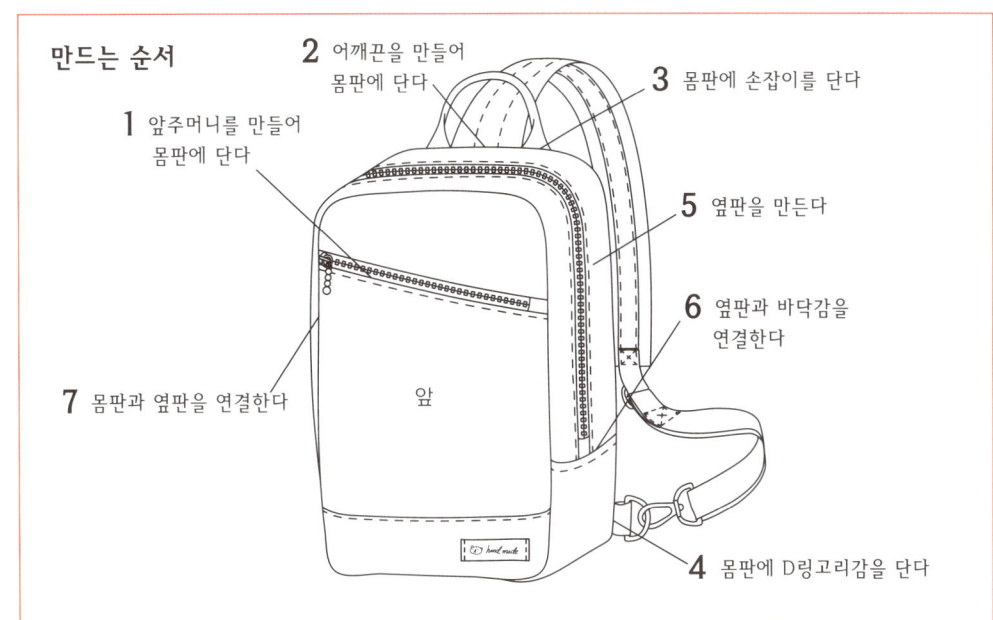

2 어깨끈을 만들어 몸판에 단다

3 몸판에 손잡이를 단다

1 앞주머니를 만들어 몸판에 단다

5 옆판을 만든다

6 옆판과 바닥감을 연결한다

7 몸판과 옆판을 연결한다

4 몸판에 D링고리감을 단다

앞

만드는 방법 ★치수가 기재되어 있지 않은 곳은 1cm로 봉합합니다.

1 앞주머니를 만들어 몸판에 단다

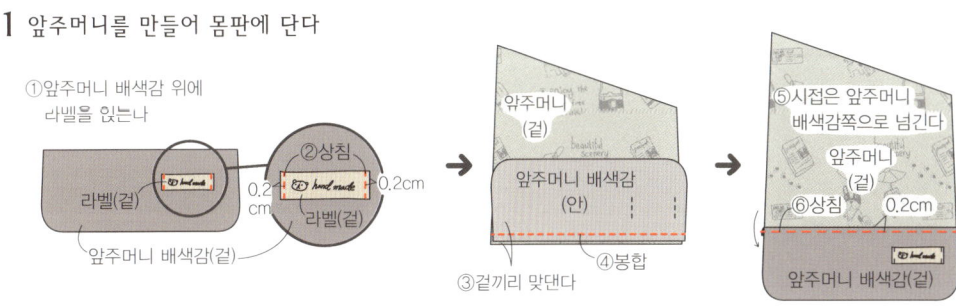

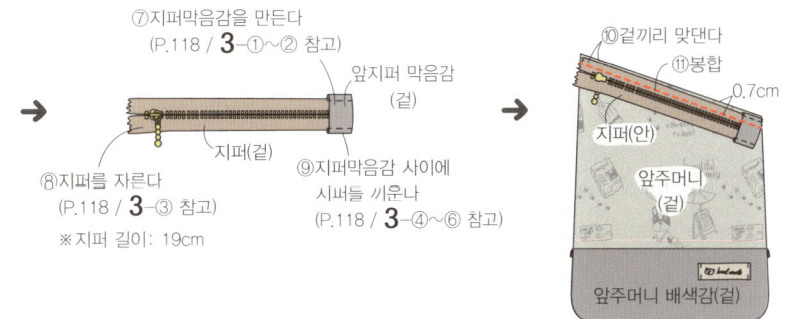

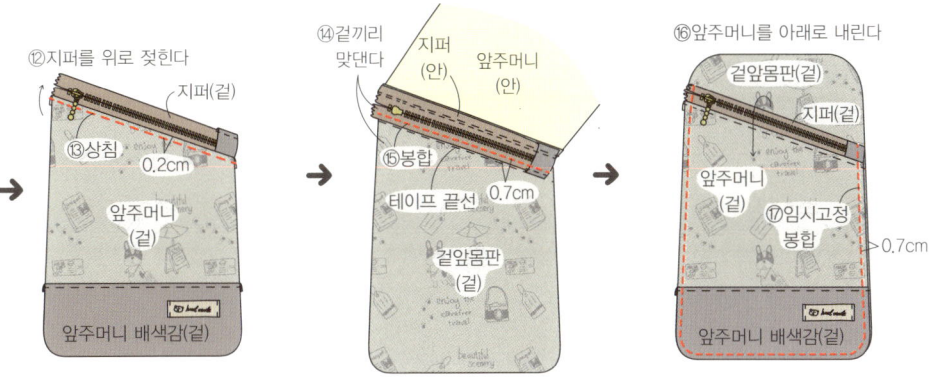

2 어깨끈을 만들어 몸판에 단다

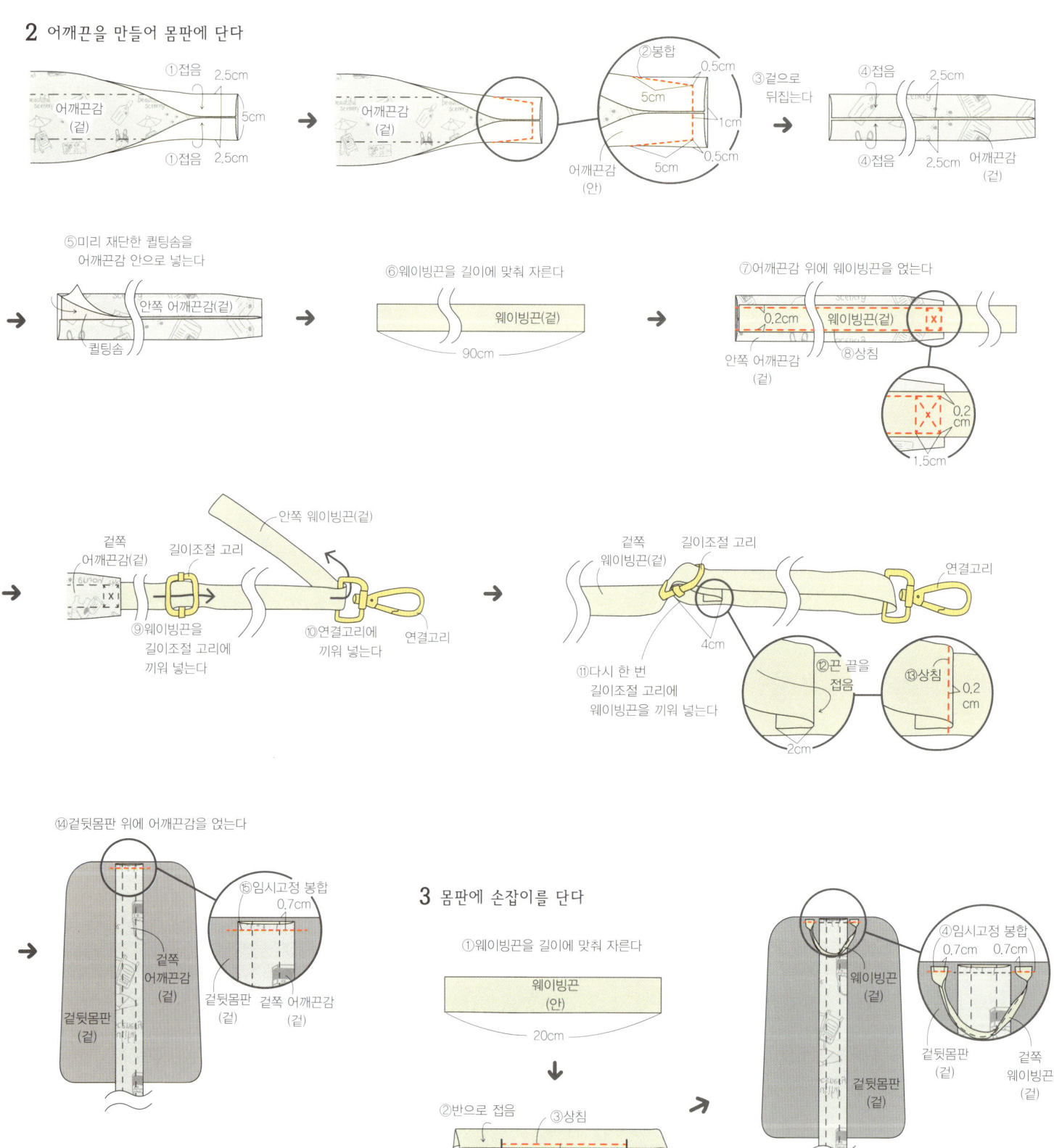

①접음 2.5cm
어깨끈감 (겉) 5cm
①접음 2.5cm

②봉합 0.5cm
5cm 1cm
③겉으로 뒤집는다
어깨끈감 (안) 5cm 0.5cm

④접음 2.5cm
④접음 2.5cm 어깨끈감 (겉)

⑤미리 재단한 퀼팅솜을 어깨끈감 안으로 넣는다
안쪽 어깨끈감(겉)
퀼팅솜

⑥웨이빙끈을 길이에 맞춰 자른다
웨이빙끈(겉)
90cm

⑦어깨끈감 위에 웨이빙끈을 얹는다
0.2cm 웨이빙끈(겉) X
안쪽 어깨끈감 (겉) ⑧상침
0.2cm
1.5cm

겉쪽 어깨끈감(겉)
길이조절 고리
안쪽 웨이빙끈(겉)
X
⑨웨이빙끈을 길이조절 고리에 끼워 넣는다
⑩연결고리에 끼워 넣는다
연결고리

겉쪽 웨이빙끈(겉)
길이조절 고리
연결고리
4cm
⑪다시 한 번 길이조절 고리에 웨이빙끈을 끼워 넣는다
2cm
⑫끈 끝을 접음
⑬상침 0.2cm

⑭겉뒷몸판 위에 어깨끈감을 얹는다
겉쪽 어깨끈감 (겉)
겉뒷몸판 (겉)
⑮임시고정 봉합 0.7cm
겉뒷몸판 (겉) 겉쪽 어깨끈감 (겉)

3 몸판에 손잡이를 단다

①웨이빙끈을 길이에 맞춰 자른다
웨이빙끈 (안)
20cm

②반으로 접음 ③상침
0.2cm
4cm 4cm

④임시고정 봉합 0.7cm 0.7cm
웨이빙끈 (겉)
겉뒷몸판 (겉)
겉뒷몸판 (겉) 겉쪽 웨이빙끈 (겉)

4 몸판에 D링고리감을 단다

①웨이빙끈을 길이에 맞춰 자른다

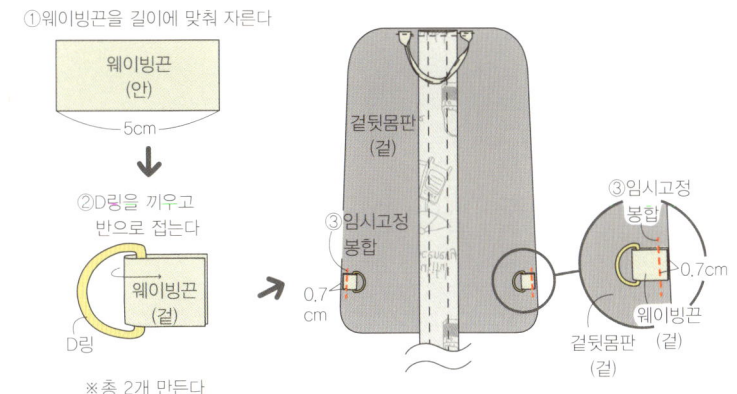

웨이빙끈
(안)
5cm

↓

②D링을 끼우고
반으로 접는다

웨이빙끈
(겉)

D링

※총 2개 만든다

겉뒷몸판
(겉)

③임시고정
봉합

③임시고정
봉합

0.7
cm

0.7cm

겉뒷몸판
(겉)

웨이빙끈
(겉)

5 옆판을 만든다

①지퍼 양쪽 끝을 길이에 맞춰 자른다

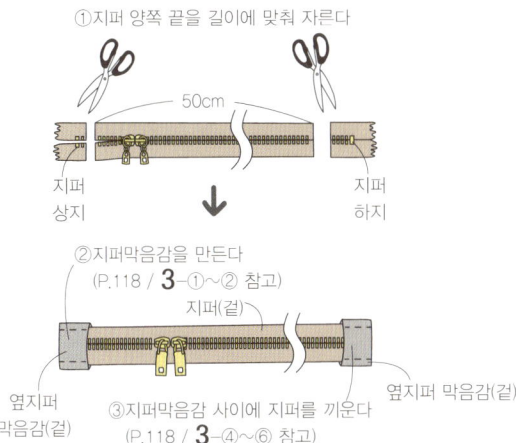

50cm

지퍼
상지

지퍼
하지

↓

②지퍼막음감을 만든다
(P.118 / 3-①~② 참고)

지퍼(겉)

옆지퍼
막음감(겉)

③지퍼막음감 사이에 지퍼를 끼운다
(P.118 / 3-④~⑥ 참고)

옆지퍼 막음감(겉)

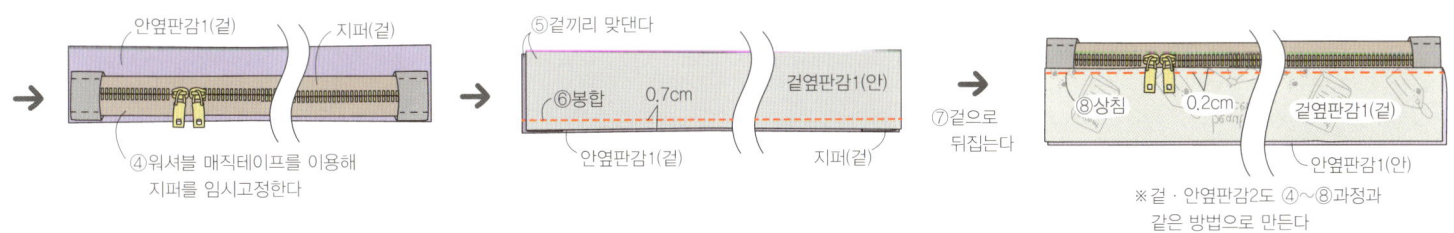

안옆판감1(겉)　지퍼(겉)

④워셔블 매직테이프를 이용해
지퍼를 임시고정한다

⑤겉끼리 맞댄다

⑥봉합　0.7cm

안옆판감1(겉)

겉옆판감1(안)

지퍼(겉)

⑦겉으로
뒤집는다

⑧상침　0.2cm

겉옆판감1(겉)

안옆판감1(안)

※겉·안옆판감2도 ④~⑧과정과
같은 방법으로 만든다

6 옆판과 바닥감을 연결한다

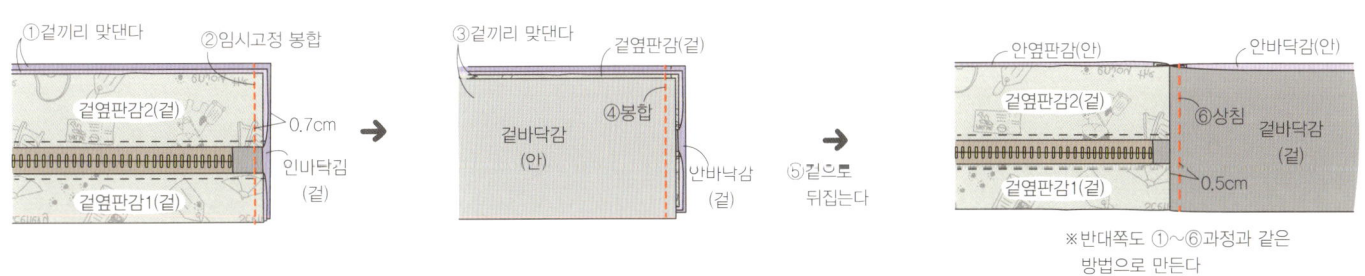

①겉끼리 맞댄다　②임시고정 봉합

겉옆판감2(겉)

0.7cm

인바닥감
(겉)

겉옆판감1(겉)

③겉끼리 맞댄다

겉옆판감(겉)

겉바닥감
(안)

④봉합

안바닥감
(겉)

⑤겉으로
뒤집는다

안옆판감(안)

안바닥감(안)

겉옆판감2(겉)

⑥상침

겉바닥감
(겉)

겉옆판감1(겉)

0.5cm

※반대쪽도 ①~⑥과정과 같은
방법으로 만든다

7 몸판과 옆판을 연결한다

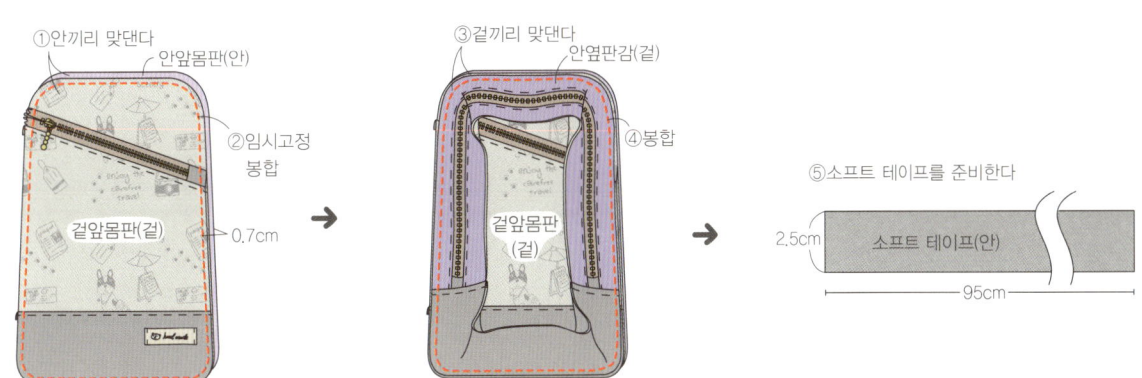

①안끼리 맞댄다

안앞몸판(안)

②임시고정
봉합

겉앞몸판(겉)

0.7cm

③겉끼리 맞댄다

안옆판감(겉)

④봉합

겉앞몸판
(겉)

⑤소프트 테이프를 준비한다

2.5cm

소프트 테이프(안)

95cm

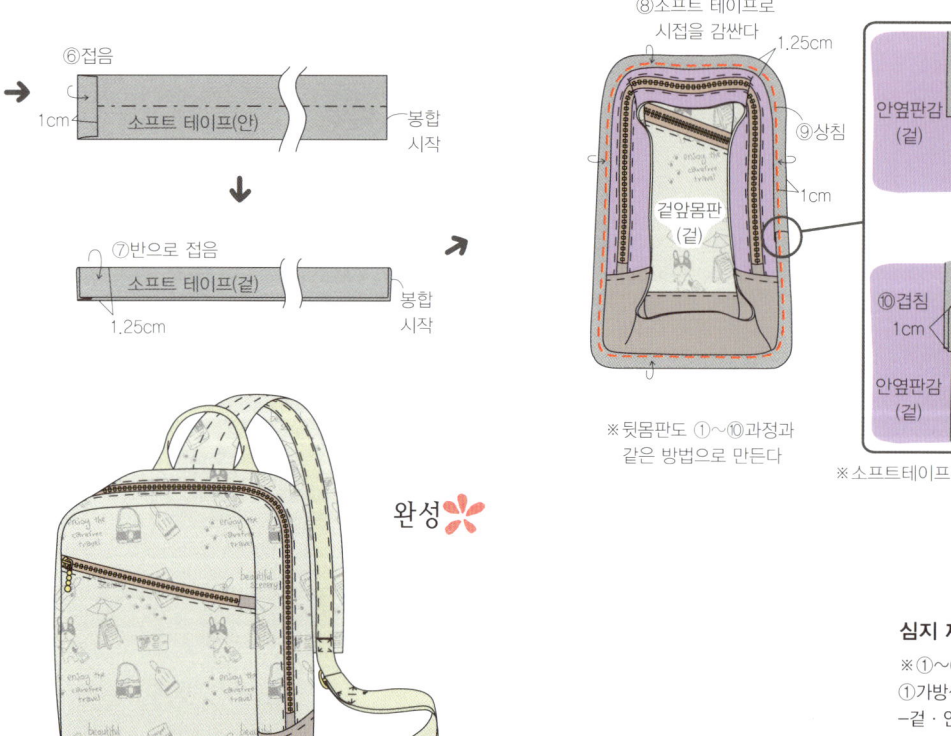

⑥접음
1cm
소프트 테이프(안)
봉합 시작

⑦반으로 접음
소프트 테이프(겉)
1.25cm
봉합 시작

⑧소프트 테이프로 시접을 감싼다
1.25cm
⑨상침
1cm
겉앞몸판 (겉)

소프트 테이프 (겉)
안옆판감 (겉)
봉합 시작

⑩겹침 1cm
안옆판감 (겉)
소프트 테이프 (겉)

※소프트테이프의 여분은 잘라낸다

※뒷몸판도 ①~⑩과정과 같은 방법으로 만든다

완성 ✽

심지 재단 · 부착

※①~③은 P.98을 참고하여 심지 작업을 한다
①가방심지
－겉 · 안앞몸판(각 1장), 겉 · 안뒷몸판(각 1장),
　겉 · 안옆판감1(각 1장), 겉 · 안옆판감2(각 1장),
　겉 · 안바닥감(각 1장), 어깨끈감(1장)을 재단하여 붙인다
②안감심지
－앞주머니(1장), 주머니 배색감(1장)을 재단하여 붙인다
③퀼팅솜
－겉앞 · 뒤몸판(각 1장), 겉옆판감1(1장), 겉옆판감2(1장)
　겉바닥감(1장)을 재단하여 붙인다
④어깨끈감용 퀼팅솜(1장)을 재단한다
　(P.150 / 어깨끈감용 퀼팅솜 재단하는 방법 참고)
※어깨끈감용 퀼팅솜 패턴은 A면에 수록되어 있습니다

※심지 부착 방법은 P.148 / **2**-⑤참고

[앞 · 옆지퍼 막음감 실물크기 패턴]

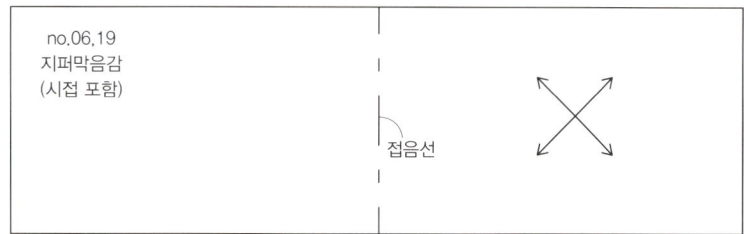

no.06,19
지퍼막음감
(시접 포함)

접음선

[어깨끈감용 퀼팅솜 재단하는 방법]

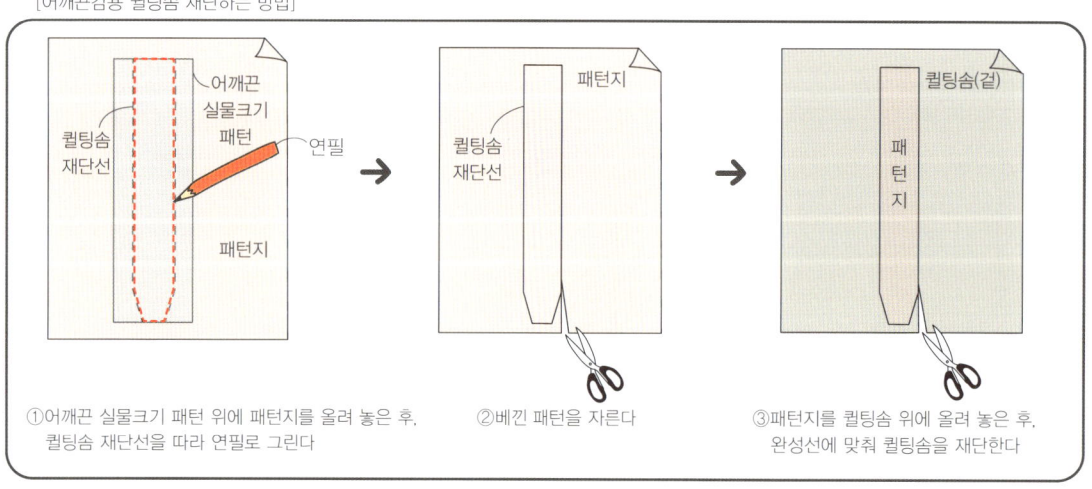

퀼팅솜 재단선
어깨끈 실물크기 패턴
연필
패턴지

①어깨끈 실물크기 패턴 위에 패턴지를 올려 놓은 후.
　퀼팅솜 재단선을 따라 연필로 그린다

패턴지
퀼팅솜 재단선

②베낀 패턴을 자른다

퀼팅솜(겉)
패턴지

③패턴지를 퀼팅솜 위에 올려 놓은 후.
　완성선에 맞춰 퀼팅솜을 재단한다

no.20 페이크 목폴라

▶ 화보 : P.52
▶ 패턴 : Pattern A면

완성 사이즈

사이즈 명칭	90	100	110	120	130
목둘레	24	26	28	30	32
옷길이	25	26	27	28	29

재료

· 겉감 ······ 60cm폭 x 45cm

재단배치도

· 지정 이외의 시접은 1cm

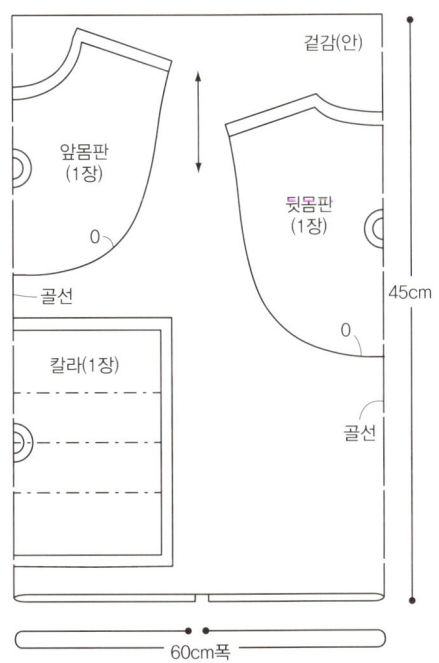

만드는 순서

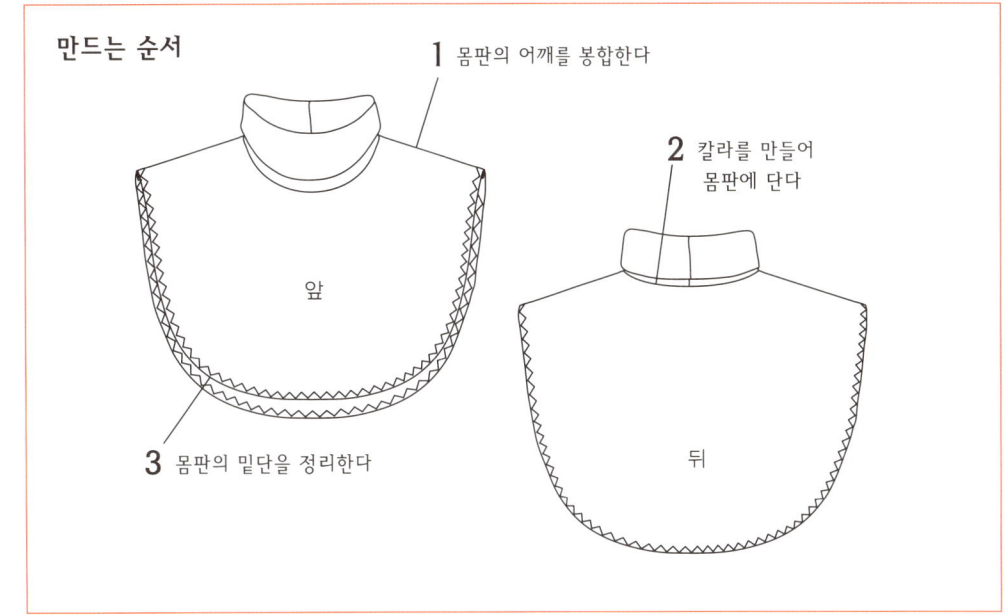

1 몸판의 어깨를 봉합한다

2 칼라를 만들어 몸판에 단다

앞

3 몸판의 밑단을 정리한다

뒤

만드는 방법 ★치수가 기재되어 있지 않은 곳은 1cm로 봉합합니다.

1 몸판의 어깨를 봉합한다 (P.130 / **2**−①~④ 참고)

2 칼라를 만들어 몸판에 단다

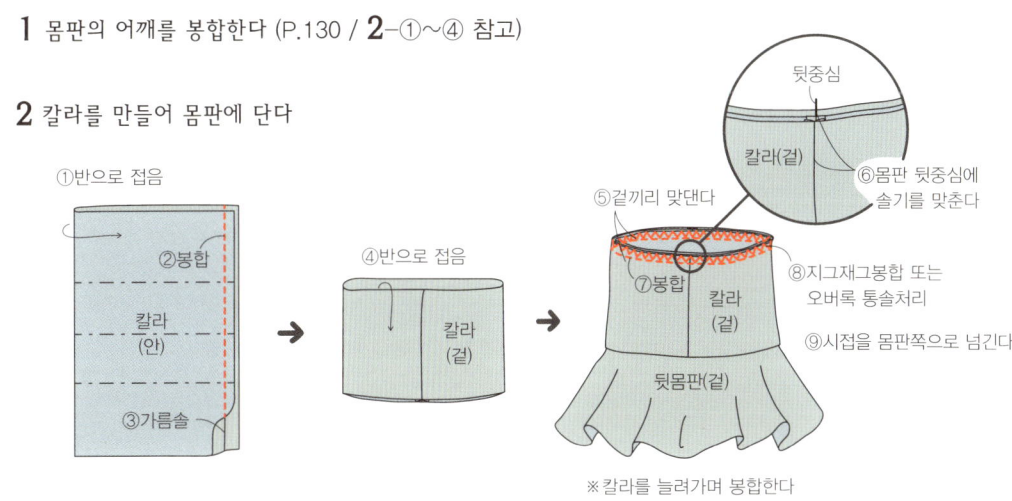

①반으로 접음
②봉합
칼라(안)
③가름솔

④반으로 접음
칼라(겉)

뒷중심
칼라(겉)
⑤겉끼리 맞댄다
⑥몸판 뒷중심에 솔기를 맞춘다
⑦봉합
칼라(겉)
⑧지그재그봉합 또는 오버록 통솔처리
⑨시접을 몸판쪽으로 넘긴다
뒷몸판(겉)

※칼라를 늘려가며 봉합한다

3 몸판의 밑단을 정리한다

완성 ✳

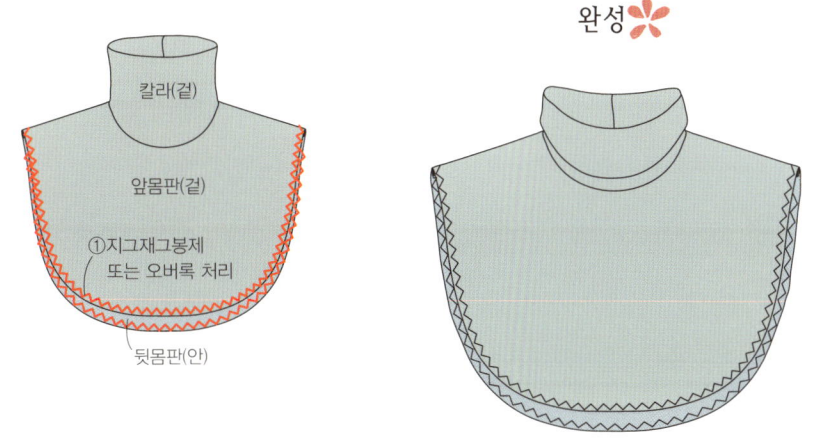

칼라(겉)
앞몸판(겉)
①지그재그봉제 또는 오버록 처리
뒷몸판(안)

no.21 맨투맨(2종)

▶ 화보 : P.54
▶ 패턴 : Pattern D면

완성 사이즈

사이즈 명칭	90	100	110	120	130
가슴둘레	70	74	78	82	86
옷길이	40	44	48	53	58
소매길이	29	33	37	41	45

재료(긴 기장)

· 겉감 ····· 110cm폭 x 135cm
· 시보리감 ····· 110cm폭 x 40cm

재단배치도(긴 기장)
· 지정 이외의 시접은 1cm

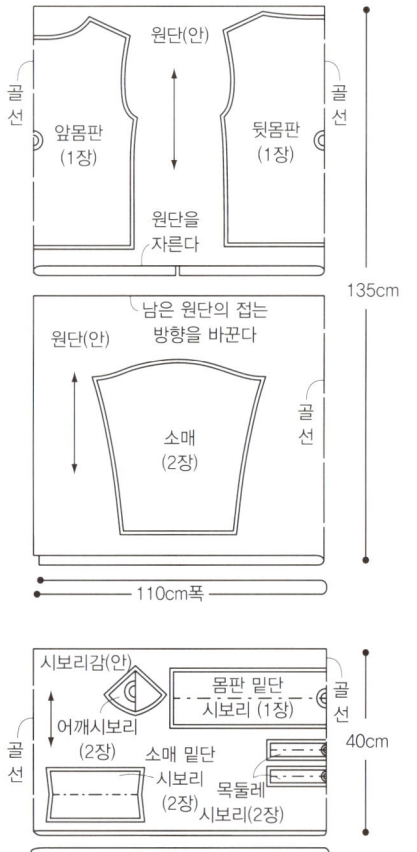

※짧은 기장 재단배치도는 P.154에 있습니다.

만드는 순서

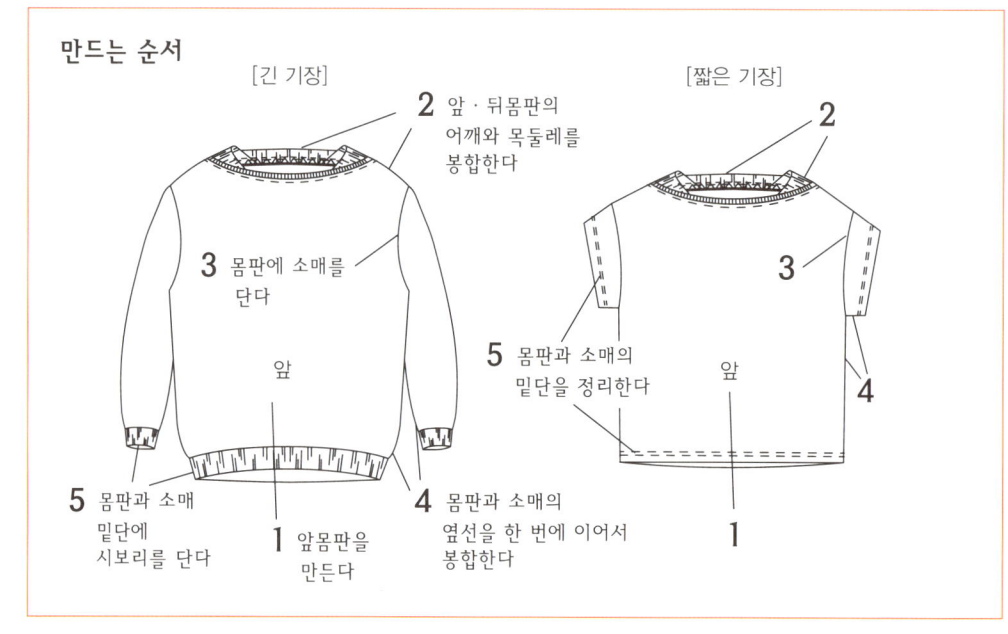

만드는 방법(긴 기장) ★치수가 기재되어 있지 않은 곳은 1cm로 봉합합니다.

1 앞몸판을 만든다

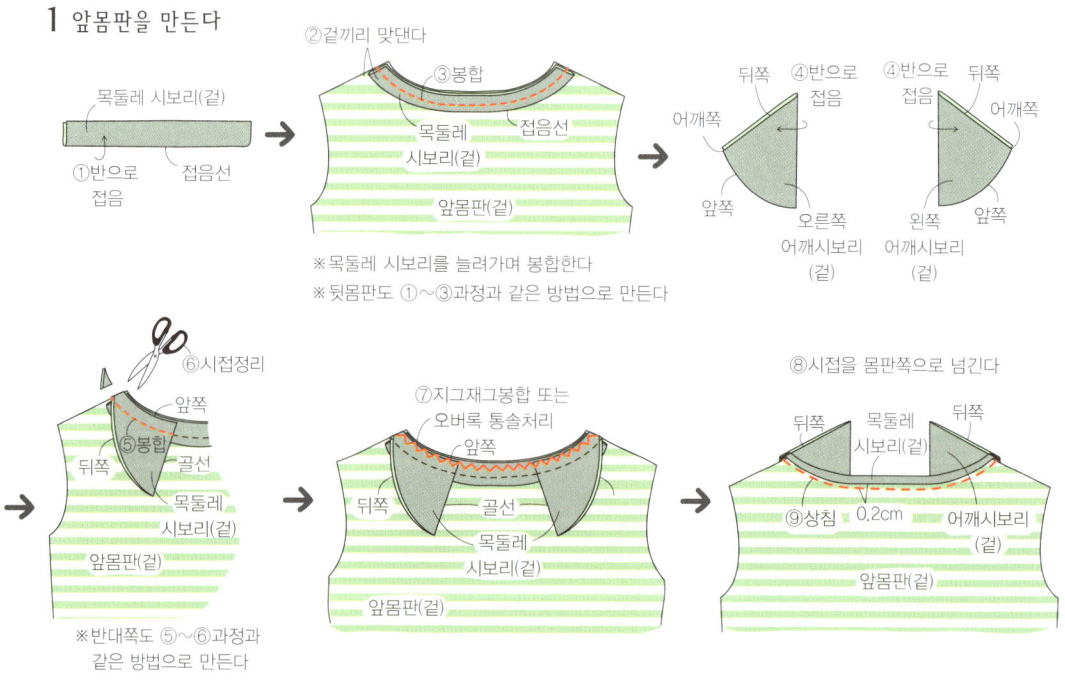

2 앞·뒤몸판의 어깨와 목둘레를 봉합한다

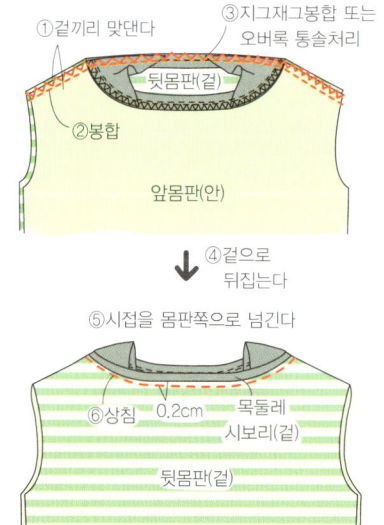

3 몸판에 소매를 단다

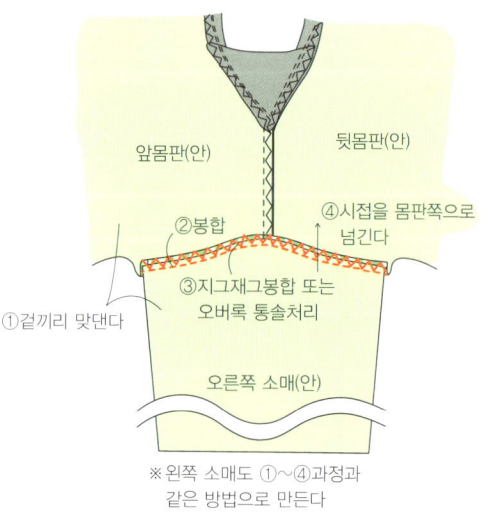

4 몸판과 소매의 옆선을 한 번에 이어서 봉합한다

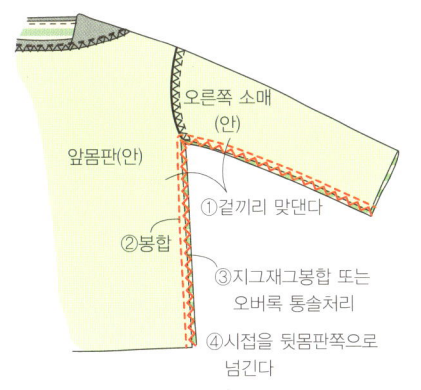

오른쪽 소매
(안)

앞몸판(안)

①겉끼리 맞댄다

②봉합

③지그재그봉합 또는
오버록 통솔처리

④시접을 뒷몸판쪽으로
넘긴다

※ 왼쪽 옆선도 ①~④과정과 같은 방법으로 만든다

5 몸판과 소매 밑단에 시보리를 단다

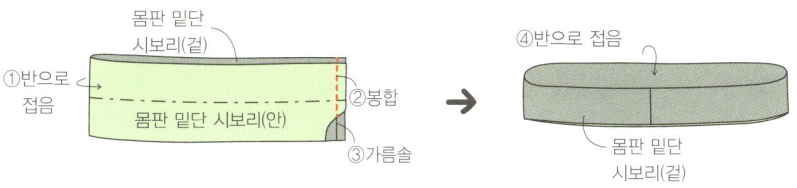

몸판 밑단
시보리(겉)

①반으로
접음

몸판 밑단 시보리(안)

②봉합

③가름솔

④반으로 접음

몸판 밑단
시보리(겉)

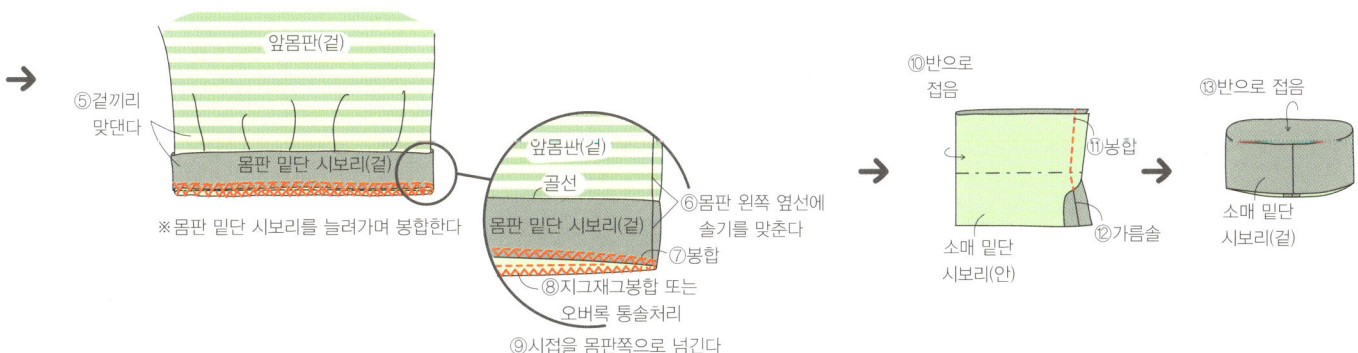

앞몸판(겉)

⑤겉끼리
맞댄다

몸판 밑단 시보리(겉)

※몸판 밑단 시보리를 늘려가며 봉합한다

앞몸판(겉)

골선

몸판 밑단 시보리(겉)

⑥몸판 왼쪽 옆선에
솔기를 맞춘다

⑦봉합

⑧지그재그봉합 또는
오버록 통솔처리

⑨시접을 몸판쪽으로 넘긴다

⑩반으로
접음

소매 밑단
시보리(안)

⑪봉합

⑫가름솔

⑬반으로 접음

소매 밑단
시보리(겉)

소매(겉)

앞몸판(겉)

※소매 밑단 시보리를
늘려가며 봉합한다

⑮봉합

골선
소매(겉)

⑯지그재그봉합 또는
오버록 통솔처리

⑭솔기를 맞춘다

소매 밑단
시보리(겉)

⑰시접을 소매쪽으로 넘긴다

※반대쪽도 ⑩~⑰과정과 같은 방법으로 만든다

완성 🌸

만드는 방법(짧은 기장) ★치수가 기재되어 있지 않은 곳은 1cm로 봉합합니다.

1 앞몸판을 만든다 (P.152 / **1**-①~⑨ 참고)

2 앞·뒤몸판의 어깨와 목둘레를 봉합한다 (P.152 / **2**-①~⑥ 참고)

3 몸판에 소매를 단다 (P.152 / **3**-①~④ 참고)

4 몸판과 소매의 옆선을 한 번에 이어서 봉합한다 (P.153 / **4**-①~④ 참고)

5 몸판과 소매의 밑단을 정리한다

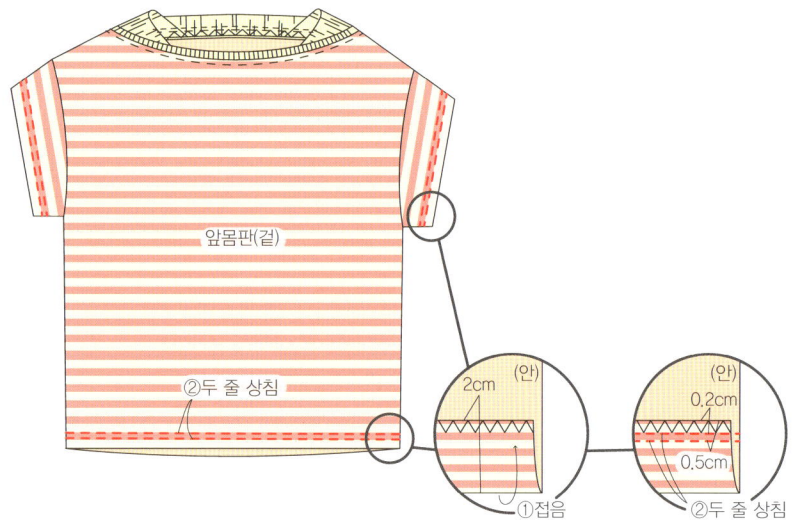

완성 ✿

완성 사이즈

사이즈 명칭	90	100	110	120	130
가슴둘레	70	74	78	82	86
옷길이	35	39	43	48	53
소매길이	6	6	6	6.5	6.5

재료(짧은 기장)

· 겉감 ······ 110cm폭 x 90cm

· 시보리감 ······ 110cm폭 x 20cm

재단배치도(짧은 기장)

· 지정 이외의 시접은 1cm

· ∿∿ 표시된 부분은 지그재그봉제 또는 오버록 처리한다

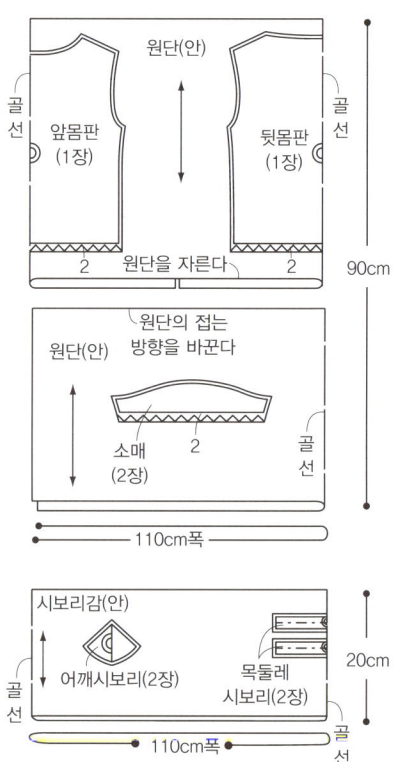

no.22 수면 조끼

▶ 화보 : P.56
▶ 패턴 : Pattern C면

완성 사이즈

사이즈 명칭	S (80~90)	M (100~110)	L (120~130)
가슴둘레	68	74	81
옷길이	79	84	89

재료

- 겉감 …… 110cm폭 x 90cm
- 시보리감 …… 85cm x 30cm
- 65cm길이 코일 지퍼 …… 1개
- 지퍼전용 접착테이프 심지 …… 1팩

재단배치도

· 지정 이외의 시접은 1cm
· ▓▓ 부분에 지퍼전용 접착테이프 심지를 붙인다

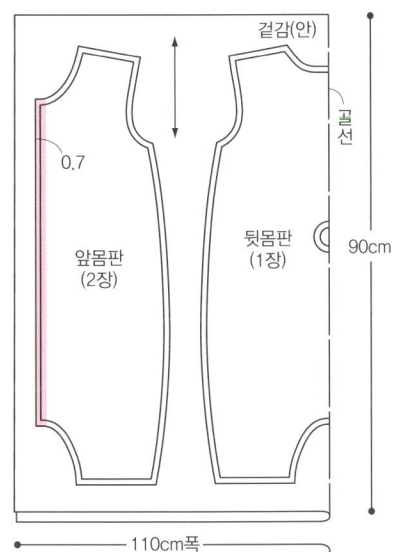

겉감(안)

골선

0.7

앞몸판
(2장)

뒷몸판
(1장)

90cm

110cm폭

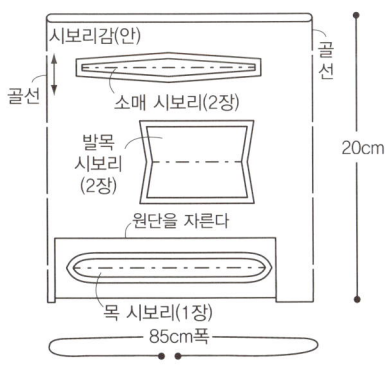

시보리감(안)

골선

골선

소매 시보리(2장)

발목
시보리
(2장)

원단을 자른다

목 시보리(1장)

20cm

85cm폭

만드는 순서

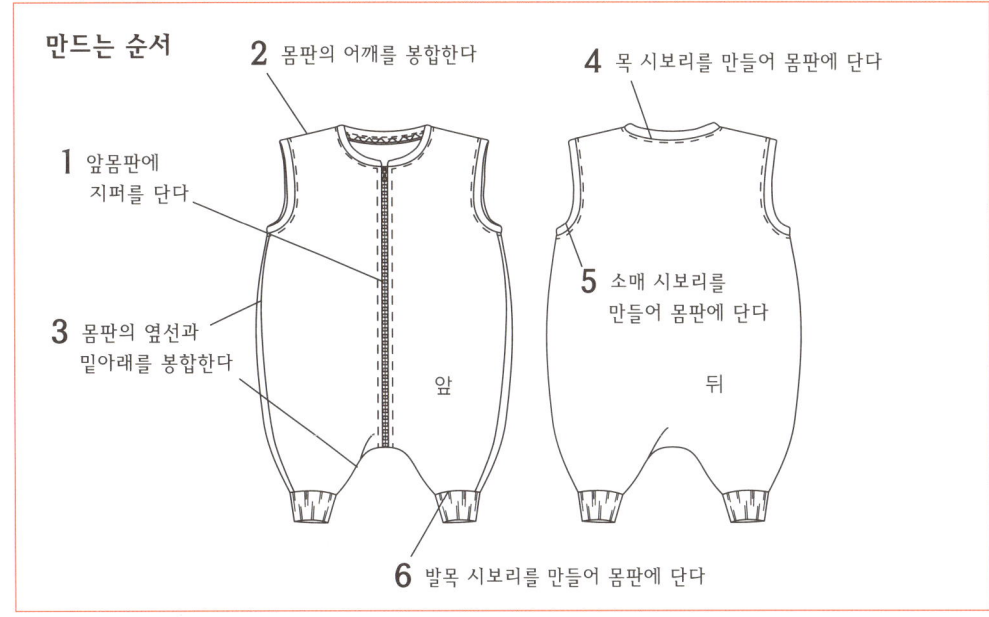

1 앞몸판에 지퍼를 단다

2 몸판의 어깨를 봉합한다

3 몸판의 옆선과 밑아래를 봉합한다

4 목 시보리를 만들어 몸판에 단다

5 소매 시보리를 만들어 몸판에 단다

6 발목 시보리를 만들어 몸판에 단다

앞

뒤

만드는 방법 ★치수가 기재되어 있지 않은 곳은 1cm로 봉합합니다.

1 앞몸판에 지퍼를 단다

지퍼 상지

지퍼(겉)

S: 52cm
M: 55cm
L: 58cm

지퍼 하지

①지퍼를 길이에 맞춰 지퍼 하지쪽을 자른다

상지
1cm
완성선(겉)

②겉끼리 맞댄다

③지퍼 끝을 접는다
(P.118~119 /
1-⑩ 참고)

④봉합
0.7cm

앞몸판(겉)

지퍼(안)

⑤시접을 앞몸판쪽으로 넘긴다

지퍼(겉)

⑥상침
0.5cm

앞몸판(겉)

※반대쪽도 ②~⑥과정과 같은 방법으로 만든다

2 몸판의 어깨를 봉합한다 (P.130 / 2-①~④ 참고)

3 몸판의 옆선과 밑아래를 봉합한다

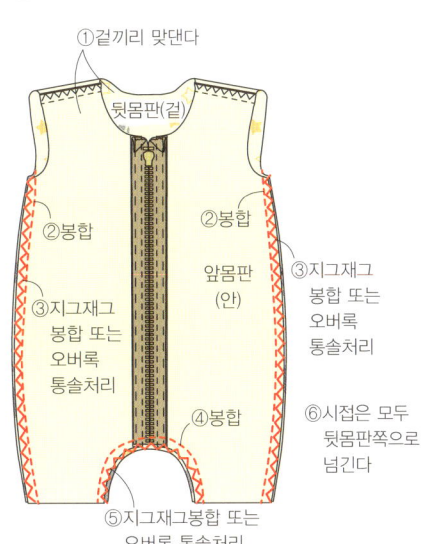

①겉끼리 맞댄다

뒷몸판(겉)

②봉합

②봉합

③지그재그 봉합 또는 오버록 통솔처리

앞몸판(안)

③지그재그 봉합 또는 오버록 통솔처리

④봉합

④봉합

⑥시접은 모두 뒷몸판쪽으로 넘긴다

⑤지그재그봉합 또는 오버록 통솔처리

4 목 시보리를 만들어 몸판에 단다

①반으로 접음

목 시보리(겉)

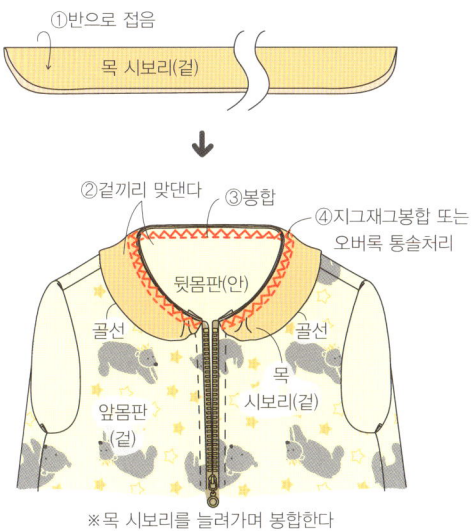

②겉끼리 맞댄다

③봉합

뒷몸판(안)

④지그재그봉합 또는 오버록 통솔처리

골선

골선

앞몸판(겉)

목 시보리(겉)

※목 시보리를 늘려가며 봉합한다

5 소매 시보리를 만들어 몸판에 단다

⑤시접을 몸판쪽으로 넘긴다

뒷몸판(안)

0.2cm

⑥상침

앞몸판
(겉)

목 시보리
(겉)

①반으로 접음

소매 시보리(안)

②봉합

③가름솔

④반으로 접음

소매 시보리(겉)

몸판
어깨쪽

몸판
옆선쪽

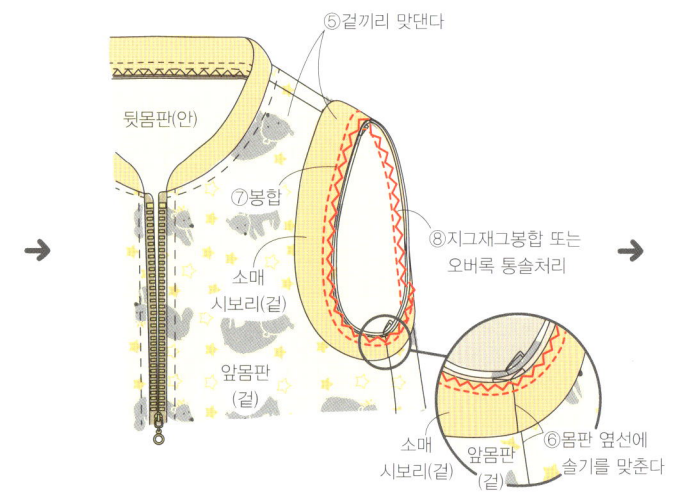

⑤겉끼리 맞댄다

뒷몸판(안)

⑦봉합

소매
시보리(겉)

앞몸판
(겉)

⑧지그재그봉합 또는
오버록 통솔처리

소매
시보리(겉)

앞몸판
(겉)

⑥몸판 옆선에
솔기를 맞춘다

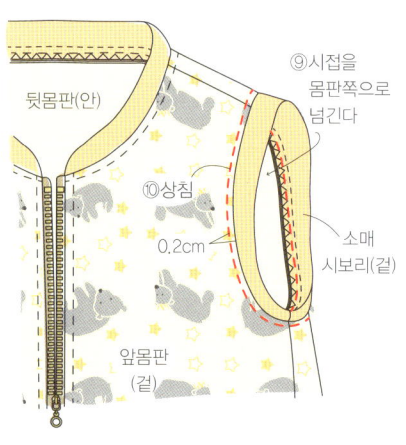

뒷몸판(안)

⑩상침

0.2cm

앞몸판
(겉)

⑨시접을
몸판쪽으로
넘긴다

소매
시보리(겉)

※반대쪽도 ①~⑩과정과 같은 방법으로 만든다

6 발목 시보리를 만들어 몸판에 단다 (P.153 / 5-⑩~⑯ 참고)

완성 ✿

no.23 실내복

▶ 화보 : P.58
▶ 패턴 : Pattern D면

완성 사이즈(상의)

사이즈 명칭	90	100	110	120	130
가슴둘레	60	64	68	72	76
옷길이	36	40	44	48	51
소매길이	38	42	46	50	54

재료(상의)

· 겉감 …… 90cm폭 × 70cm
· 배색감 …… 80cm폭 × 60cm
· 시보리감 …… 85cm폭 × 20cm
· 소잉심지 …… 11cm폭 × 12cm
· 1.1cm폭 단추 …… 3개

재단배치도(상의)

· 지정 이외의 시접은 1cm
· ∿∿ 표시된 부분은 지그재그봉제 또는 오버록 처리한다
· ▨ 부분에 소잉심지를 붙인다

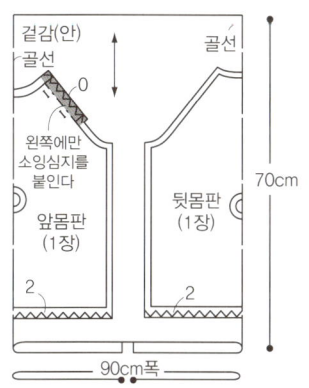

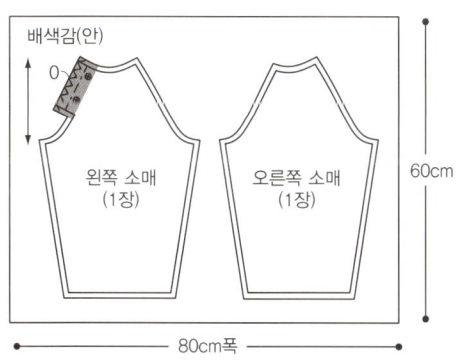

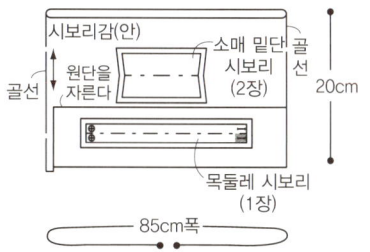

※하의 재단배치도는 P.159에 있습니다.

만드는 순서(상의)

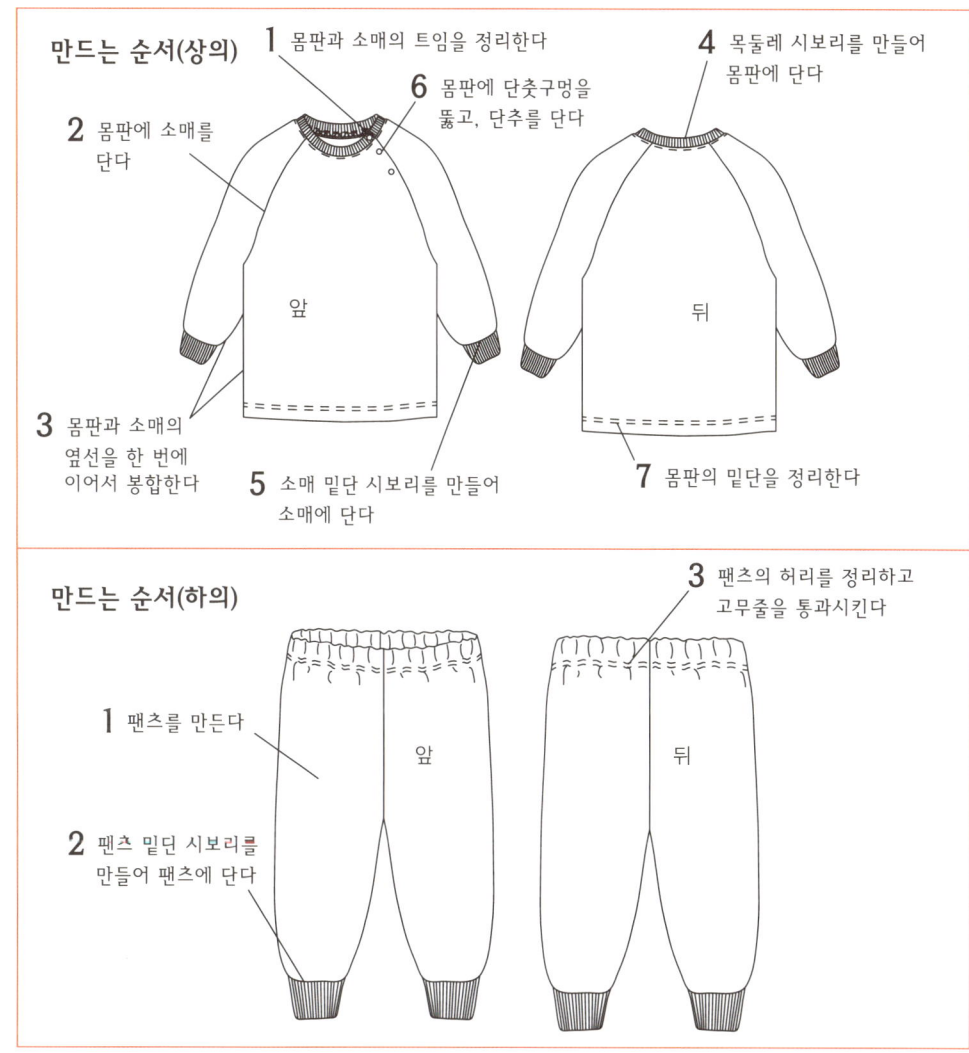

1 몸판과 소매의 트임을 정리한다
2 몸판에 소매를 단다
3 몸판과 소매의 옆선을 한 번에 이어서 봉합한다
4 목둘레 시보리를 만들어 몸판에 단다
5 소매 밑단 시보리를 만들어 소매에 단다
6 몸판에 단춧구멍을 뚫고, 단추를 단다
7 몸판의 밑단을 정리한다

만드는 순서(하의)

1 팬츠를 만든다
2 팬츠 밑단 시보리를 만들어 팬츠에 단다
3 팬츠의 허리를 정리하고 고무줄을 통과시킨다

만드는 방법(상의) ★치수가 기재되어 있지 않은 곳은 1cm로 봉합합니다.

1 몸판과 소매의 트임을 정리한다

2 몸판에 소매를 단다

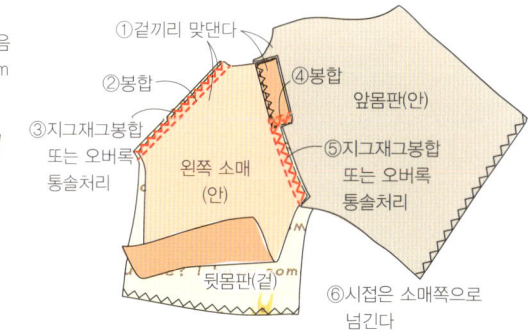

3 몸판과 소매의 옆선을 한 번에 이어서 봉합한다
(P.153 / 4-①~④ 참고)

4 목둘레 시보리를 만들어 몸판에 단다

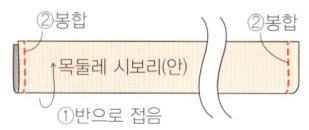

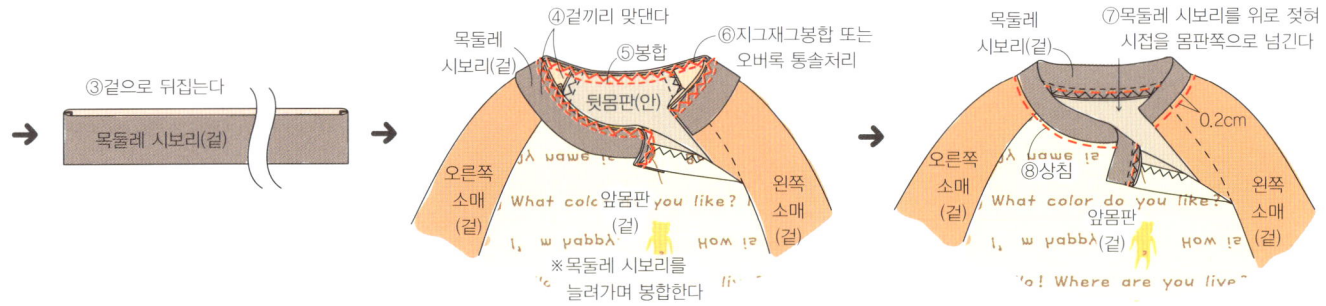

③겉으로 뒤집는다

목둘레 시보리(겉)

④겉끼리 맞댄다

목둘레 시보리(겉)

⑤봉합

⑥지그재그봉합 또는 오버록 통솔처리

뒷몸판(안)

⑦목둘레 시보리를 위로 젖혀 시접을 몸판쪽으로 넘긴다

0.2cm

오른쪽 소매(겉)

앞몸판(겉)

왼쪽 소매(겉)

※목둘레 시보리를 늘려가며 봉합한다

오른쪽 소매(겉)

⑧상침

앞몸판(겉)

왼쪽 소매(겉)

5 소매 밑단 시보리를 만들어 몸판에 단다 (P.153 / **5**-⑩~⑰ 참고)

6 몸판에 단춧구멍을 뚫고, 단추를 단다

완성 ✽

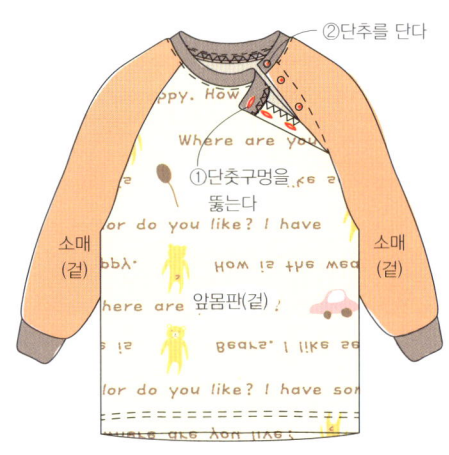

②단추를 단다

①단춧구멍을 뚫는다

소매(겉)

앞몸판(겉)

소매(겉)

7 몸판의 밑단을 정리한다 (P.154 / **5**-①~② 참고)

만드는 방법(하의) ★치수가 기재되어 있지 않은 곳은 1cm로 봉합합니다.

1 팬츠를 만든다

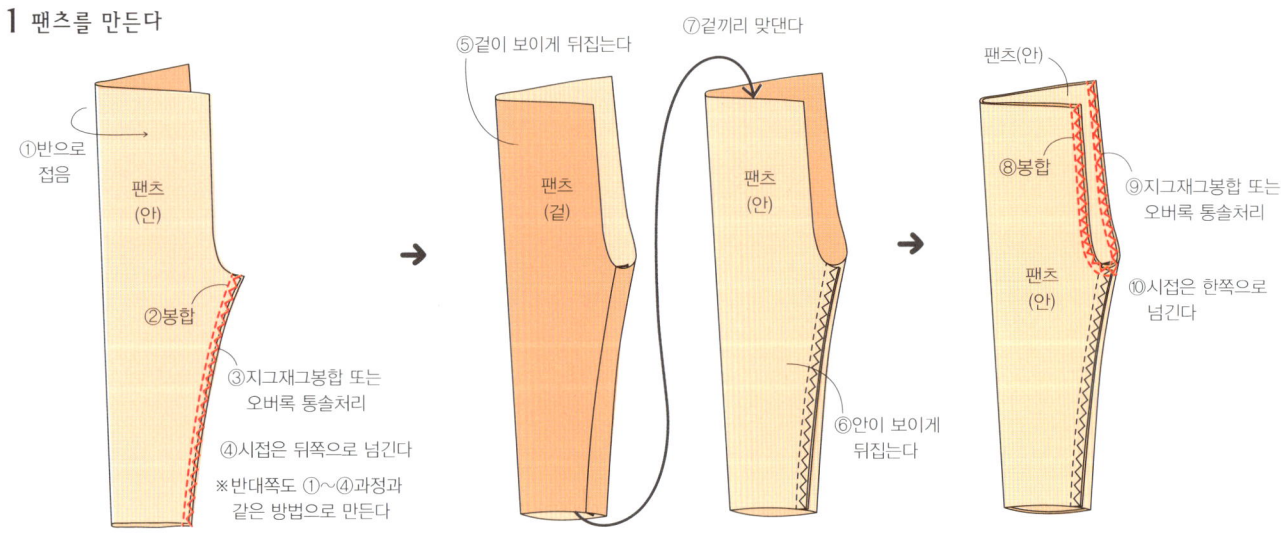

⑤겉이 보이게 뒤집는다

⑦겉끼리 맞댄다

①반으로 접음

팬츠(안)

②봉합

③지그재그봉합 또는 오버록 통솔처리

④시접은 뒤쪽으로 넘긴다

※반대쪽도 ①~④과정과 같은 방법으로 만든다

팬츠(겉)

팬츠(안)

⑥안이 보이게 뒤집는다

팬츠(안)

⑧봉합

⑨지그재그봉합 또는 오버록 통솔처리

팬츠(안)

⑩시접은 한쪽으로 넘긴다

2 팬츠 밑단 시보리를 만들어 팬츠에 단다 (P.153 / **5**-⑩~⑰ 참고)

3 팬츠의 허리를 정리하고 고무줄을 통과시킨다

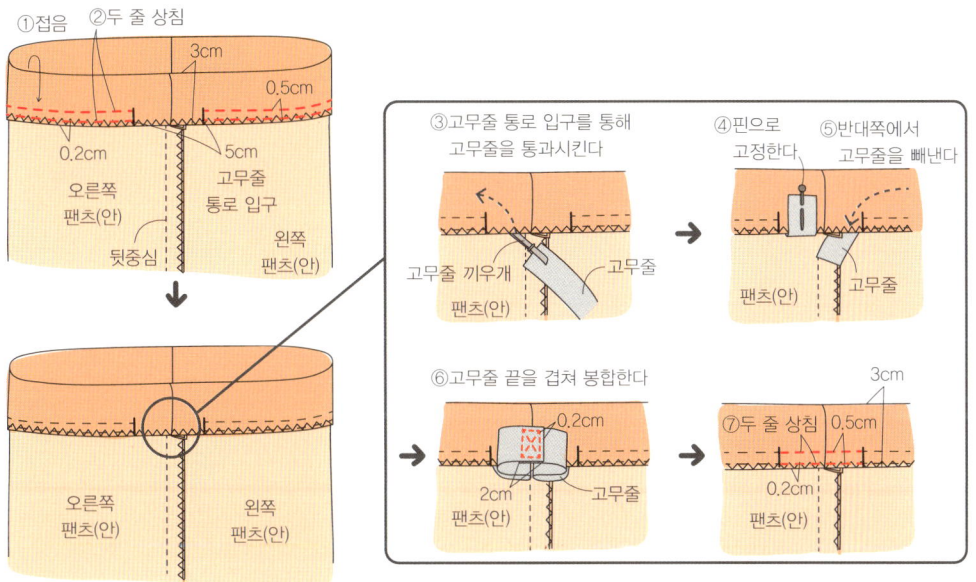

①접음　②두 줄 상침
3cm
0.5cm
0.2cm
5cm
오른쪽 팬츠(안)
고무줄 통로 입구
뒷중심
왼쪽 팬츠(안)

오른쪽 팬츠(안)　왼쪽 팬츠(안)

③고무줄 통로 입구를 통해 고무줄을 통과시킨다
고무줄 끼우개
팬츠(안)
고무줄

④핀으로 고정한다　⑤반대쪽에서 고무줄을 빼낸다
팬츠(안)
고무줄

⑥고무줄 끝을 겹쳐 봉합한다
0.2cm
2cm
팬츠(안)
고무줄

⑦두 줄 상침
3cm
0.5cm
0.2cm
팬츠(안)

※고무줄 길이: 90:36cm / 100:38cm / 110:40cm / 120:42cm / 130:44cm

완성 ✿

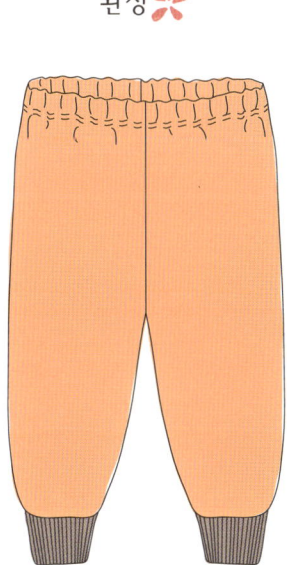

완성 사이즈(하의)

명칭 ＼ 사이즈	90	100	110	120	130
허리둘레	48	52	56	60	64
옷길이	50	55	60	65	70

※허리둘레는 고무줄을 달기 전 사이즈입니다

재료(하의)

· 겉감 ······ 110cm폭 x 90cm
· 시보리감 ······ 85cm폭 x 20cm
· 2cm폭 고무줄 ······ 1팩

재단배치도(하의)

· 지정 이외의 시접은 1cm
· ⌇⌇ 표시된 부분은 지그재그봉제 또는 오버록 처리한다

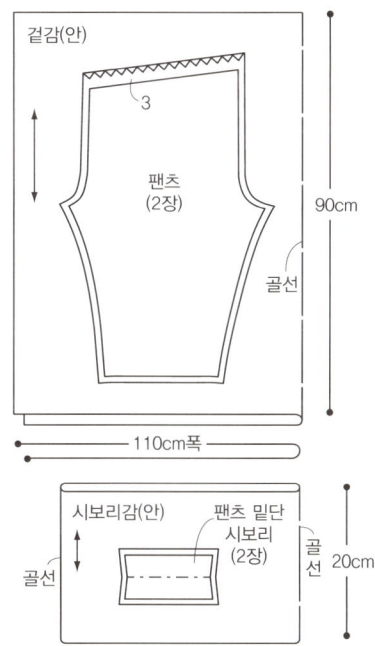

겉감(안)
3
팬츠 (2장)
골선
90cm
110cm폭

시보리감(안)
팬츠 밑단 시보리 (2장)
골선
골선
20cm
85cm폭

완성 사이즈　One size(수면 안대)　21cm x 11cm

　　　　　　　　One size(목베개)　70cm x 18cm

재료(수면 안대)

· 겉감 …… 50cm폭 x 50cm
· 배색감 …… 25cm폭 x 15cm
· 안감 …… 50cm폭 x 20cm
· 커버링심지 …… 50cm폭 x 20cm
· 4온스 퀼팅솜 …… 25cm폭 x 20cm
· 2.5cm폭 솜고정용 접착테이프 심지 …… 1팩
· 1cm폭 라벨 …… 1개
· 0.5cm폭 고무줄 …… 1팩

재단배치도(수면 안대)

· 모든 패턴이 시접이 포함되어 있습니다
· 몸판 둘레용 바이어스천은 직접 제도하여 사용합니다

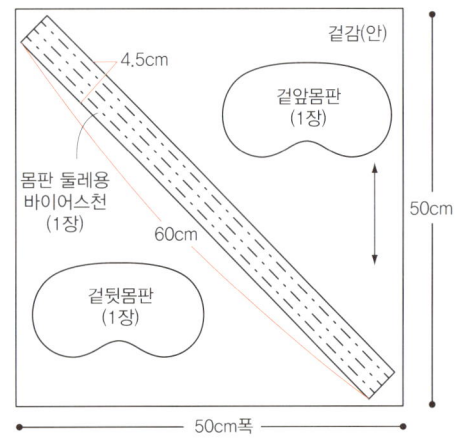

겉감(안)
4.5cm
겉앞몸판(1장)
몸판 둘레용 바이어스천(1장)
60cm
50cm
겉뒷몸판(1장)
50cm폭

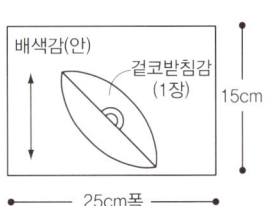

배색감(안)
겉코받침감(1장)
15cm
25cm폭

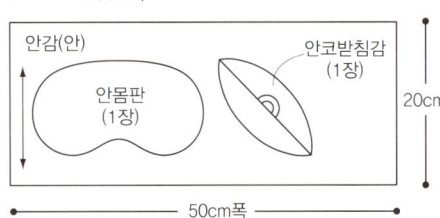

안감(안)
안몸판(1장)
안코받침감(1장)
20cm
50cm폭

심지 재단 · 부착(수면안대)

※P.98을 참고하여 심지 작업을 한다
①커버링심지
－겉앞 · 뒤몸판(각 1장)을 재단하여 붙인다
②퀼팅솜
－안몸판(1장)을 재단하여 붙인다

※**목베개 재단배치도는 P.162에 있습니다.**

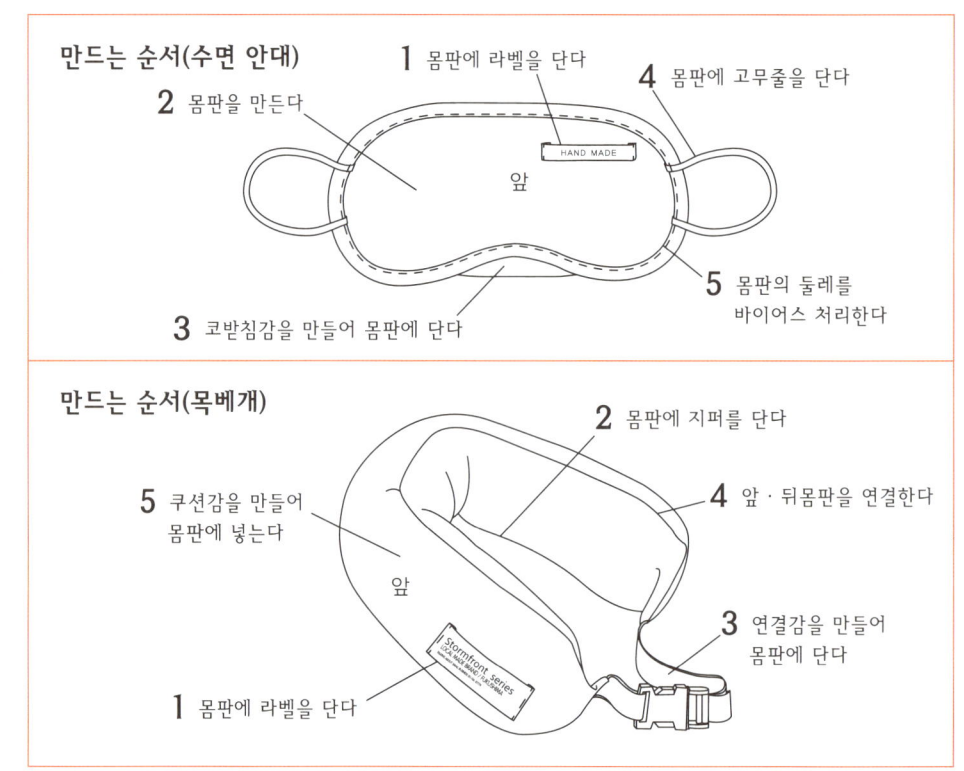

만드는 순서(수면 안대)
1 몸판에 라벨을 단다
2 몸판을 만든다
4 몸판에 고무줄을 단다
앞
HAND MADE
5 몸판의 둘레를 바이어스 처리한다
3 코받침감을 만들어 몸판에 단다

만드는 순서(목베개)
2 몸판에 지퍼를 단다
5 쿠션감을 만들어 몸판에 넣는다
앞
4 앞 · 뒤몸판을 연결한다
3 연결감을 만들어 몸판에 단다
1 몸판에 라벨을 단다
Stormfront series

만드는 방법(수면 안대)　★치수가 기재되어 있지 않은 곳은 1cm로 봉합합니다.

1 몸판에 라벨을 단다

①겉앞몸판 위에 라벨을 얹는다

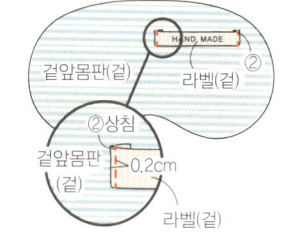

겉앞몸판(겉)　HAND MADE　라벨(겉)　②
②상침
겉앞몸판(겉)　0.2cm
라벨(겉)

2 몸판을 만든다

①겉앞 · 뒤몸판 사이에 안몸판을 넣는다

겉뒷몸판(안)
HAND MADE
안몸판(겉)
겉앞몸판(겉)
0.7cm
②임시고정 봉합

②앞몸판 위에 고무줄을 얹는다

고무줄　HAND MADE　고무줄
앞몸판(겉)
③
③임시고정 봉합
앞몸판(겉)　0.7cm
0.7cm

4 몸판에 고무줄을 단다

①고무줄을 길이에 맞춰 자른다(2개)

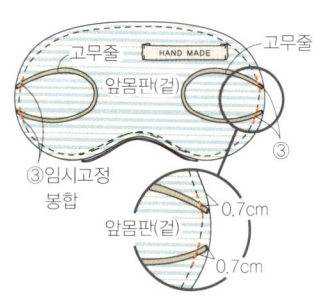

※고무줄 길이 : 20cm

3 코받침감을 만들어 몸판에 단다

①안끼리 맞댄다
안코받침감(겉)
겉코받침감(안)

②반으로 접음
겉코받침감(겉)
골선
안코받침감(겉)
몸판에 달리는 곳

③겉뒷몸판 위에 코받침감을 얹는다

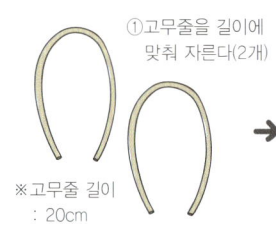

겉뒷몸판(겉)
④임시고정 봉합
골선
겉코받침감(겉)　0.7cm

5 몸판의 둘레를 바이어스 처리한다

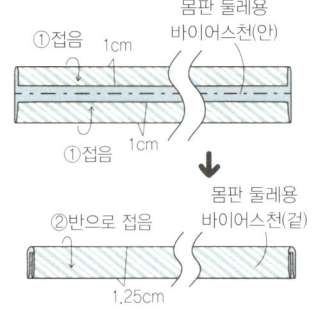

①접음　1cm
몸판 둘레용 바이어스천(안)
①접음　1cm

②반으로 접음
몸판 둘레용 바이어스천(겉)
1.25cm

③다시 펼친다
④겉끼리 맞댄다
몸판 둘레용 바이어스천(안)
뒷몸판(겉)
⑥봉합
⑤접음　1cm
⑦겹침 1cm
※바이어스천의 여분은 잘라낸다

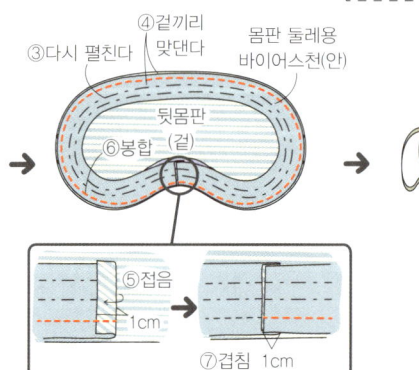

⑧바이어스천으로 시접을 감싼다
⑨상침
앞몸판(겉)
0.2cm
몸판 둘레용 바이어스천(겉)

완성 🌸

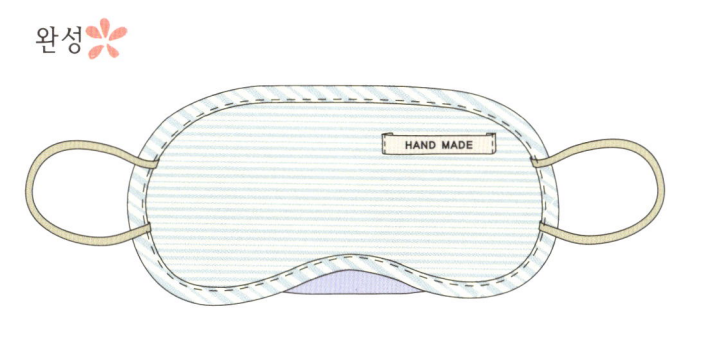

만드는 방법(목베개) ★치수가 기재되어 있지 않은 곳은 1cm로 봉합합니다.

1 몸판에 라벨을 단다

①앞몸판 위에 라벨을 얹는다

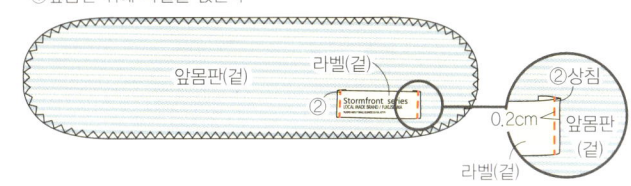

앞몸판(겉)　라벨(겉)　②상침
Stormfront series
②　0.2cm　앞몸판(겉)
라벨(겉)

2 몸판에 지퍼를 단다

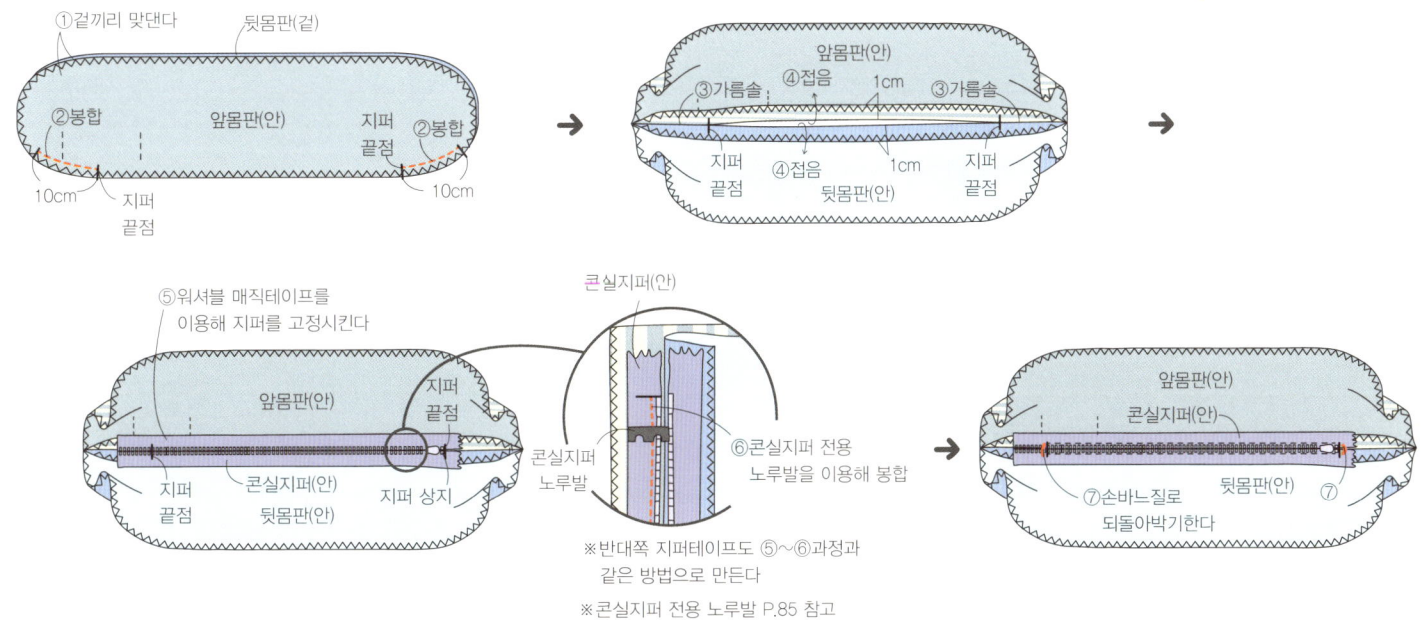

①겉끼리 맞댄다　뒷몸판(겉)
②봉합　앞몸판(안)　지퍼 끝점　②봉합
10cm　지퍼 끝점　10cm

앞몸판(안)
③가름솔　④접음　1cm　③가름솔
지퍼 끝점　④접음　1cm　지퍼 끝점
뒷몸판(안)

⑤워셔블 매직테이프를 이용해 지퍼를 고정시킨다
콘실지퍼(안)
앞몸판(안)　지퍼 끝점
지퍼 끝점　콘실지퍼(안)　지퍼 상지
뒷몸판(안)
콘실지퍼 노루발
⑥콘실지퍼 전용 노루발을 이용해 봉합

※반대쪽 지퍼테이프도 ⑤~⑥과정과 같은 방법으로 만든다
※콘실지퍼 전용 노루발 P.85 참고
※콘실지퍼 봉합하는 방법 P.87 참고

앞몸판(안)
콘실지퍼(안)
⑦손바느질로 되돌아박기한다　뒷몸판(안)　⑦

3 연결감을 만들어 몸판에 단다

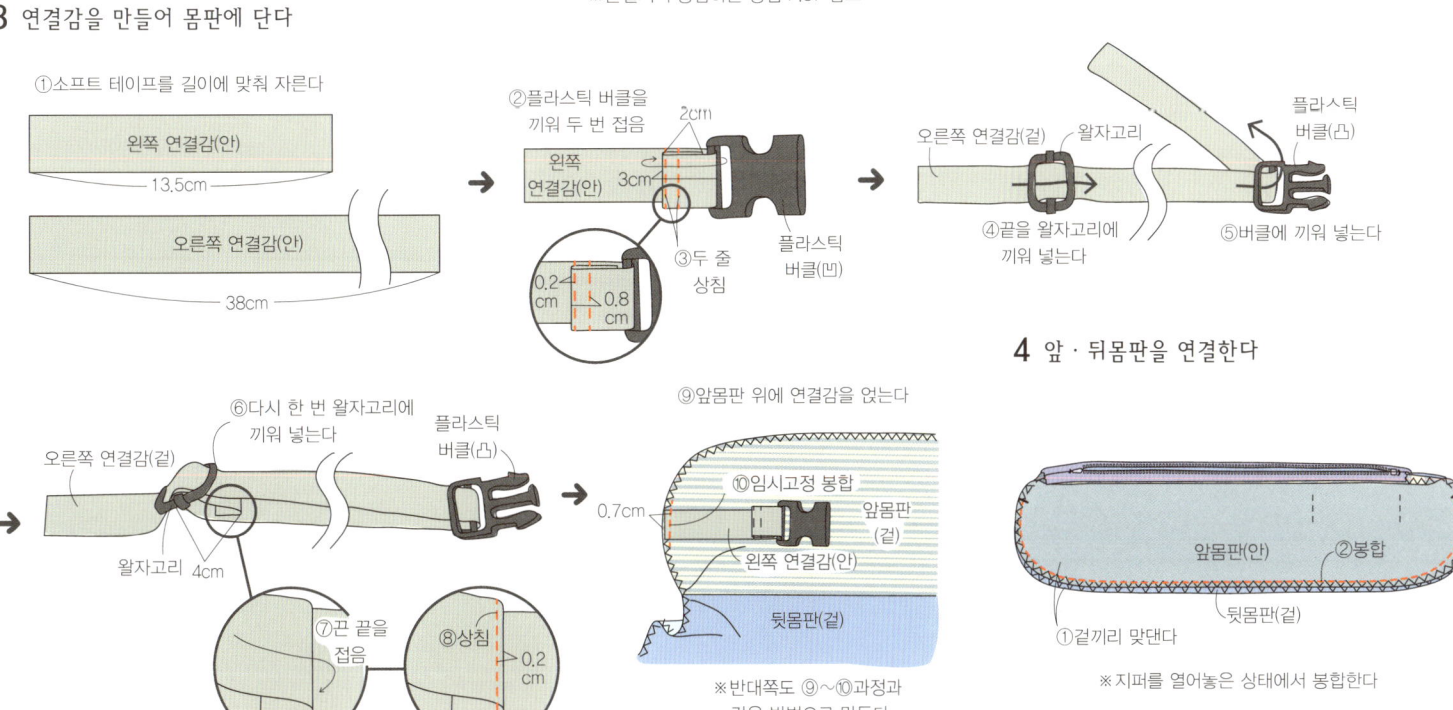

①소프트 테이프를 길이에 맞춰 자른다
왼쪽 연결감(안)
13.5cm
오른쪽 연결감(안)
38cm

②플라스틱 버클을 끼워 두 번 접음
2cm
왼쪽 연결감(안)
3cm
③두 줄 상침
0.2cm　0.8cm
플라스틱 버클(凹)

오른쪽 연결감(겉)　왈자고리
플라스틱 버클(凸)
④끝을 왈자고리에 끼워 넣는다
⑤버클에 끼워 넣는다

⑥다시 한 번 왈자고리에 끼워 넣는다
오른쪽 연결감(겉)
플라스틱 버클(凸)
왈자고리 4cm
⑦끈 끝을 접음
⑧상침　0.2cm
2cm

⑨앞몸판 위에 연결감을 얹는다
⑩임시고정 봉합
0.7cm
앞몸판(겉)
왼쪽 연결감(안)
뒷몸판(겉)
※반대쪽도 ⑨~⑩과정과 같은 방법으로 만든다

4 앞·뒷몸판을 연결한다

앞몸판(안)
②봉합
①겉끼리 맞댄다　뒷몸판(겉)
※지퍼를 열어놓은 상태에서 봉합한다

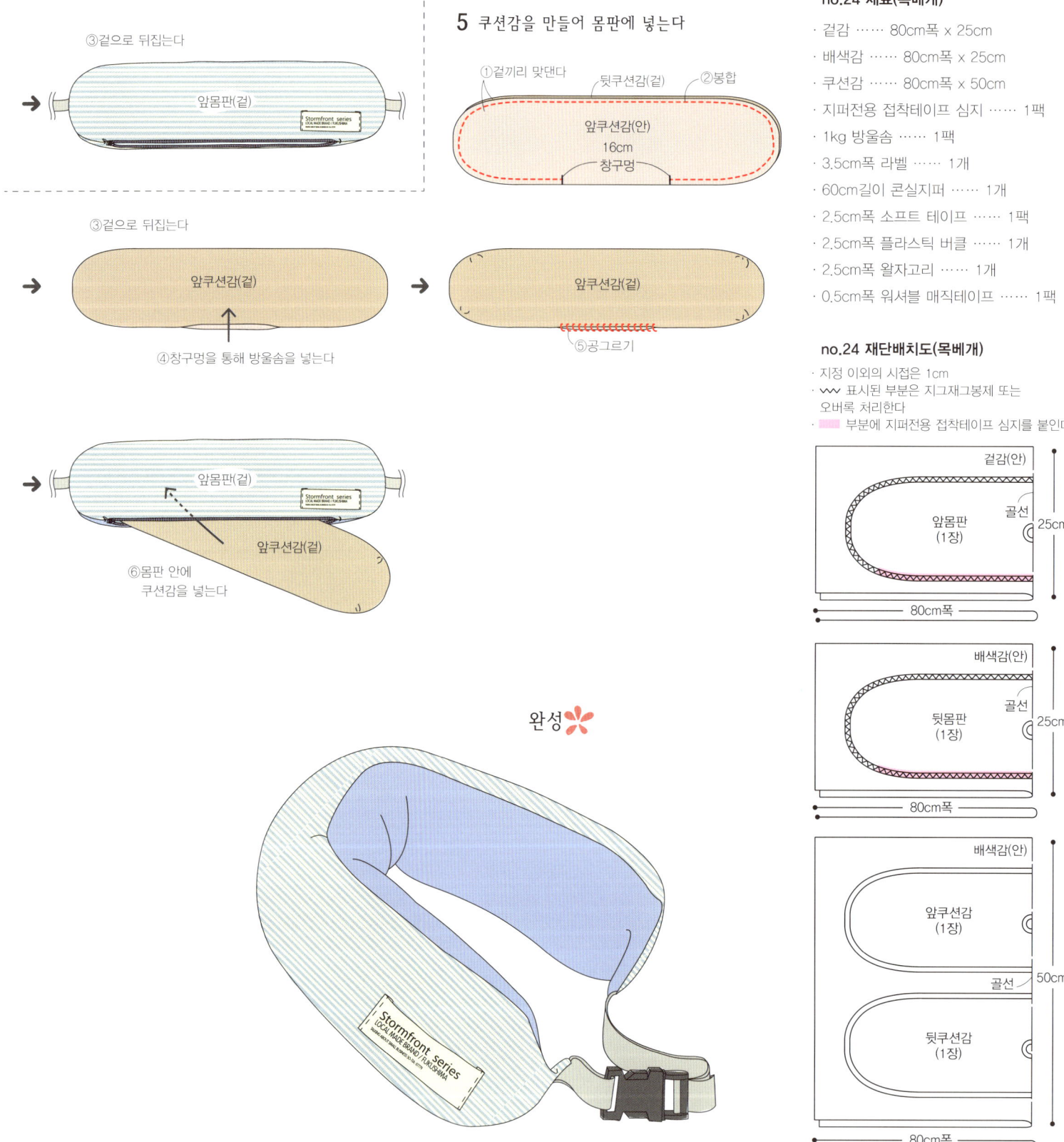

③겉으로 뒤집는다

앞몸판(겉)

Stormfront series

---

5 쿠션감을 만들어 몸판에 넣는다

①겉끼리 맞댄다
뒷쿠션감(겉)
②봉합

앞쿠션감(안)
16cm
창구멍

---

③겉으로 뒤집는다

앞쿠션감(겉)

④창구멍을 통해 방울솜을 넣는다

앞쿠션감(겉)

⑤공그르기

앞몸판(겉)

Stormfront series

앞쿠션감(겉)

⑥몸판 안에
쿠션감을 넣는다

완성 ✿

Stormfront series
LOCAL MADE BRAND

---

no.24 재료(목베개)

· 겉감 …… 80cm폭 x 25cm

· 배색감 …… 80cm폭 x 25cm

· 쿠션감 …… 80cm폭 x 50cm

· 지퍼전용 접착테이프 심지 …… 1팩

· 1kg 방울솜 …… 1팩

· 3.5cm폭 라벨 …… 1개

· 60cm길이 콘실지퍼 …… 1개

· 2.5cm폭 소프트 테이프 …… 1팩

· 2.5cm폭 플라스틱 버클 …… 1개

· 2.5cm폭 왈자고리 …… 1개

· 0.5cm폭 워셔블 매직테이프 …… 1팩

no.24 재단배치도(목베개)

· 지정 이외의 시접은 1cm

· ⋎⋎⋎ 표시된 부분은 지그재그봉제 또는 오버록 처리한다

· ▨ 부분에 지퍼전용 접착테이프 심지를 붙인다

겉감(안)
앞몸판
(1장)
골선
25cm
80cm폭

배색감(안)
뒷몸판
(1장)
골선
25cm
80cm폭

배색감(안)
앞쿠션감
(1장)
골선
뒷쿠션감
(1장)
50cm
80cm폭

no.25 여권 케이스

▶화보 : P.64
▶패턴 : Pattern B면

완성 사이즈   One size 30.5cm × 19cm

재료

· 겉감1 ‥‥‥ 40cm폭 × 25cm
· 겉감2 ‥‥‥ 20cm폭 × 25cm
· 안감 ‥‥‥ 85cm폭 × 25cm
· 배색감 ‥‥‥ 60cm폭 × 25cm
· 바이어스감 ‥‥‥ 80cm폭 × 45cm
· 소잉심지 ‥‥‥ 40cm폭 × 25cm
· 가방심지 ‥‥‥ 35cm폭 × 25cm
· 안감심지 ‥‥‥ 25cm폭 × 25cm
· 소프트 보강심지 ‥‥‥ 60cm폭 × 25cm
· 양면 멜트심지 ‥‥‥ 95cm폭 × 25cm
· 2.5cm폭 솜고정용 접착테이프 심지 ‥‥‥ 1팩
· 30cm 코일 지퍼 ‥‥‥ 1개
· 잠금 장식 ‥‥‥ 1쌍

재단배치도

· 모든 패턴이 시접이 포함되어 있습니다
· ⋁⋁⋁ 표시된 부분은 지그재그봉제 또는 오버록 처리한다
· 여권꽂이감용 바이어스천, 몸판 둘레용 바이어스천은 직접 제도하여 사용합니다

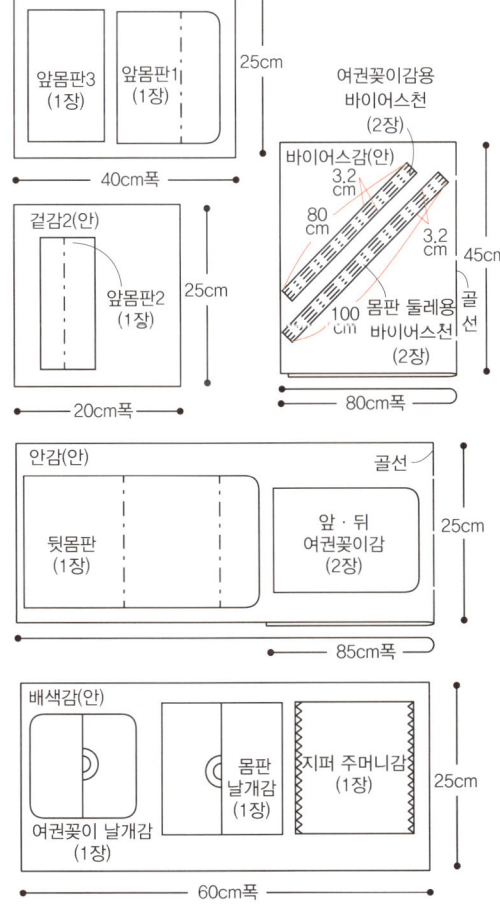

※심지 재단 · 부착은 P.165에 있습니다.

만드는 순서

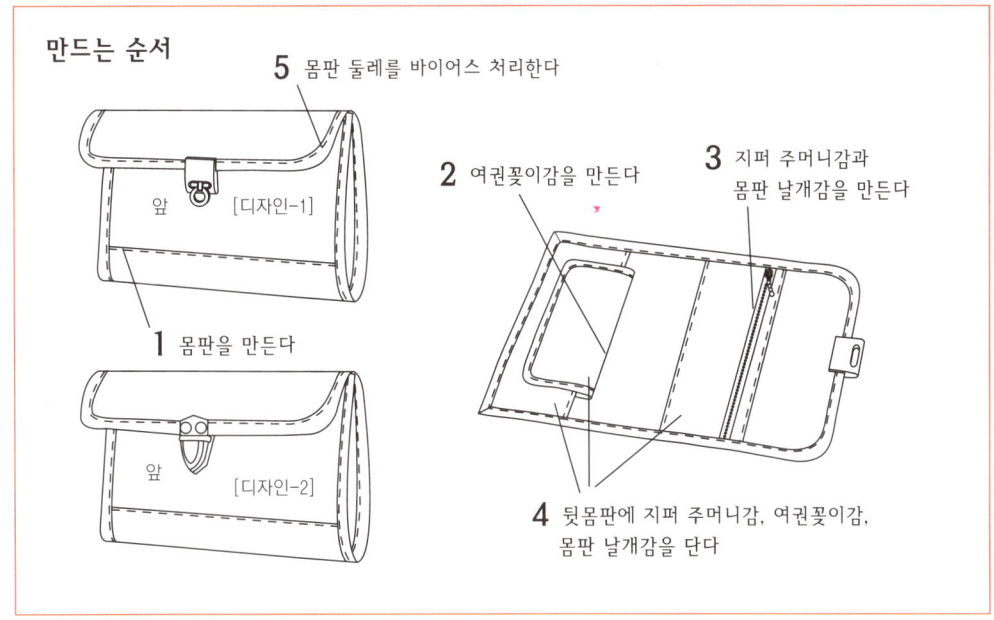

5 몸판 둘레를 바이어스 처리한다

앞 [디자인-1]

1 몸판을 만든다

앞 [디자인-2]

2 여권꽂이감을 만든다

3 지퍼 주머니감과 몸판 날개감을 만든다

4 뒷몸판에 지퍼 주머니감, 여권꽂이감, 몸판 날개감을 단다

만드는 방법 ★치수가 기재되어 있지 않은 곳은 1cm로 봉합합니다.

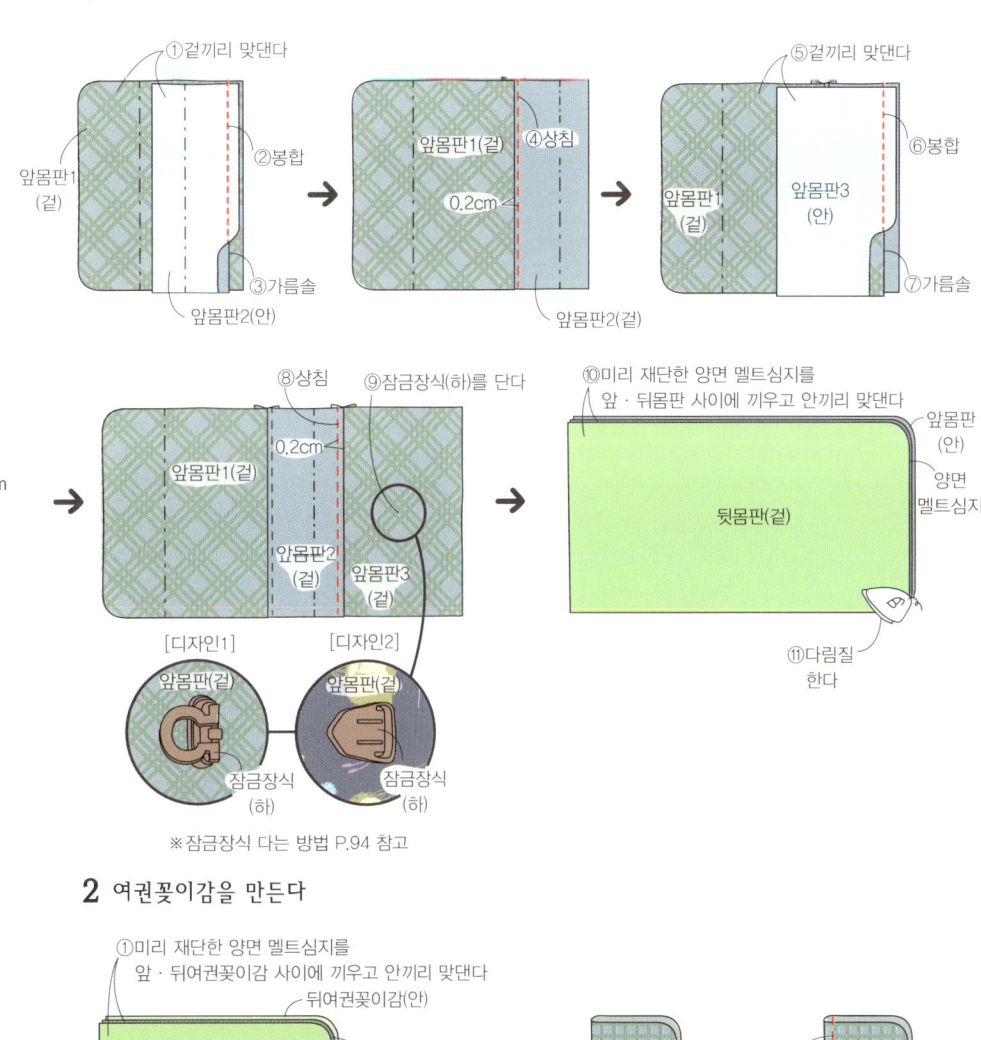

1 몸판을 만든다

①겉끼리 맞댄다
②봉합
③가름솔
앞몸판1(겉)
앞몸판2(안)

④상침
0.2cm
앞몸판1(겉)
앞몸판2(겉)

⑤겉끼리 맞댄다
⑥봉합
⑦가름솔
앞몸판1(겉)
앞몸판3(안)

⑧상침
0.2cm
⑨잠금장식(하)를 단다
앞몸판1(겉)
앞몸판2(겉)
앞몸판3(겉)
[디자인1]
[디자인2]

앞몸판(겉) 잠금장식(하) [디자인1]
앞몸판(겉) 잠금장식(하) [디자인2]

※잠금장식 다는 방법 P.94 참고

⑩미리 재단한 양면 멜트심지를 앞·뒤몸판 사이에 끼우고 안끼리 맞댄다
앞몸판(안)
양면 멜트심지
뒷몸판(겉)
⑪다림질 한다

2 여권꽂이감을 만든다

①미리 재단한 양면 멜트심지를 앞·뒤여권꽂이감 사이에 끼우고 안끼리 맞댄다
뒤여권꽂이감(안)
양면 멜트심지
앞여권꽂이감(겉)
②다림질한다

③반으로 접음
여권꽂이 날개감(겉)

④상침
0.5cm
여권꽂이 날개감(겉)

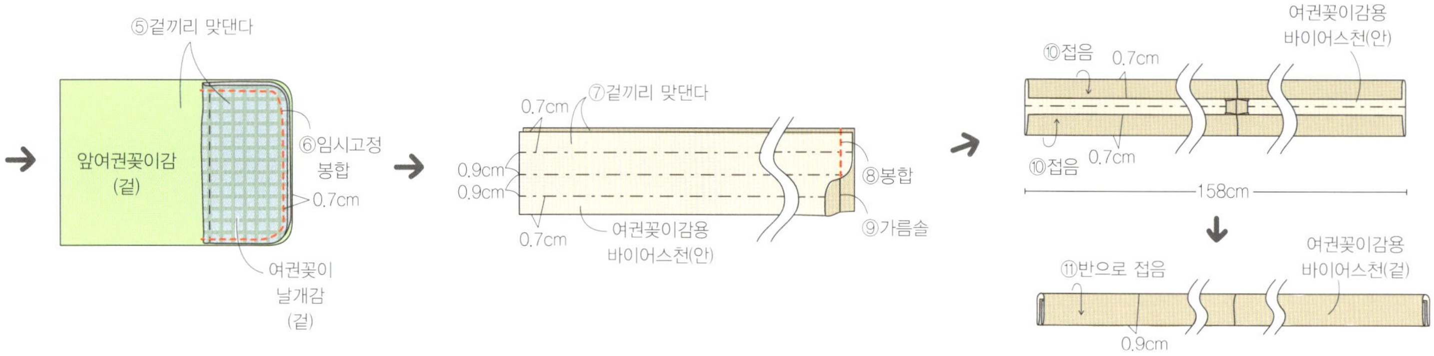

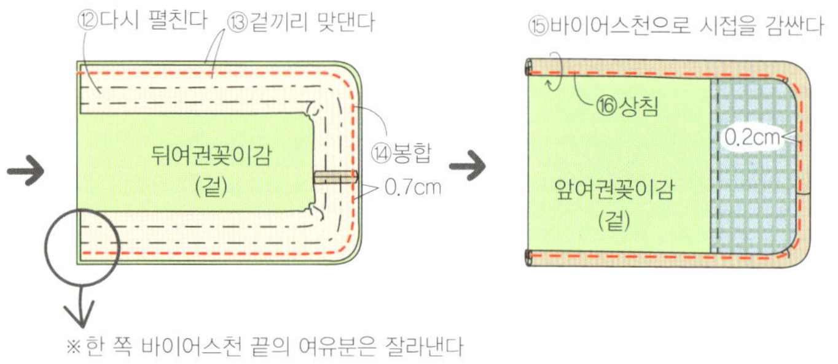

⑤겉끼리 맞댄다

앞여권꽂이감
(겉)

⑥임시고정
봉합
0.7cm

여권꽂이
날개감
(겉)

0.7cm

⑦겉끼리 맞댄다

0.9cm
0.9cm

⑧봉합

0.7cm

여권꽂이감용
바이어스천(안)

⑨가름솔

⑩접음 0.7cm

여권꽂이감용
바이어스천(안)

⑩접음 0.7cm

158cm

여권꽂이감용
바이어스천(겉)

⑪반으로 접음

0.9cm

⑫다시 펼친다 ⑬겉끼리 맞댄다

뒤여권꽂이감
(겉)

⑭봉합
0.7cm

※한 쪽 바이어스천 끝의 여유분은 잘라낸다

⑮바이어스천으로 시접을 감싼다

⑯상침

앞여권꽂이감
(겉)

0.2cm

3 지퍼 주머니감과 몸판 날개감을 만든다

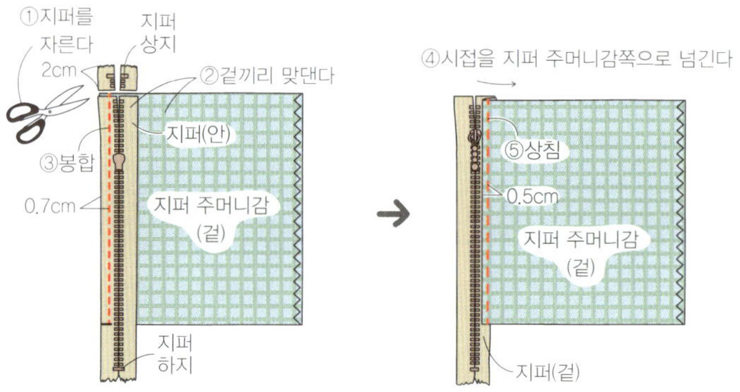

①지퍼를
자른다
2cm

지퍼
상지

②겉끼리 맞댄다

지퍼(안)

③봉합

0.7cm

지퍼 주머니감
(겉)

지퍼
하지

④시접을 지퍼 주머니감쪽으로 넘긴다

⑤상침

0.5cm

지퍼 주머니감
(겉)

지퍼(겉)

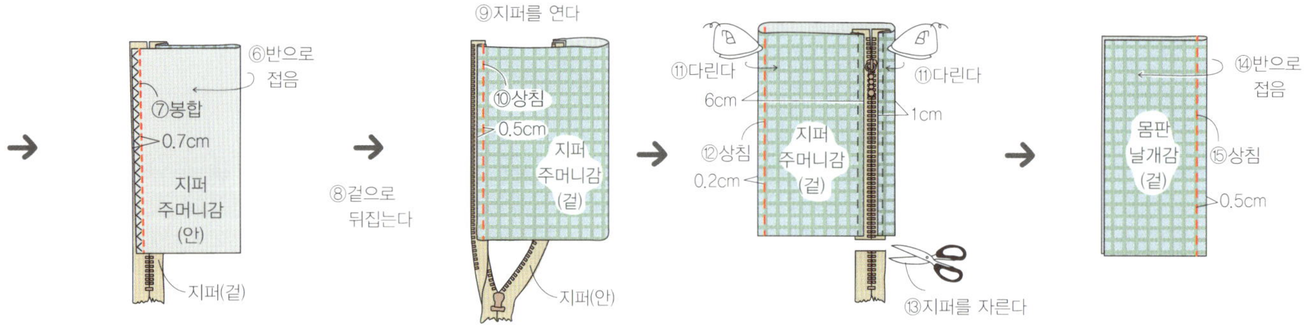

⑥반으로
접음

⑦봉합
0.7cm

지퍼
주머니감
(안)

지퍼(겉)

⑧겉으로
뒤집는다

⑨지퍼를 연다

⑩상침
0.5cm

지퍼
주머니감
(겉)

지퍼(안)

⑪다린다
6cm

⑪다린다
1cm

지퍼
주머니감
(겉)

⑫상침
0.2cm

⑬지퍼를 자른다

⑭반으로
접음

몸판
날개감
(겉)

⑮상침
0.5cm

4 뒷몸판에 지퍼 주머니감, 여권꽂이감, 몸판 날개감을 단다

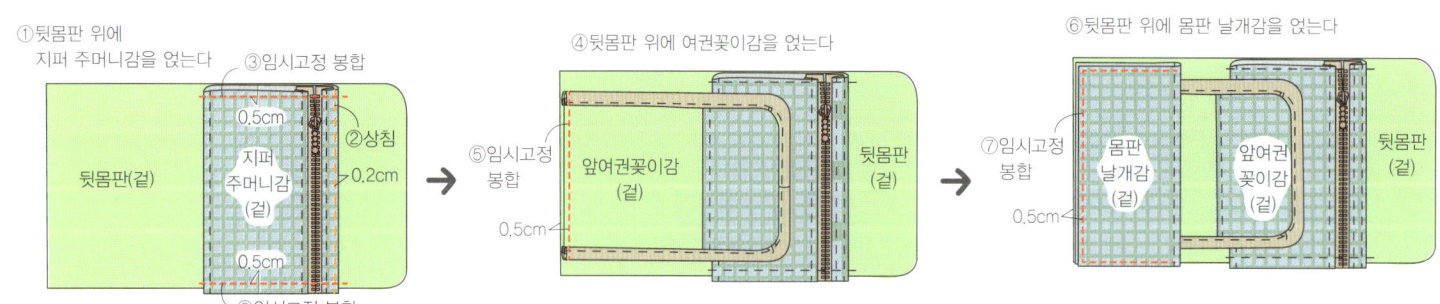

①뒷몸판 위에
지퍼 주머니감을 얹는다

③임시고정 봉합
0.5cm

②상침

뒷몸판(겉)

지퍼
주머니감
(겉)

0.2cm

0.5cm

③임시고정 봉합

④뒷몸판 위에 여권꽂이감을 얹는다

⑤임시고정
봉합

앞여권꽂이감
(겉)

뒷몸판
(겉)

0.5cm

⑥뒷몸판 위에 몸판 날개감을 얹는다

⑦임시고정
봉합

0.5cm

몸판
날개감
(겉)

앞여권
꽂이감
(겉)

뒷몸판
(겉)

5 몸판 둘레를 바이어스 처리한다

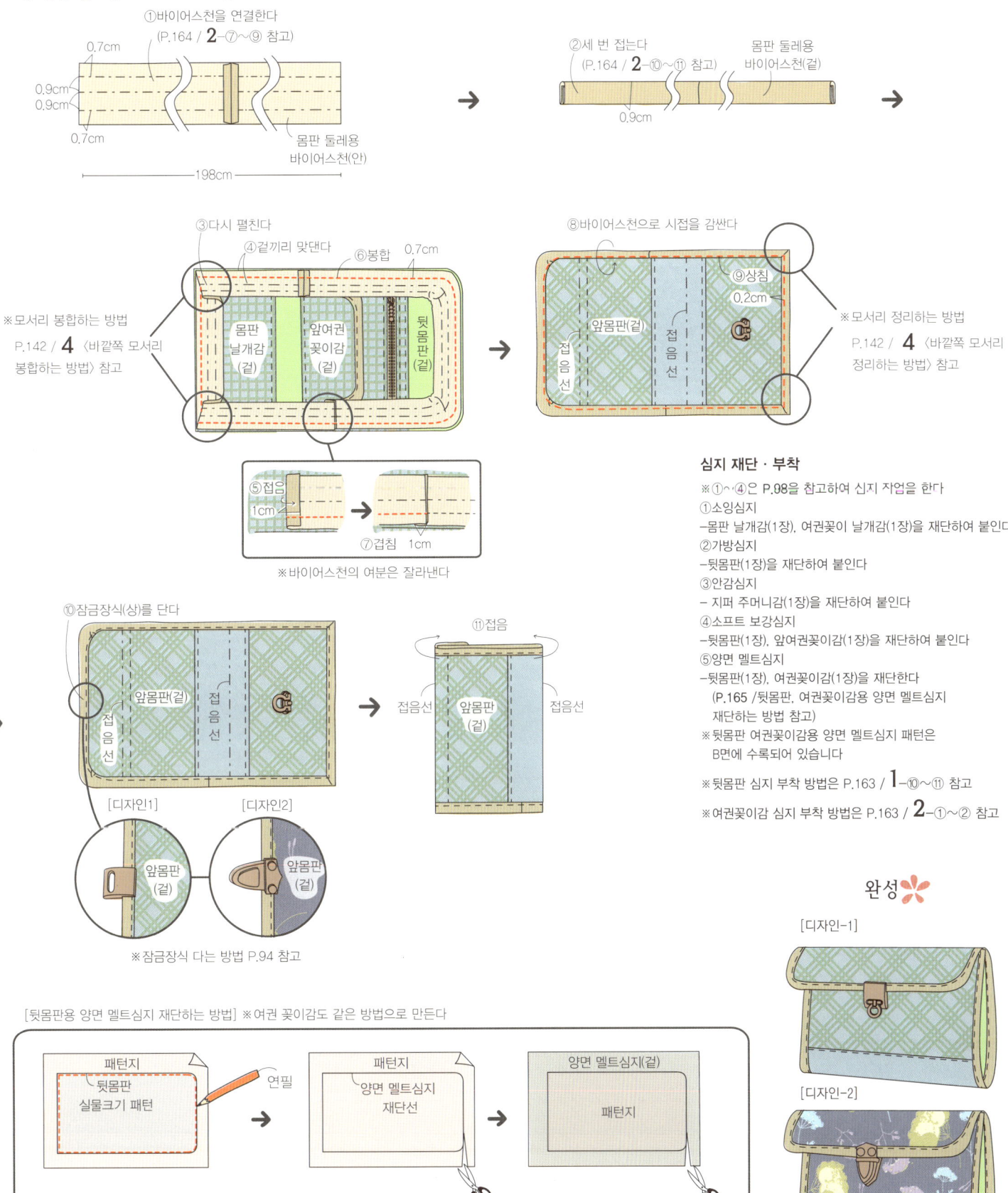

①바이어스천을 연결한다
(P.164 / 2-⑦~⑨ 참고)

0.7cm
0.9cm
0.9cm
0.7cm

198cm

몸판 둘레용
바이어스천(안)

②세 번 접는다
(P.164 / 2-⑩~⑪ 참고)

몸판 둘레용
바이어스천(겉)

0.9cm

③다시 펼친다
④겉끼리 맞댄다
⑥봉합 0.7cm

※모서리 봉합하는 방법
P.142 / 4 〈바깥쪽 모서리
봉합하는 방법〉 참고

몸판
날개감
(겉)

앞여권
꽂이감
(겉)

뒷몸
판
(겉)

⑤접음
1cm

⑦겹침 1cm

※바이어스천의 여분은 잘라낸다

⑧바이어스천으로 시접을 감싼다

⑨상침
0.2cm

앞몸판(겉)

접
음
선

접
음
선

※모서리 정리하는 방법
P.142 / 4 〈바깥쪽 모서리
정리하는 방법〉 참고

⑩잠금장식(상)를 단다

앞몸판(겉)

접
음
선

접음선

⑪접음

앞몸판
(겉)

접음선

접음선

[디자인1]
앞몸판
(겉)

[디자인2]
앞몸판
(겉)

※잠금장식 다는 방법 P.94 참고

심지 재단 · 부착

※①~④은 P.98을 참고하여 심지 작업을 한다

①소잉심지
－몸판 날개감(1장), 여권꽂이 날개감(1장)을 재단하여 붙인다

②가방심지
－뒷몸판(1장)을 재단하여 붙인다

③안감심지
－ 지퍼 주머니감(1장)을 재단하여 붙인다

④소프트 보강심지
－뒷몸판(1장), 앞여권꽂이감(1장)을 재단하여 붙인다

⑤양면 멜트심지
－뒷몸판(1장), 여권꽂이감(1장)을 재단한다
　(P.165 /뒷몸판, 여권꽂이감용 양면 멜트심지
　재단하는 방법 참고)

※뒷몸판 여권꽂이감용 양면 멜트심지 패턴은
　B면에 수록되어 있습니다

※뒷몸판 심지 부착 방법은 P.163 / 1-⑩~⑪ 참고

※여권꽂이감 심지 부착 방법은 P.163 / 2-①~② 참고

완성 ✽

[디자인-1]

[디자인-2]

[뒷몸판용 양면 멜트심지 재단하는 방법] ※여권 꽂이감도 같은 방법으로 만든다

패턴지

뒷몸판
실물크기 패턴

연필

패턴지

양면 멜트심지
재단선

양면 멜트심지(겉)

패턴지

①양면 멜트심지 실물크기 패턴 위에
　패턴지를 올려 놓은 후, 연필로 그린다

②베낀 패턴을 자른다

③패턴지를 양면 멜트심지 위에 올려
　놓은 후, 양면 멜트심지를 재단한다

no.26 만능 파우치

▶ 화보 : P.66
▶ 패턴 : Pattern C면

완성 사이즈 One size 25cm x 20cm

재료

· 겉감 ······ 110cm폭 x 60cm
· 매쉬감 ······ 55cm폭 x 30cm
· 50cm길이 코일 지퍼 ······ 1개
· 30cm길이 코일 지퍼 ······ 1개
· 1cm폭 T단추 ······ 6쌍
· 1cm(완성폭) 바이어스 테이프 ······ 1팩

재단배치도

· 지정 이외의 시접은 1cm
· ∿ 표시된 부분은 지그재그봉제 또는 오버록 처리한다

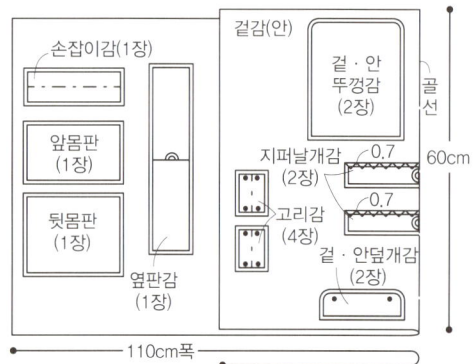

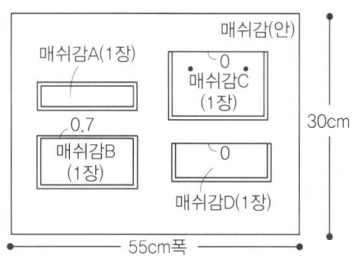

만드는 순서

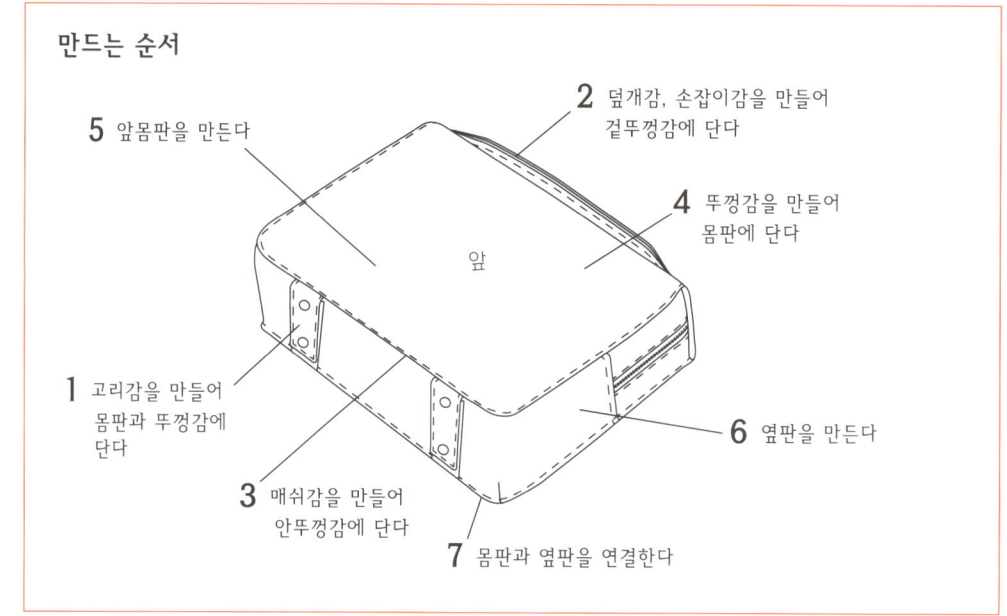

5 앞몸판을 만든다

2 덮개감, 손잡이감을 만들어 겉뚜껑감에 단다

4 뚜껑감을 만들어 몸판에 단다

앞

1 고리감을 만들어 몸판과 뚜껑감에 단다

3 매쉬감을 만들어 안뚜껑감에 단다

7 몸판과 옆판을 연결한다

6 옆판을 만든다

만드는 방법 ★치수가 기재되어 있지 않은 곳은 1cm로 봉합합니다.

1 고리감을 만들어 몸판과 뚜껑감에 단다

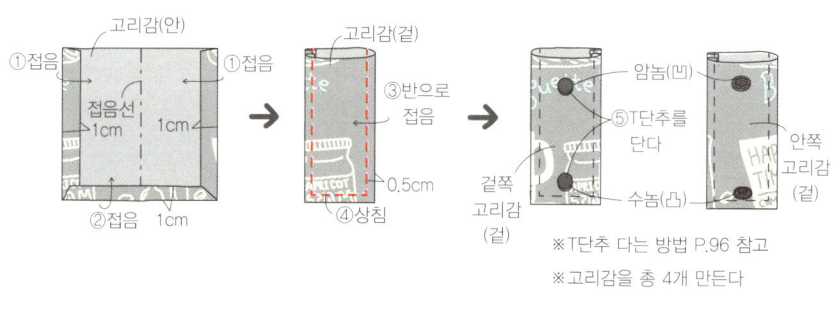

※T단추 다는 방법 P.96 참고

※고리감을 총 4개 만든다

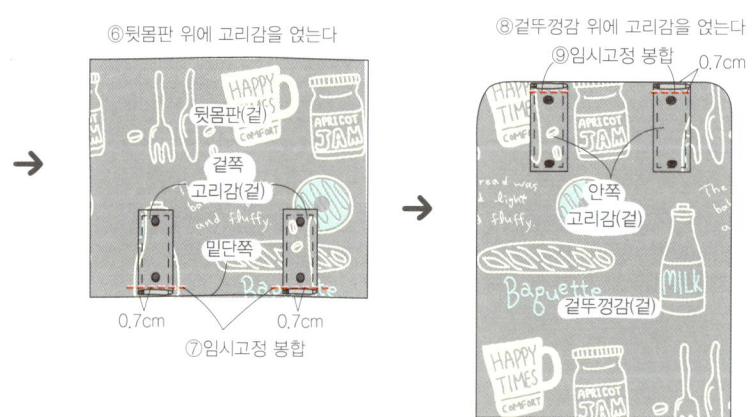

2 덮개감, 손잡이감을 만들어 겉뚜껑감에 단다

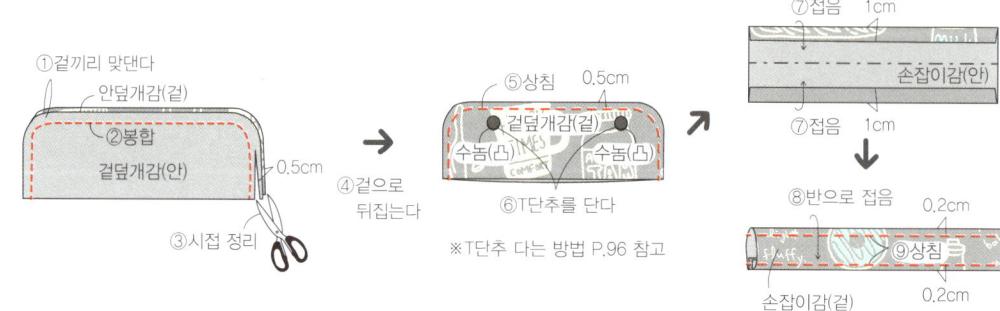

※T단추 다는 방법 P.96 참고

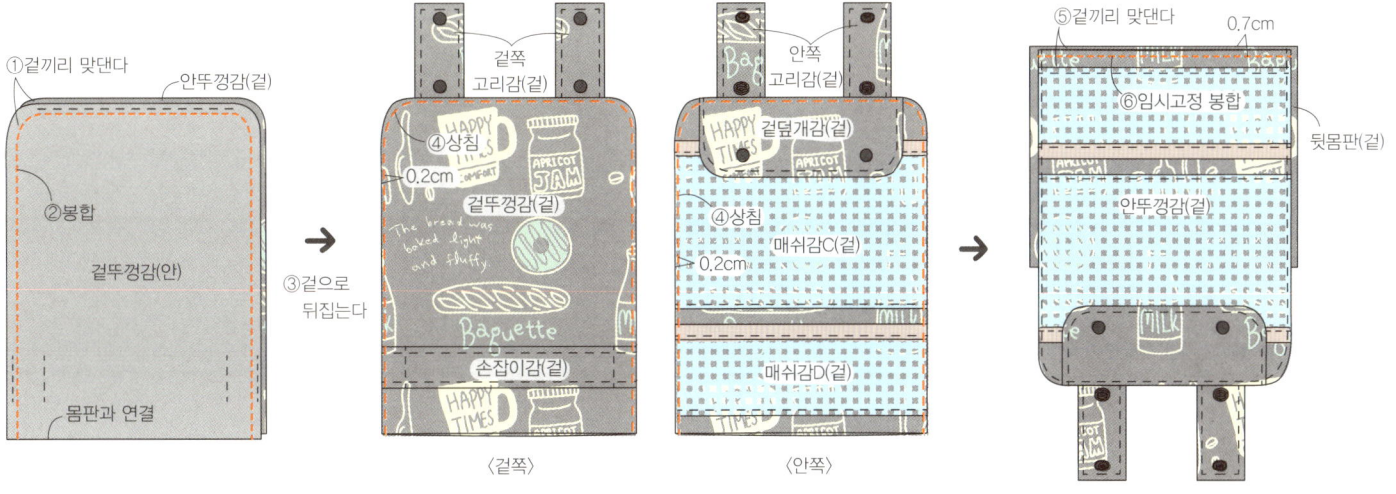

⑩겉뚜껑감 위에 덮개감, 손잡이감을 얹는다
⑪임시고정 봉합 0.7cm
안덮개감(겉)
겉뚜껑감(겉)
⑫임시고정 봉합
⑬상침
손잡이감(겉)
⑬상침
⑫임시고정 봉합
0.7cm　0.7cm
3.5cm　3.5cm

3 매쉬감을 만들어 안뚜껑감에 단다

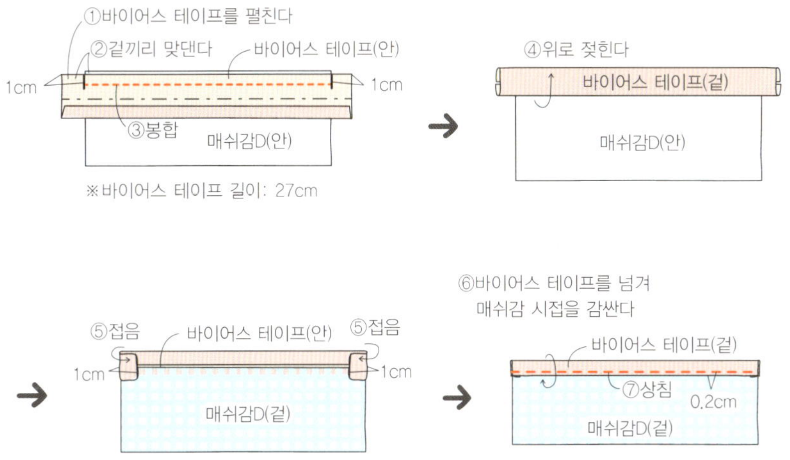

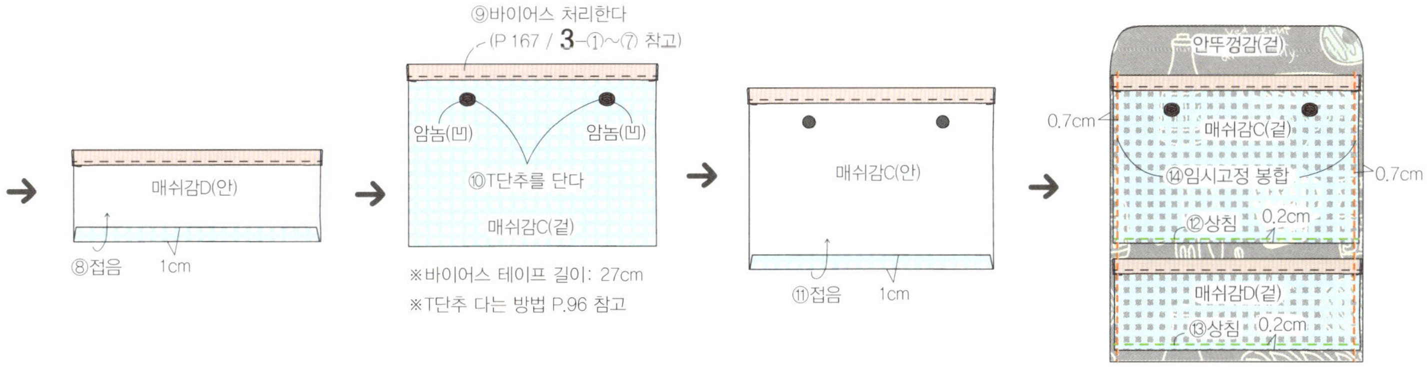

①바이어스 테이프를 펼친다
②겉끼리 맞댄다
바이어스 테이프(안)
1cm　1cm
③봉합
매쉬감D(안)
※바이어스 테이프 길이: 27cm

④위로 젖힌다
바이어스 테이프(겉)
매쉬감D(안)

⑤접음
바이어스 테이프(안)
⑤접음
1cm　1cm
매쉬감D(겉)

⑥바이어스 테이프를 넘겨 매쉬감 시접을 감싼다
바이어스 테이프(겉)
⑦상침 0.2cm
매쉬감D(겉)

매쉬감D(안)
⑧접음 1cm

⑨바이어스 처리한다
(P.167 / 3-①~⑦ 참고)
암놈(凹)　암놈(凹)
⑩T단추를 단다
매쉬감C(겉)
※바이어스 테이프 길이: 27cm
※T단추 다는 방법 P.96 참고

매쉬감C(안)
⑪접음 1cm

안뚜껑감(겉)
0.7cm
매쉬감C(겉)
⑭임시고정 봉합
0.7cm
⑫상침 0.2cm
매쉬감D(겉)
⑬상침 0.2cm

4 뚜껑감을 만들어 몸판에 단다

①겉끼리 맞댄다
안뚜껑감(겉)
②봉합
겉뚜껑감(안)
몸판과 연결
③겉으로 뒤집는다

겉쪽 고리감(겉)
④상침 0.2cm
겉뚜껑감(겉)
손잡이감(겉)
〈겉쪽〉

안쪽 고리감(겉)
겉덮개감(겉)
④상침 0.2cm
매쉬감C(겉)
매쉬감D(겉)
〈안쪽〉

⑤겉끼리 맞댄다 0.7cm
⑥임시고정 봉합
뒷몸판(겉)
안뚜껑감(겉)

5 앞몸판을 만든다

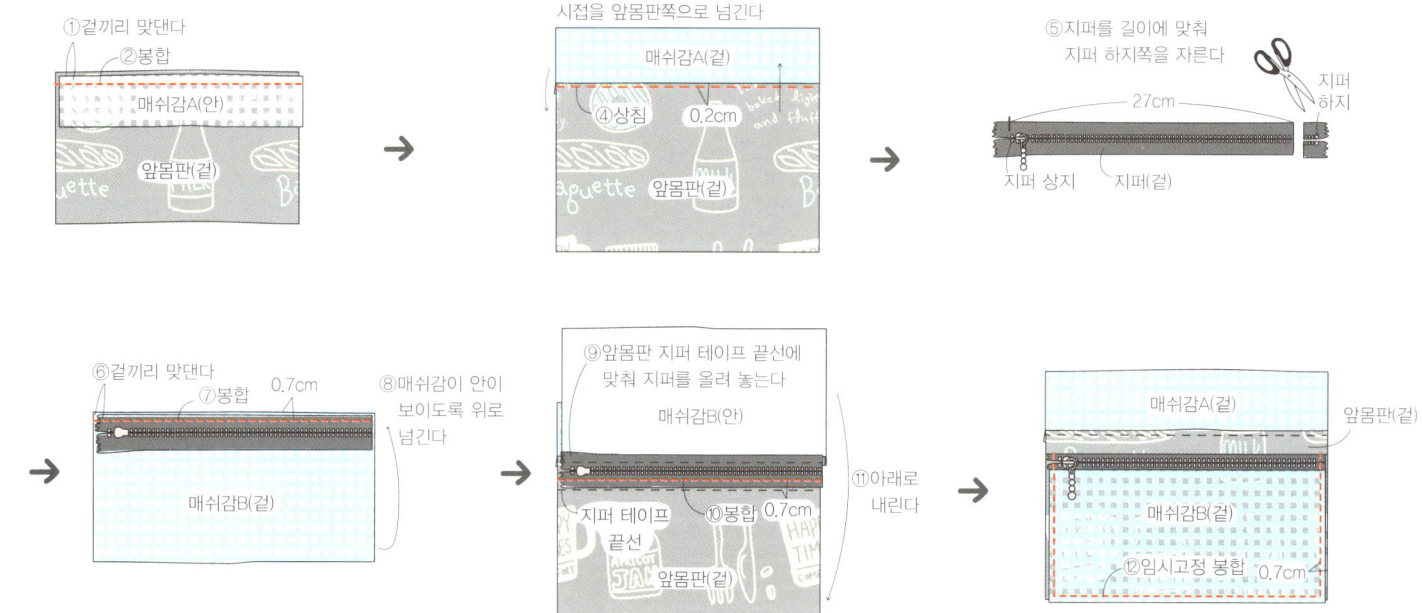

① 겉끼리 맞댄다
② 봉합
매쉬감A(안)
앞몸판(겉)

③ 매쉬감A를 위로 젖히고 시접을 앞몸판쪽으로 넘긴다
매쉬감A(겉)
④ 상침
0.2cm
앞몸판(겉)

⑤ 지퍼를 길이에 맞춰 지퍼 하지쪽을 자른다
27cm
지퍼 하지
지퍼 상지
지퍼(겉)

⑥ 겉끼리 맞댄다
⑦ 봉합
0.7cm
⑧ 매쉬감이 안이 보이도록 위로 넘긴다
매쉬감B(겉)

⑨ 앞몸판 지퍼 테이프 끝선에 맞춰 지퍼를 올려 놓는다
매쉬감B(안)
지퍼 테이프 끝선
⑩ 봉합 0.7cm
앞몸판(겉)
⑪ 아래로 내린다

매쉬감A(겉)
앞몸판(겉)
매쉬감B(겉)
⑫ 임시고정 봉합 0.7cm

6 옆판을 만든다

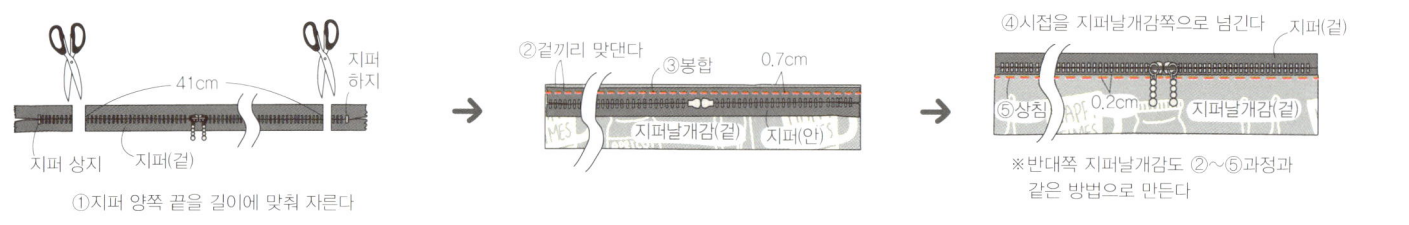

지퍼 상지
지퍼(겉)
41cm
지퍼 하지
① 지퍼 양쪽 끝을 길이에 맞춰 자른다

② 겉끼리 맞댄다
③ 봉합 0.7cm
지퍼날개감(겉)
지퍼(안)

④ 시접을 지퍼날개감쪽으로 넘긴다
지퍼(겉)
⑤ 상침 0.2cm
지퍼날개감(겉)
※ 반대쪽 지퍼날개감도 ②~⑤과정과 같은 방법으로 만든다

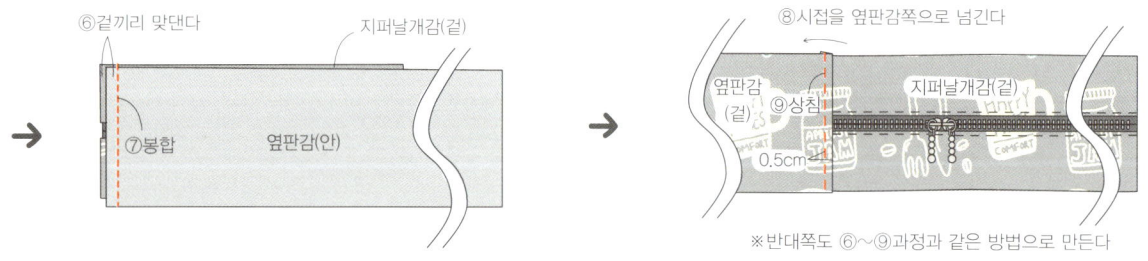

⑥ 겉끼리 맞댄다
지퍼날개감(겉)
⑦ 봉합
옆판감(안)

⑧ 시접을 옆판감쪽으로 넘긴다
옆판감(겉)
지퍼날개감(겉)
⑨ 상침
0.5cm
※ 반대쪽도 ⑥~⑨과정과 같은 방법으로 만든다

7 몸판과 옆판을 연결한다

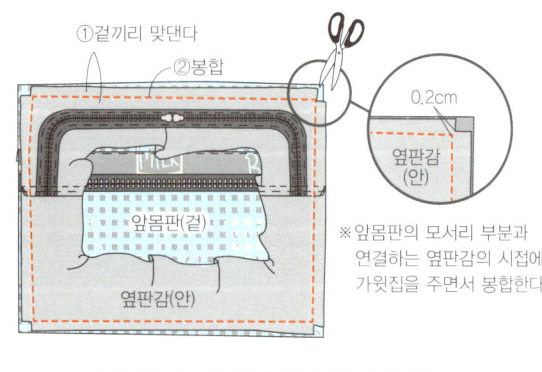

① 겉끼리 맞댄다
② 봉합
0.2cm
옆판감(안)
앞몸판(겉)
옆판감(안)
※ 앞몸판의 모서리 부분과 연결하는 옆판감의 시접에 가윗집을 주면서 봉합한다

※ 뒷몸판도 ①~②과정과 같은 방법으로 만든다

완성 ❀

③ 지퍼를 통해 겉으로 뒤집는다

▶화보 : P.68
▶패턴 : Pattern C면

완성 사이즈 One size 18.5cm x 9cm

재료

· 겉감 ····· 55cm폭 x 25cm
· 인감 ····· 55cm폭 x 25cm
· 가방바닥판 ····· 25cm폭 x 10cm
· 소잉심지 ····· 55cm폭 x 50cm
· 소프트 보강심지 ····· 55cm폭 x 25cm
· 양면 멜트심지 ····· 55cm폭 x 25cm
· 2.5cm폭 솜고정용 접착테이프 심지 ····· 1팩
· 벨크로 2.5cm x 2.5cm 1쌍
· 0.5cm폭 양면징 ····· 2쌍

재단배치도

· 지정 이외의 시접은 1cm

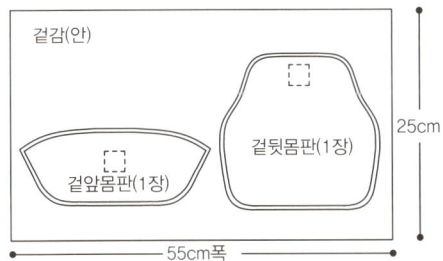

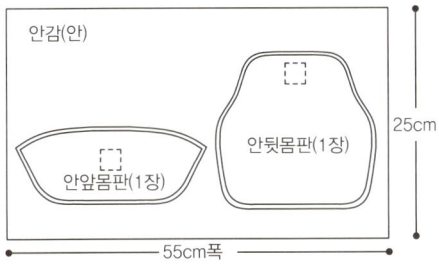

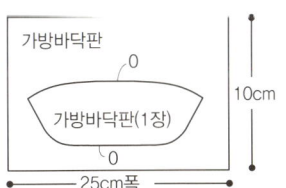

심지 재단 · 부착

※P.98을 참고하여 심지 작업을 한다
①소잉심지
–겉 · 안앞몸판(각 1장), 겉 · 안뒷몸판(각 1장)을
  재단하여 붙인다
②소프트 보강심지
–겉뒷몸판(1장)을 재단하여 붙인다

만드는 순서

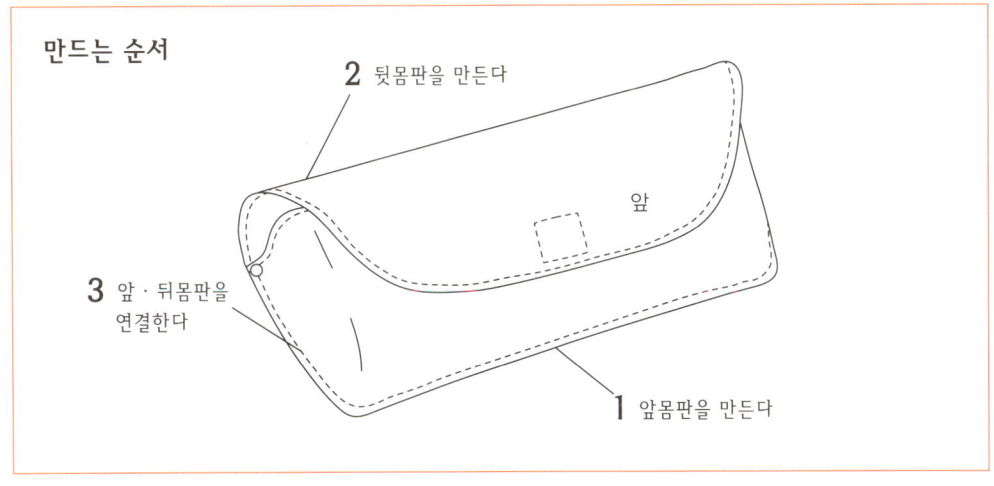

2 뒷몸판을 만든다

앞

3 앞 · 뒤몸판을
연결한다

1 앞몸판을 만든다

만드는 방법 ★치수가 기재되어 있지 않은 곳은 1cm로 봉합합니다.

1 앞몸판을 만든다

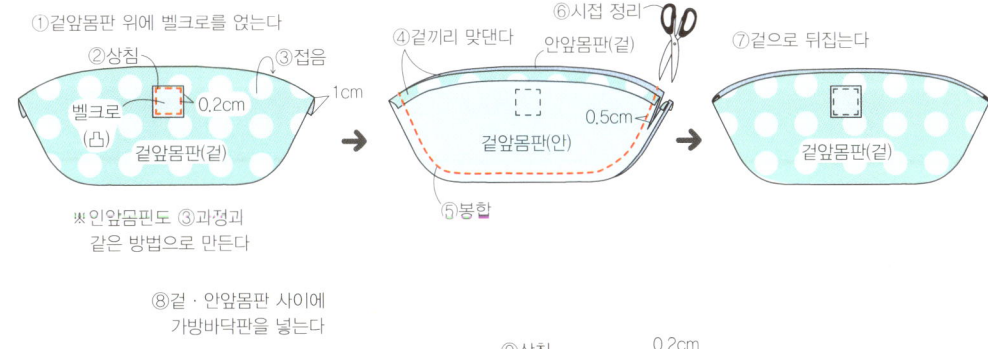

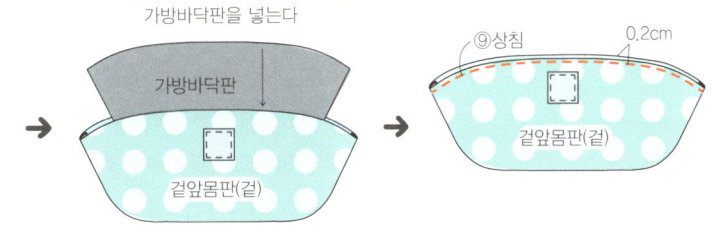

2 뒷몸판을 만든다

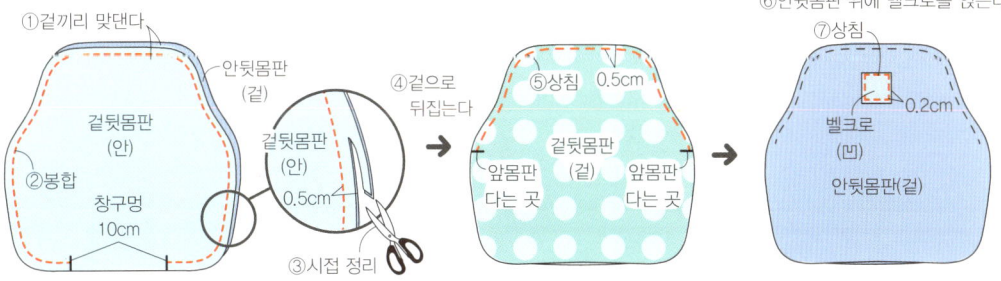

3 앞 · 뒤몸판을 연결한다

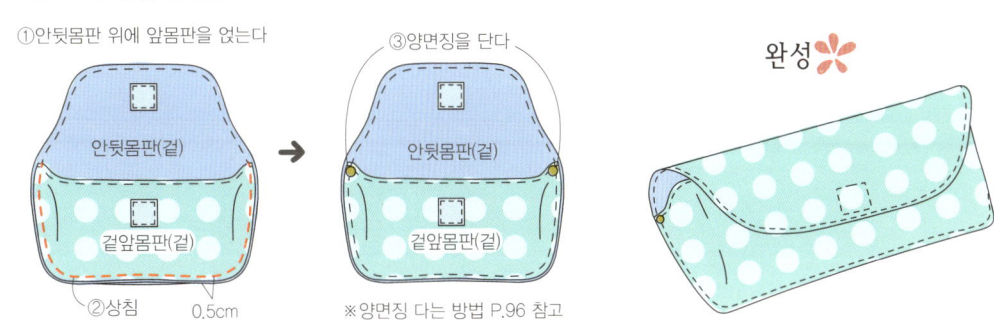

※양면징 다는 방법 P.96 참고

완성

no.28 등쿠션

▶화보 : P.70
▶패턴 : Pattern D면

완성 사이즈 One size 45cm x 25cm

재료

· 겉감 …… 110cm폭 x 70cm
· 소잉심지 …… 110cm폭 x 70cm
· 2.5cm폭 싸개 단추(고리형) …… 4개
· 1kg 방울솜 …… 1팩

재단배치도

· 지정 이외의 시접은 1cm
· 싸개 단추감 실물크기 패턴 P.170 참고

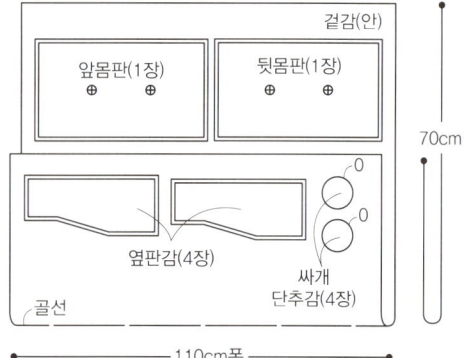

심지 재단 · 부착

※P.98을 참고하여 심지 작업을 한다
①소잉심지
–앞 · 뒤몸판(각 1장), 옆판감(4장), 싸개 단추감(4장)을
재단하여 붙인다

[싸개 단추감 실물크기 패턴]

no.28
싸개 단추감
(시접 포함)

만드는 순서

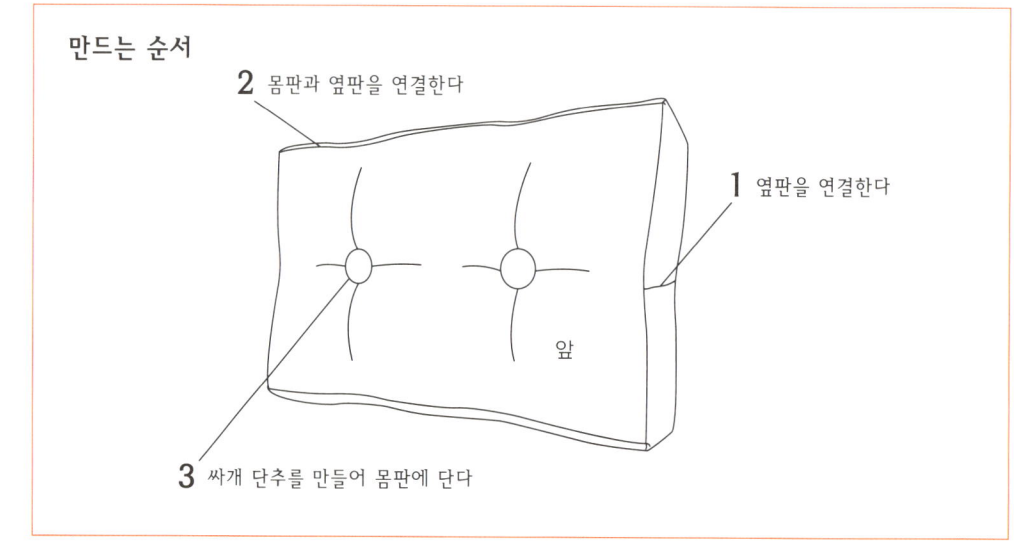

2 몸판과 옆판을 연결한다

1 옆판을 연결한다

앞

3 싸개 단추를 만들어 몸판에 단다

만드는 방법 ★치수가 기재되어 있지 않은 곳은 1cm로 봉합합니다.

1 옆판을 연결한다

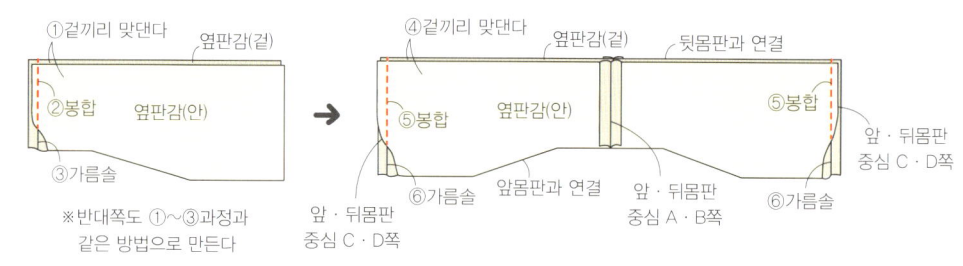

①겉끼리 맞댄다   옆판감(겉)
②봉합   옆판감(안)
③가름솔
※반대쪽도 ①~③과정과
같은 방법으로 만든다

④겉끼리 맞댄다   옆판감(겉)   뒷몸판과 연결
⑤봉합   옆판감(안)   ⑤봉합   앞 · 뒤몸판 중심 C · D쪽
⑥가름솔   앞몸판과 연결   앞 · 뒤몸판 중심 A · B쪽   ⑥가름솔
앞 · 뒤몸판 중심 C · D쪽

2 몸판과 옆판을 연결한다

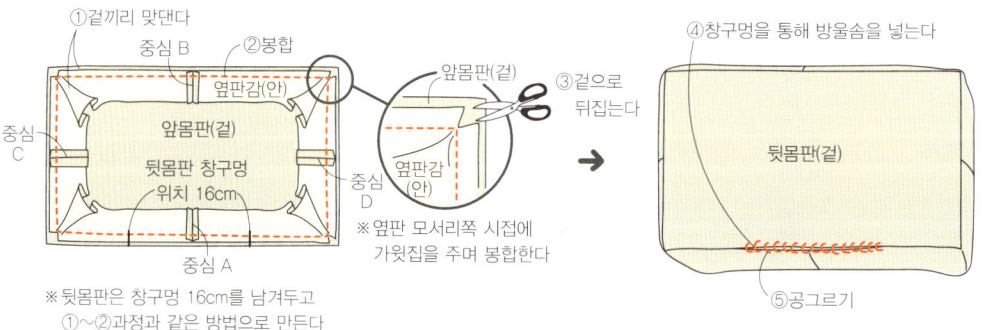

①겉끼리 맞댄다
중심 B   ②봉합   옆판감(안)
중심 C   앞몸판(겉)   앞몸판(겉)   ③겉으로 뒤집는다   ④창구멍을 통해 방울솜을 넣는다
뒷몸판 창구멍   옆판감(안)   뒷몸판(겉)
위치 16cm   중심 D
중심 A   ⑤공그르기
※옆판 모서리쪽 시접에 가윗집을 주며 봉합한다
※뒷몸판은 창구멍 16cm를 남겨두고
①~②과정과 같은 방법으로 만든다

3 싸개 단추를 만들어 몸판에 단다

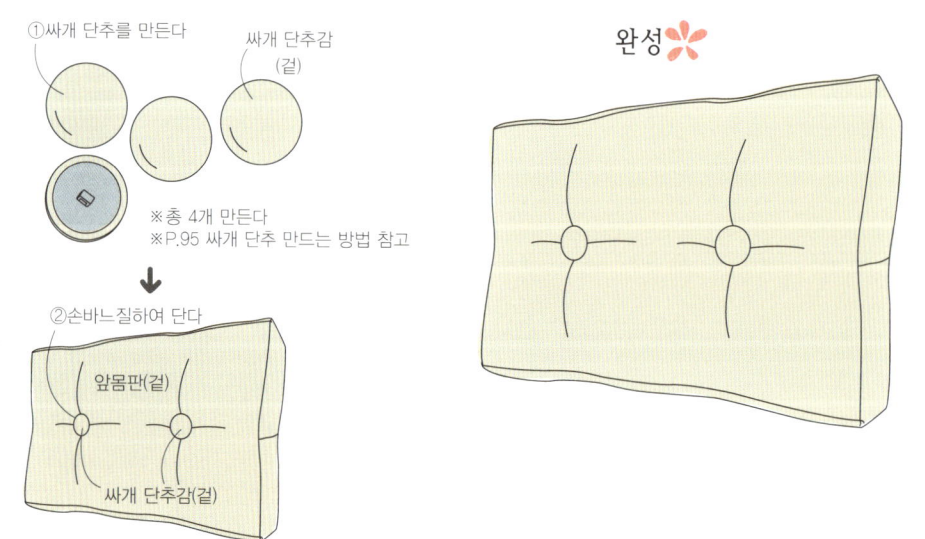

①싸개 단추를 만든다   싸개 단추감(겉)
※총 4개 만든다
※P.95 싸개 단추 만드는 방법 참고

②손바느질하여 단다
앞몸판(겉)
싸개 단추감(겉)

완성✿

no.29 카시트 정리함

▶ 화보 : P.72
▶ 패턴 : Pattern A면

완성 사이즈 One size 45cm x 57cm

재료

- 겉감 …… 110cm폭 x 230cm
- 배색감1 …… 110cm폭 x 70cm
- 배색감2 …… 60cm폭 x 30cm
- 배색감3 …… 25cm폭 x 20cm
- 매쉬감 …… 40cm폭 x 25cm
- 투명감 …… 30cm폭 x 20cm
- 3cm폭 라벨 …… 2개
- 1cm폭 고무줄 …… 1팩
- 1cm(완성폭) 바이어스 테이프 …… 1팩
- 2.5cm폭 웨이빙끈 …… 1팩
- 2.5cm폭 왈자고리 …… 2개
- 2.5cm폭 플라스틱 버클 …… 2쌍
- 1.3cm폭 원터치 T단추 …… 3개
- 0.5cm폭 워셔블 매직테이프 …… 1팩

재단배치도

- 지정 이외의 시접은 1cm
- ⋁⋁⋁ 표시된 부분은 지그재그봉제 또는 오버록 처리한다
- 몸판 둘레용 바이어스천은 직접 제도하여 사용합니다

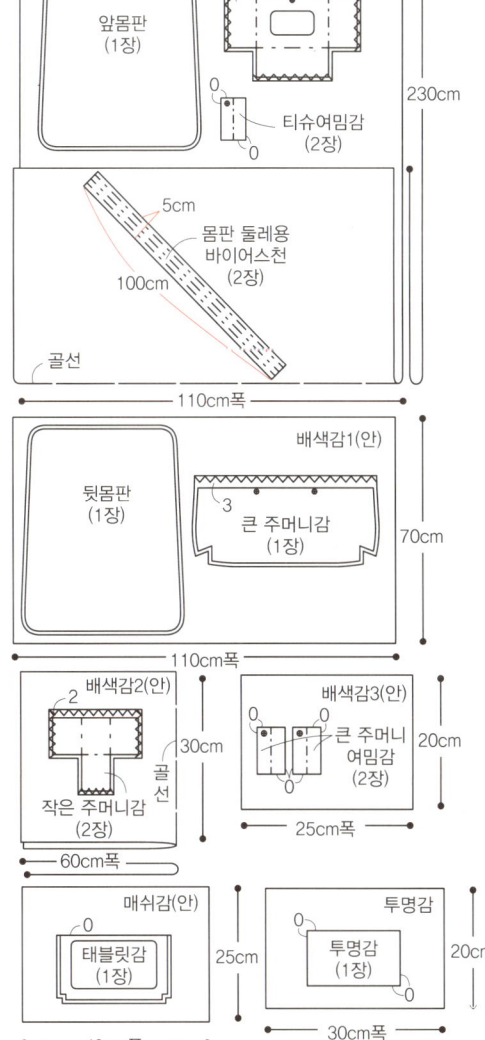

만드는 순서

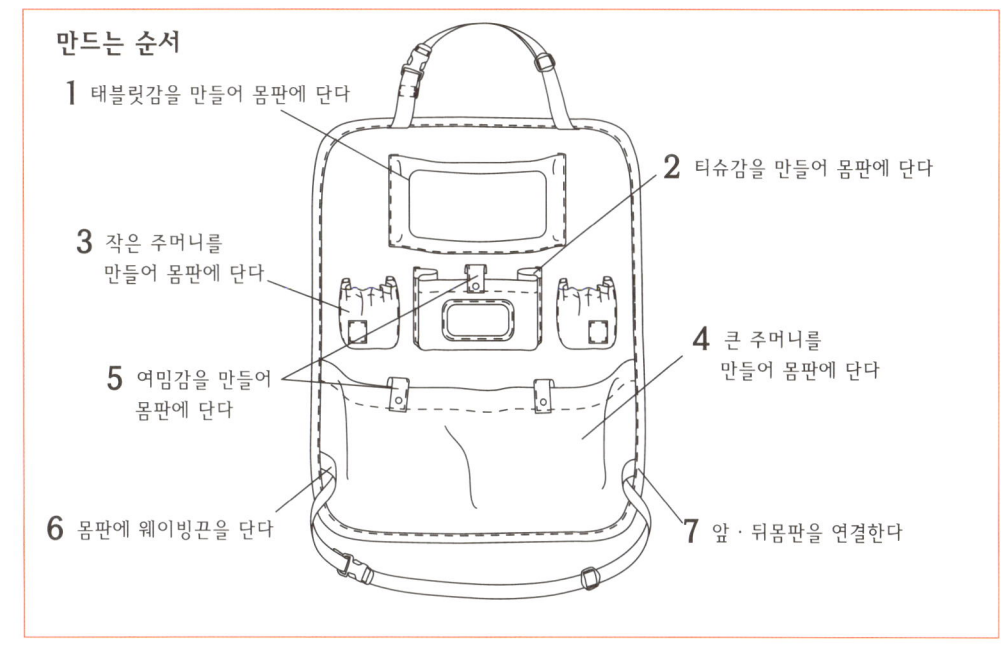

1 태블릿감을 만들어 몸판에 단다

2 티슈감을 만들어 몸판에 단다

3 작은 주머니를 만들어 몸판에 단다

4 큰 주머니를 만들어 몸판에 단다

5 여밈감을 만들어 몸판에 단다

6 몸판에 웨이빙끈을 단다

7 앞·뒤몸판을 연결한다

만드는 방법 ★치수가 기재되어 있지 않은 곳은 1cm로 봉합합니다.

1 태블릿감을 만들어 몸판에 단다

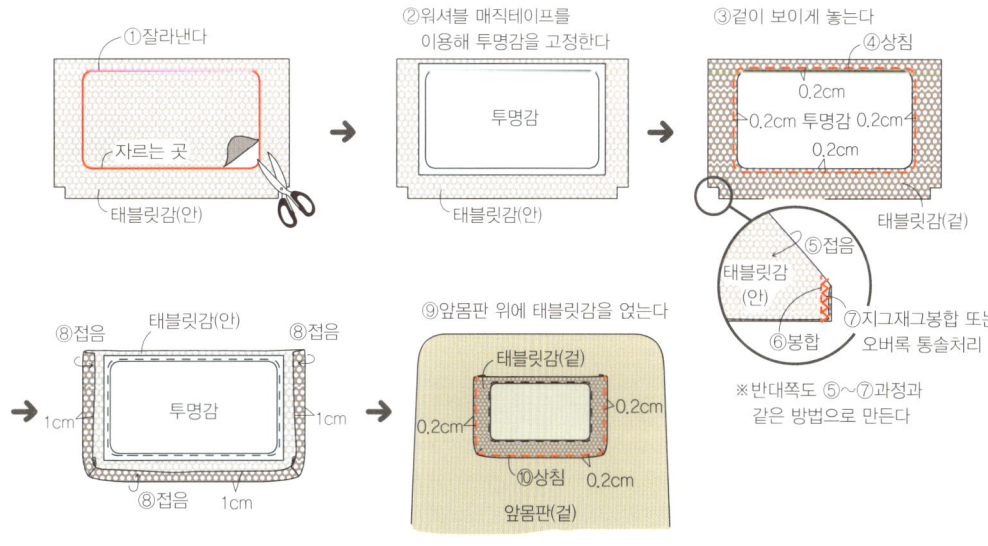

2 티슈감을 만들어 몸판에 단다

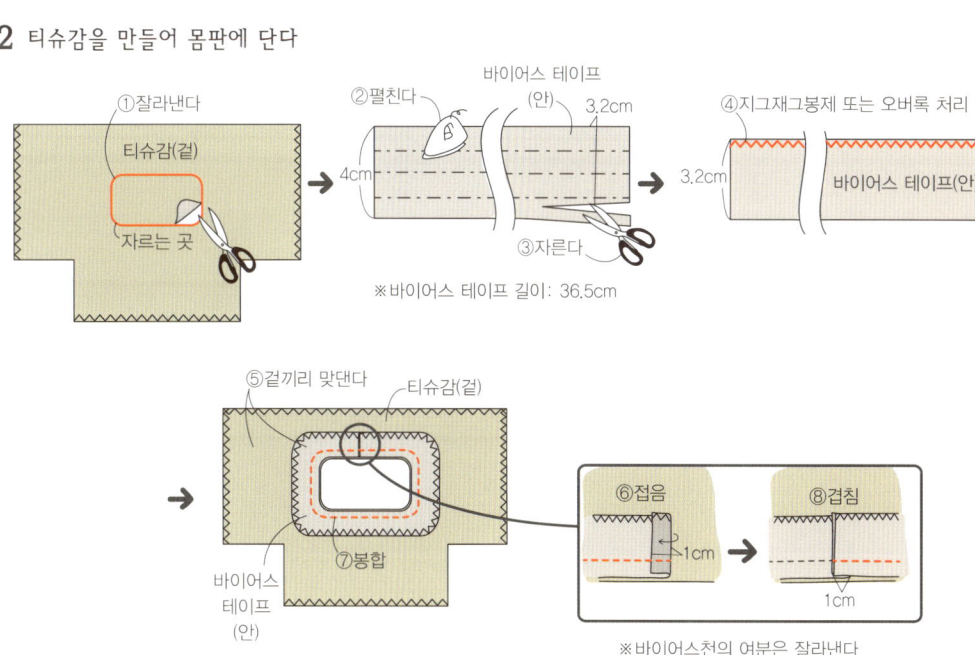

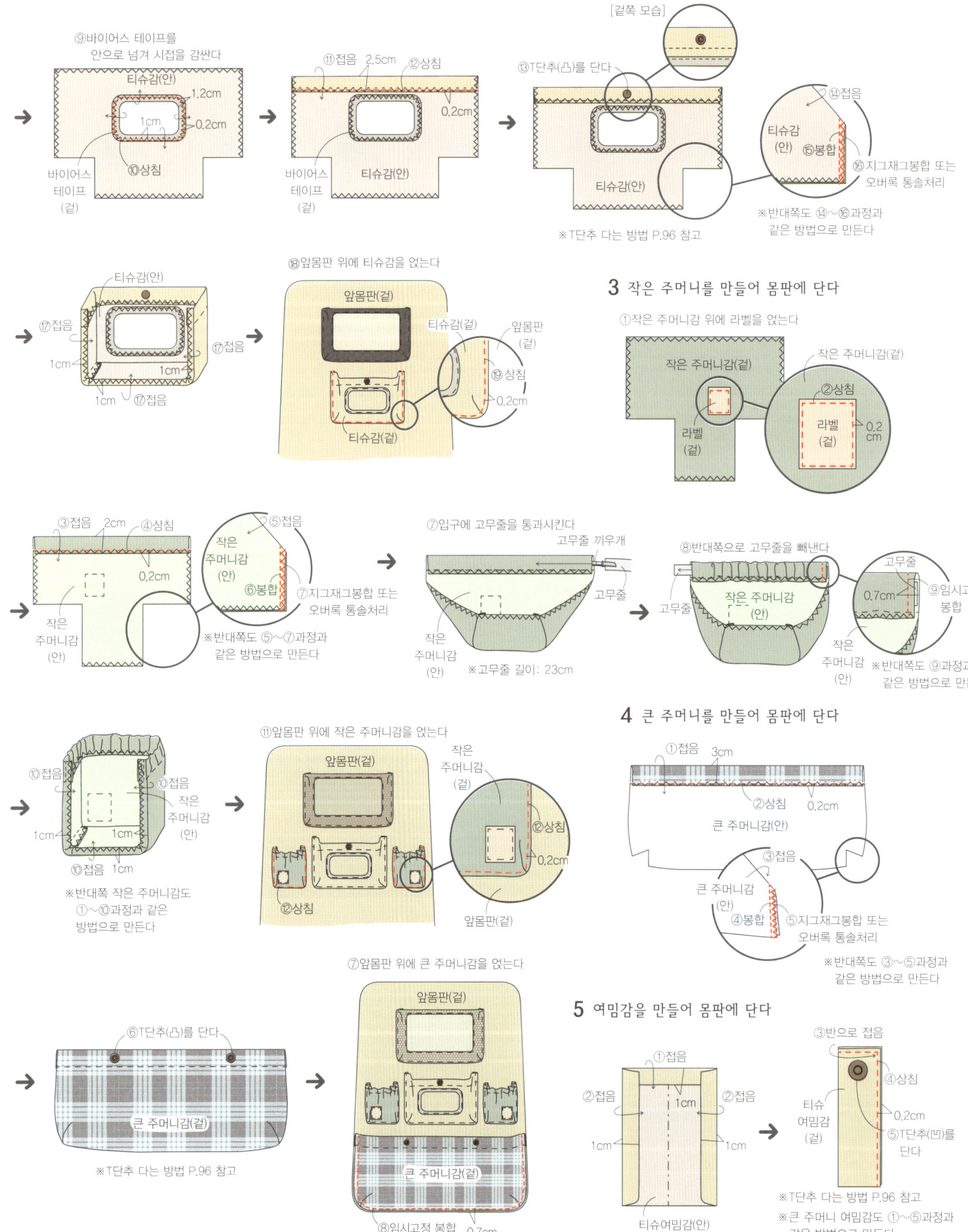

⑨바이어스 테이프를 안으로 넘겨 시접을 감싼다

티슈감(안)
1.2cm
1cm
0.2cm
바이어스 테이프(겉)
⑩상침

⑪접음 2.5cm ⑫상침
0.2cm
바이어스 테이프(겉)
티슈감(안)

[겉쪽 모습]
⑬T단추(凸)를 단다
티슈감(안)
⑭접음
티슈감(안)
⑮봉합
⑯지그재그봉합 또는 오버록 통솔처리
※반대쪽도 ⑭~⑯과정과 같은 방법으로 만든다
※T단추 다는 방법 P.96 참고

티슈감(안)
⑰접음
1cm
1cm
1cm ⑰접음
⑰접음

⑱앞몸판 위에 티슈감을 얹는다
앞몸판(겉)
티슈감(겉)
앞몸판(겉)
⑲상침
0.2cm
티슈감(겉)

3 작은 주머니를 만들어 몸판에 단다

①작은 주머니감 위에 라벨을 얹는다
작은 주머니감(겉)
작은 주머니감(겉)
②상침
라벨(겉)
라벨(겉)
0.2cm

③접음 2cm ④상침
0.2cm
작은 주머니감(안)
⑤접음
작은 주머니감(안)
⑥봉합
⑦지그재그봉합 또는 오버록 통솔처리
※반대쪽도 ⑤~⑦과정과 같은 방법으로 만든다

⑦입구에 고무줄을 통과시킨다
고무줄 끼우개
작은 주머니감(안)
고무줄
※고무줄 길이: 23cm

⑧반대쪽으로 고무줄을 빼낸다
고무줄
작은 주머니감(안)
작은 주머니감(안)
고무줄
0.7cm
⑨임시고정 봉합
※반대쪽도 ⑨과정과 같은 방법으로 만든다

⑩접음 ⑩접음
1cm 1cm
⑩접음 1cm
작은 주머니감(안)
※반대쪽 작은 주머니감도 ①~⑩과정과 같은 방법으로 만든다

⑪앞몸판 위에 작은 주머니감을 얹는다
앞몸판(겉)
작은 주머니감(겉)
⑫상침
0.2cm
⑫상침
앞몸판(겉)

4 큰 주머니를 만들어 몸판에 단다

①접음 3cm
②상침
0.2cm
큰 주머니감(안)
③접음
큰 주머니감(안)
④봉합
⑤지그재그봉합 또는 오버록 통솔처리
※반대쪽도 ③~⑤과정과 같은 방법으로 만든다

5 여밈감을 만들어 몸판에 단다

⑥T단추(凸)를 단다
큰 주머니감(겉)
※T단추 다는 방법 P.96 참고

⑦앞몸판 위에 큰 주머니감을 얹는다
앞몸판(겉)
큰 주머니감(겉)
⑧임시고정 봉합 0.7cm

①접음
②접음 1cm ②접음
1cm 1cm
티슈여밈감(안)

③반으로 접음
④상침
0.2cm
티슈 여밈감(겉)
⑤T단추(凹)를 단다
※T단추 다는 방법 P.96 참고
※큰 주머니 여밈감도 ①~⑤과정과 같은 방법으로 만든다

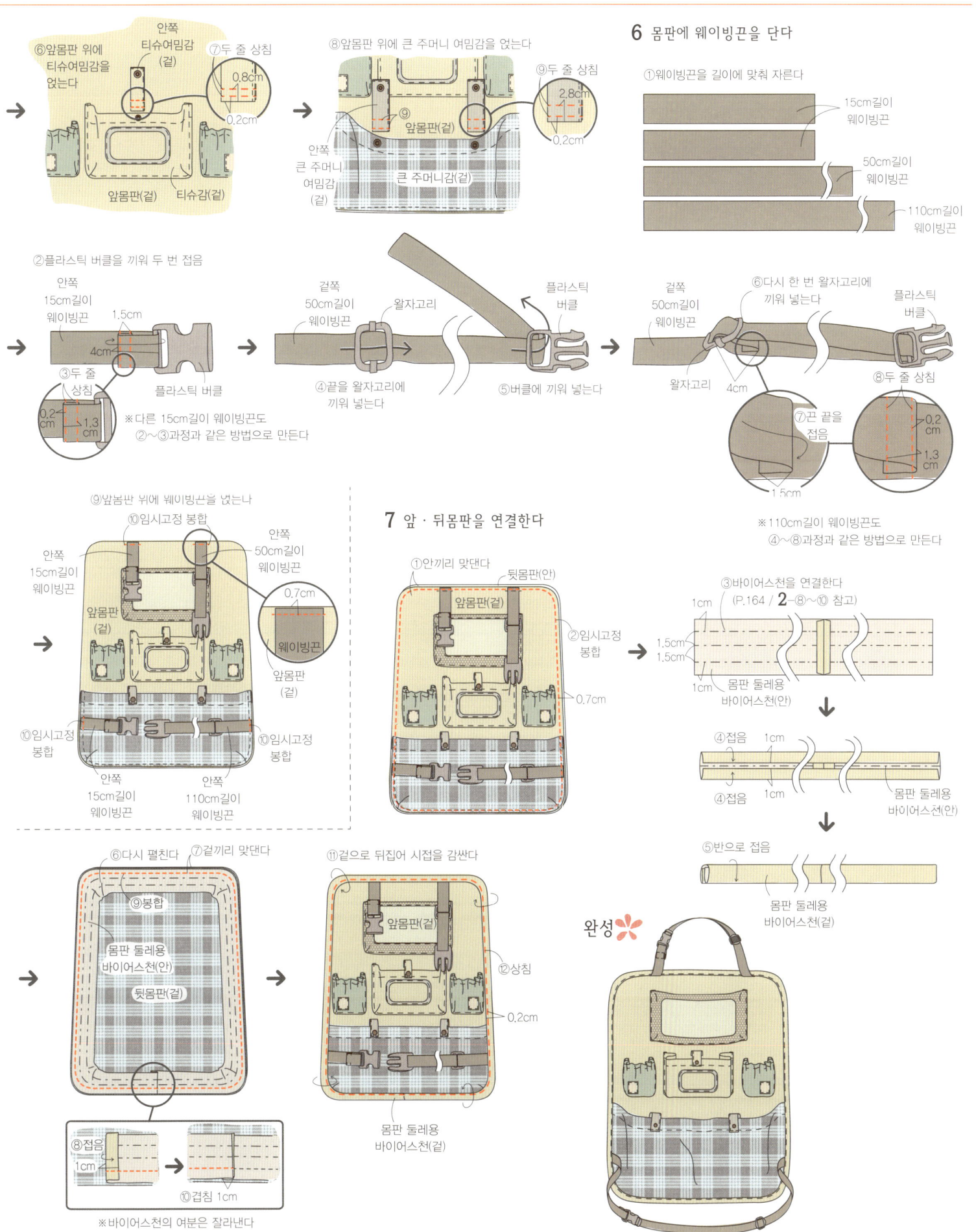

no.30 슈즈백

▶ 화보 : P.74
▶ 패턴 : Pattern D면

완성 사이즈　34cm x 42cm

재료
· 겉감1 ······ 45cm폭 x 50cm
· 겉감2 ······ 45cm폭 x 50cm
· 겉감3 ······ 20cm폭 x 20cm
· 안감 ······ 45cm폭 x 120cm
· 가방심지 ······ 20cm폭 x 20cm
· 3.2cm폭 웨이빙끈 ······ 1팩
· 1cm폭 T단추 ······ 3쌍
· 8cm폭 라벨 ······ 1개

재단배치도
· 지정 이외의 시접은 1cm

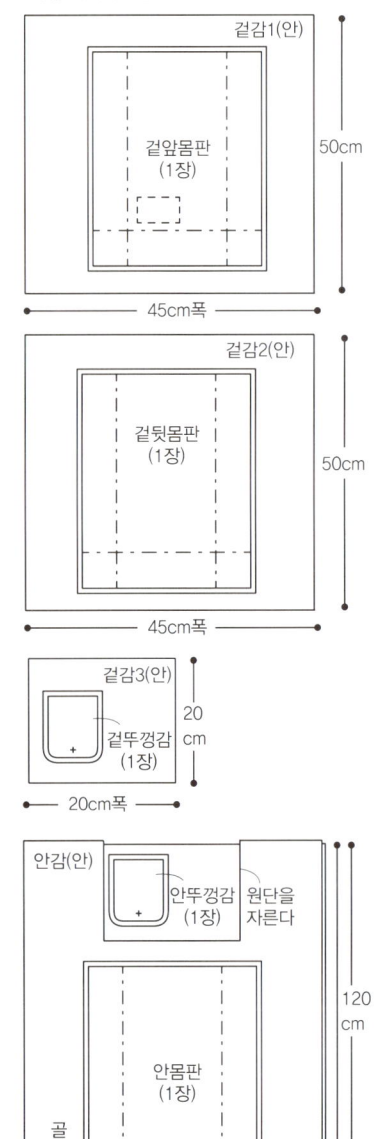

겉감1(안)

겉앞몸판
(1장)

50cm

45cm폭

겉감2(안)

겉뒷몸판
(1장)

50cm

45cm폭

겉감3(안)

겉뚜껑감
(1장)

20cm

20cm폭

안감(안)

안뚜껑감
(1장)

원단을
자른다

안몸판
(1장)

120cm

골선

45cm폭

심지 재단 · 부착(공통)
※ P.98을 참고하여 심지 작업을 한다
① 가방심지
-겉뚜껑감(1장)을 재단하여 붙인다

만드는 순서

2 겉몸판에
손잡이를 단다

4 겉 · 안몸판을
봉합한다

1 겉몸판에 라벨과
뚜껑감을 단다

3 몸판을 만든다

만드는 방법　★치수가 기재되어 있지 않은 곳은 1cm로 봉합합니다.

1 겉몸판에 라벨과 뚜껑감을 단다

①겉앞몸판 위에 라벨을 얹는다

겉앞몸판(겉)

라벨(겉)

②상침

겉앞몸판(겉)
★BRILLIANT SUCCESS★
OUTRAGEOUS

0.2cm

③겉끼리 맞댄다
안뚜껑감(겉)

0.5cm

겉뚜껑감(안)

④봉합

⑤시접
정리

⑥겉으로
뒤집는다

⑦상침
겉뚜껑감(겉)

0.2cm

⑧겉끼리 맞댄다

⑨임시고정 봉합

0.7cm

안뚜껑감
(겉)

겉뒷몸판(겉)

2 겉몸판에 손잡이를 단다

①웨이빙끈을 길이에 맞춰 자른다

웨이빙끈
(안)

32cm

②반으로 접음

③상침

4cm　0.2cm　4cm

※손잡이를 한 개 더 만든다

④겉앞몸판 위에 웨이빙끈을 얹는다

0.7cm　⑤임시고정
봉합　0.7cm

웨이빙끈(겉)

겉앞몸판(겉)

※겉뒷몸판도 ④~⑤과정과
같은 방법으로 만든다

3 몸판을 만든다

①겉끼리 맞댄다

겉앞몸판(겉)

겉뒷몸판(안)

②봉합

③가름솔

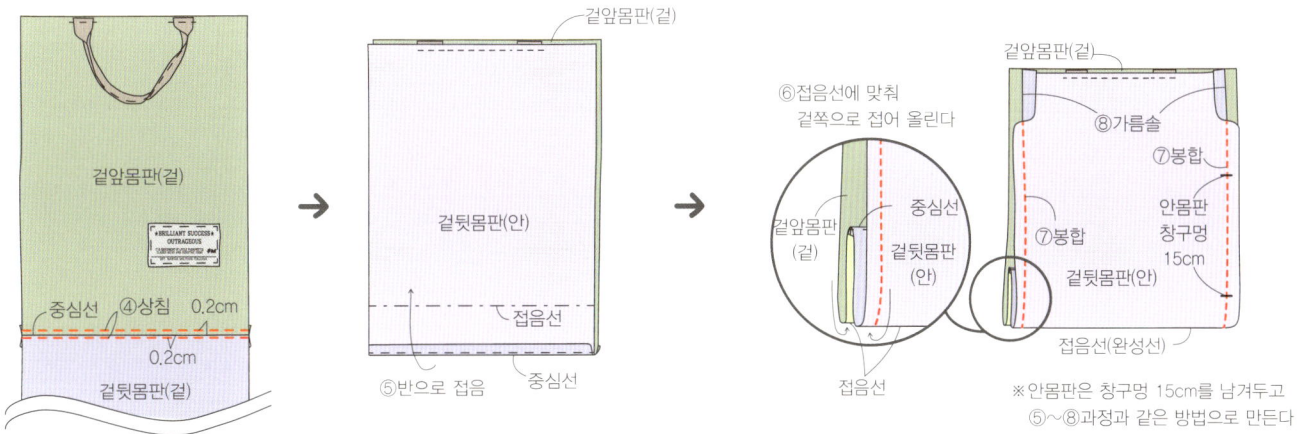

겉앞몸판(겉)

겉뒷몸판(안)

⑤반으로 접음

중심선

접음선

중심선

④상침　0.2cm

0.2cm

겉뒷몸판(겉)

겉앞몸판(겉)

⑥접음선에 맞춰
겉쪽으로 접어 올린다

겉앞몸판
(겉)

중심선
겉뒷몸판
(안)

⑦봉합

접음선

⑧가름솔

⑦봉합

안몸판
창구멍
15cm

겉뒷몸판(안)

접음선(완성선)

※안몸판은 창구멍 15cm를 남겨두고
⑤～⑧과정과 같은 방법으로 만든다

4 겉·안몸판을 봉합한다

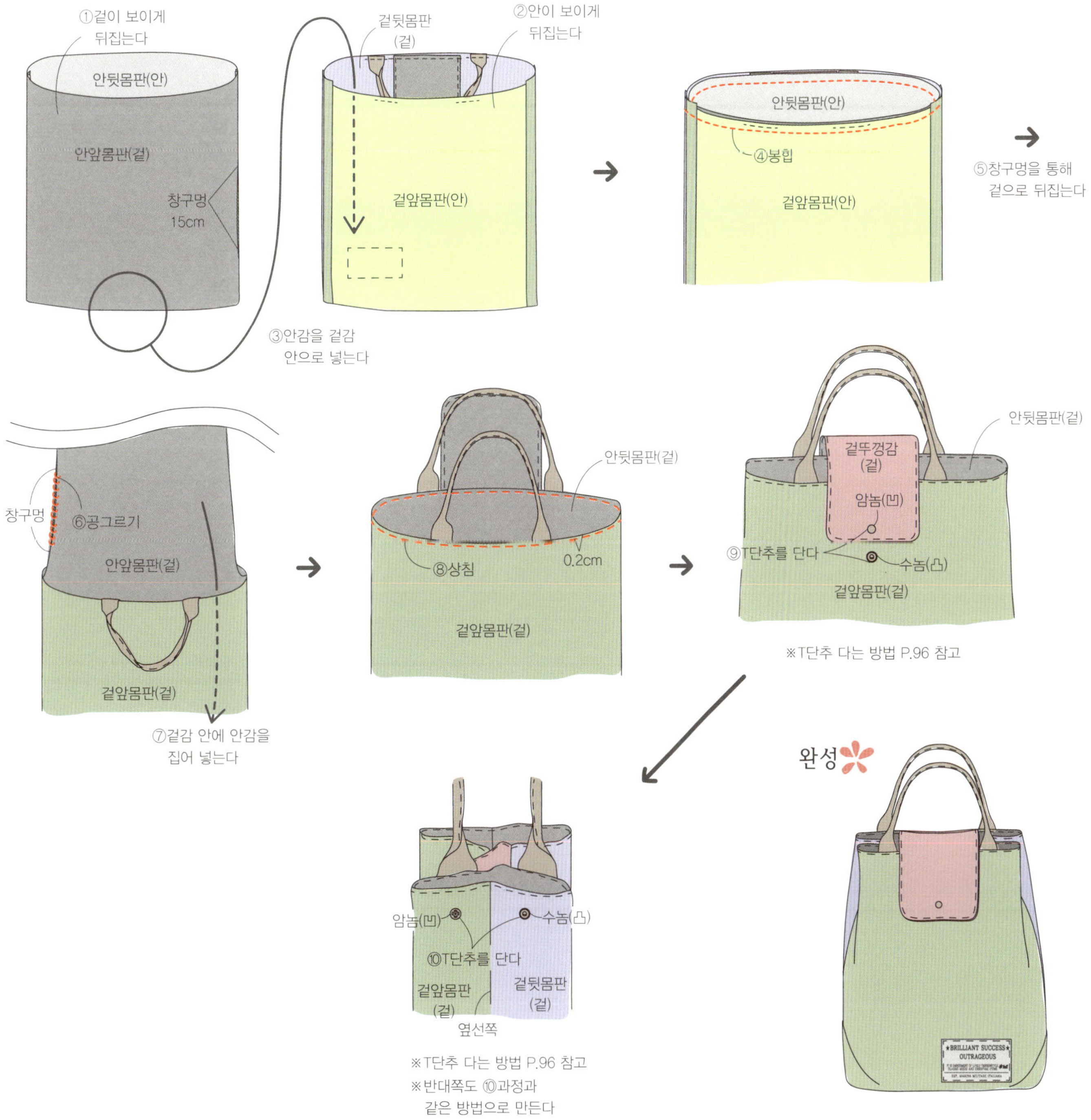

①겉이 보이게
뒤집는다

안뒷몸판(안)

안앞몸판(겉)

창구멍
15cm

②안이 보이게
뒤집는다

겉뒷몸판
(겉)

겉앞몸판(안)

③안감을 겉감
안으로 넣는다

안뒷몸판(안)

④봉합

겉앞몸판(안)

⑤창구멍을 통해
겉으로 뒤집는다

창구멍

⑥공그르기

안앞몸판(겉)

겉앞몸판(겉)

⑦겉감 안에 안감을
집어 넣는다

안뒷몸판(겉)

⑧상침

0.2cm

겉앞몸판(겉)

겉뚜껑감
(겉)

암놈(凹)

안뒷몸판(겉)

⑨T단추를 단다

수놈(凸)

겉앞몸판(겉)

※T단추 다는 방법 P.96 참고

완성 ✿

암놈(凹)

수놈(凸)

⑩T단추를 단다

겉앞몸판
(겉)

겉뒷몸판
(겉)

옆선쪽

※T단추 다는 방법 P.96 참고
※반대쪽도 ⑩과정과
같은 방법으로 만든다

no.31 미니 크로스백

▶ 화보 : P.76
▶ 패턴 : Pattern D면

완성 사이즈   One size 24cm x 29.5cm

재료

- 겉감 …… 110cm폭 x 80cm
- 안감 …… 110cm폭 x 80cm
- 소잉심지 …… 110cm폭 x 80cm
- 5cm폭 라벨 …… 1개
- 1.3cm폭 자석 단추 …… 2쌍
- 18cm길이 코일 지퍼 …… 1개
- 3.2cm폭 웨이빙끈 …… 1팩
- 3.2cm폭 D링 …… 2개
- 3.2cm폭 웨이빙 마감 장식 …… 1개
- 2cm폭 연결고리 …… 1개
- 3.2cm폭 연결고리 …… 1개
- 3.2cm폭 길이조절 고리 …… 1개

재단배치도

- 지정 이외의 시접은 1cm
- ∿∿ 표시된 부분은 지그재그봉제 또는 오버록 처리한다

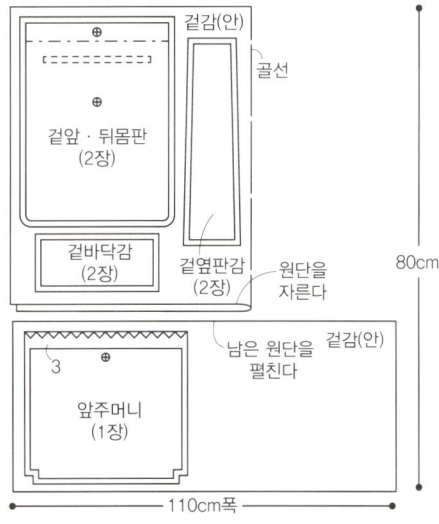

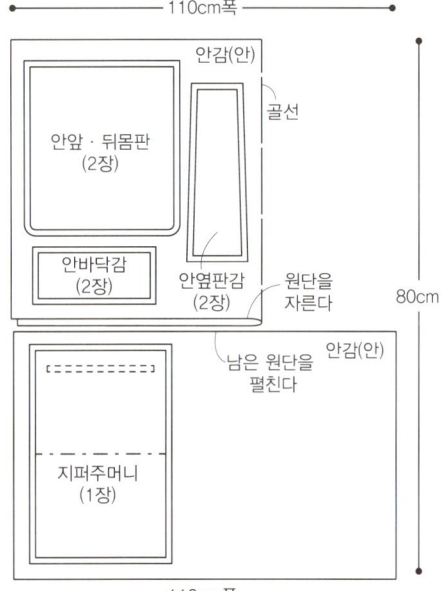

※ 심지 재단 · 부착은 P.178에 있습니다.

만드는 순서

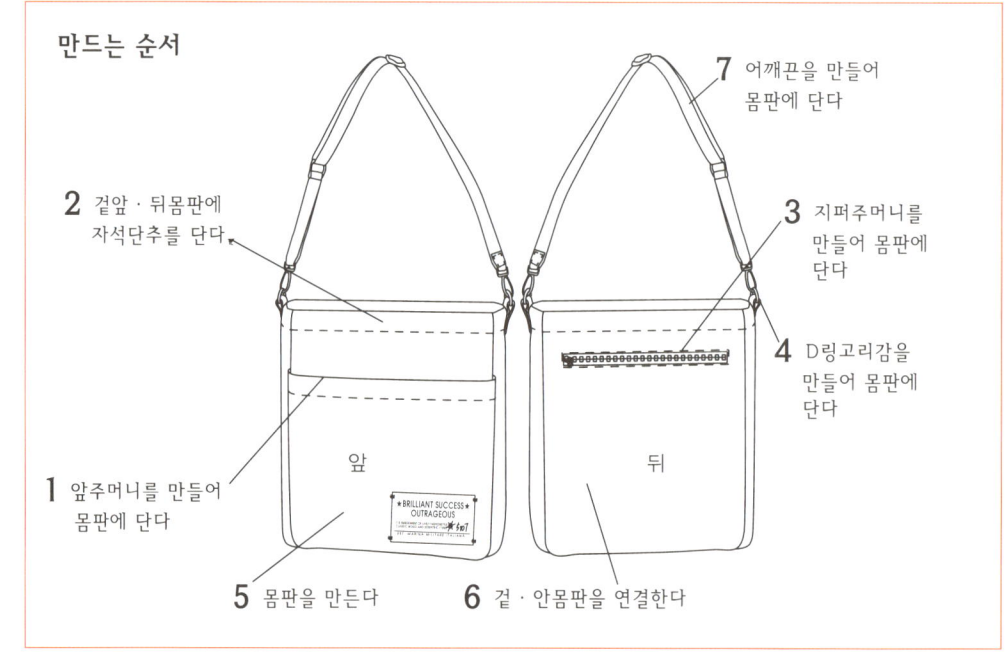

2 겉앞 · 뒤몸판에 자석단추를 단다

7 어깨끈을 만들어 몸판에 단다

3 지퍼주머니를 만들어 몸판에 단다

4 D링고리감을 만들어 몸판에 단다

1 앞주머니를 만들어 몸판에 단다

5 몸판을 만든다

6 겉 · 안몸판을 연결한다

앞   뒤

만드는 방법 ★치수가 기재되어 있지 않은 곳은 1cm로 봉합합니다.

1 앞주머니를 만들어 몸판에 단다

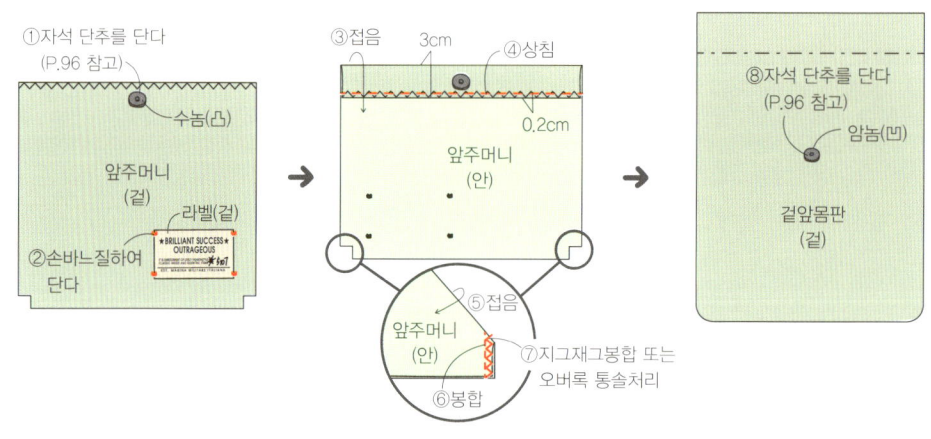

① 자석 단추를 단다 (P.96 참고)
수놈(凸)
② 손바느질하여 단다
라벨(겉)
앞주머니 (겉)

③ 접음   3cm   ④ 상침
0.2cm
앞주머니 (안)
⑤ 접음
앞주머니 (안)
⑥ 봉합
⑦ 지그재그봉합 또는 오버록 통솔처리

⑧ 자석 단추를 단다 (P.96 참고)
암놈(凹)
겉앞몸판 (겉)

⑨ 겉앞몸판 위에 앞주머니를 얹는다

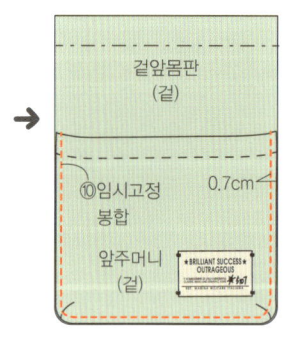

겉앞몸판 (겉)
⑩ 임시고정 봉합   0.7cm
앞주머니 (겉)

2 겉앞 · 뒤몸판에 자석단추를 단다

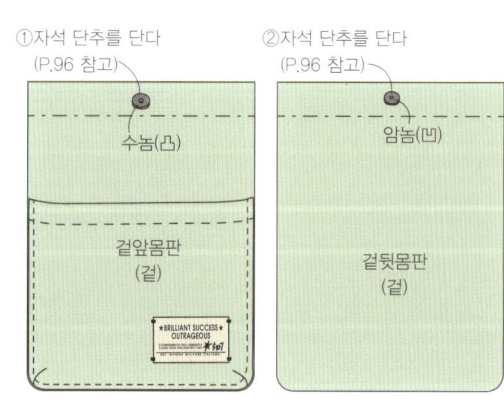

① 자석 단추를 단다 (P.96 참고)
수놈(凸)
겉앞몸판 (겉)

② 자석 단추를 단다 (P.96 참고)
암놈(凹)
겉뒷몸판 (겉)

3 지퍼주머니를 만들어 몸판에 단다

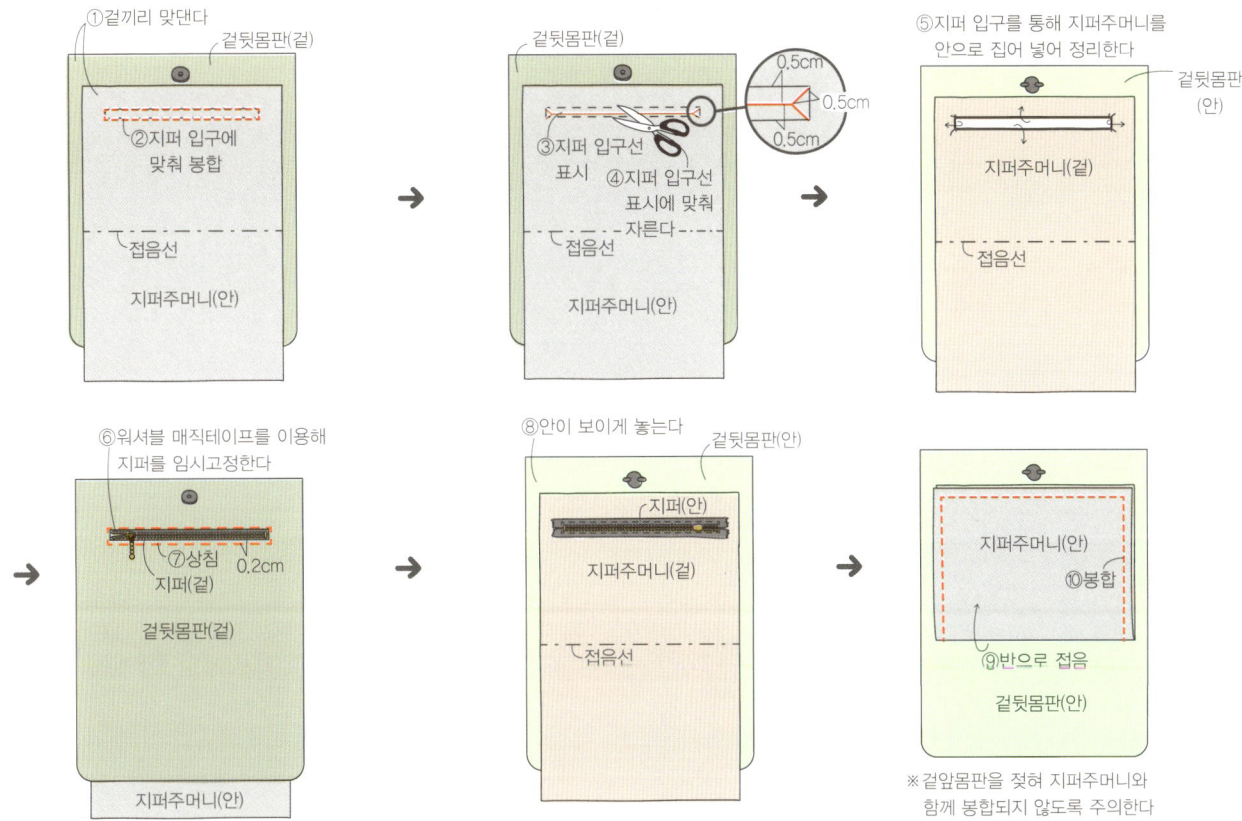

①겉끼리 맞댄다
겉뒷몸판(겉)
②지퍼 입구에 맞춰 봉합
접음선
지퍼주머니(안)

겉뒷몸판(겉)
③지퍼 입구선 표시
④지퍼 입구선 표시에 맞춰 자른다
0.5cm
0.5cm
0.5cm
접음선
지퍼주머니(안)

⑤지퍼 입구를 통해 지퍼주머니를 안으로 집어 넣어 정리한다
겉뒷몸판(안)
지퍼주머니(겉)
접음선

⑥워셔블 매직테이프를 이용해 지퍼를 임시고정한다
⑦상침 0.2cm
지퍼(겉)
겉뒷몸판(겉)
지퍼주머니(안)

⑧안이 보이게 놓는다
겉뒷몸판(안)
지퍼(안)
지퍼주머니(겉)
접음선

겉뒷몸판(안)
지퍼주머니(안)
⑩봉합
⑨반으로 접음
겉뒷몸판(안)

※겉앞몸판을 젖혀 지퍼주머니와 함께 봉합되지 않도록 주의한다

4 D링고리감을 만들어 옆판에 단다

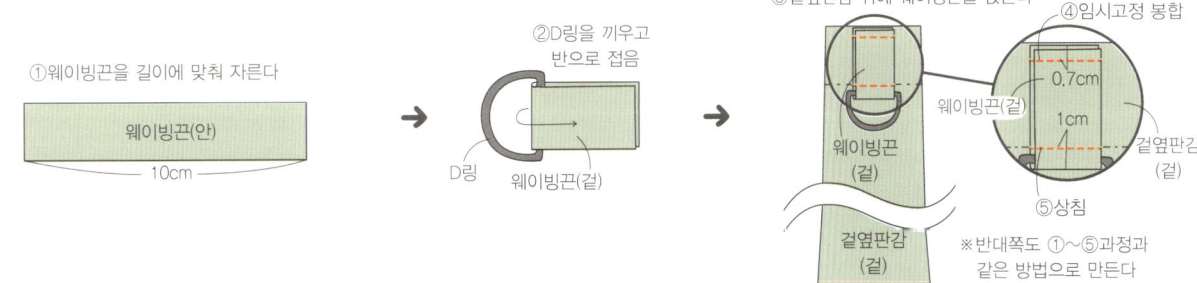

①웨이빙끈을 길이에 맞춰 자른다
웨이빙끈(안)
10cm

②D링을 끼우고 반으로 접음
D링
웨이빙끈(겉)

③겉옆판감 위에 웨이빙끈을 얹는다
④임시고정 봉합
0.7cm
웨이빙끈(겉)
1cm
웨이빙끈(겉)
겉옆판감(겉)
겉옆판감(겉)
⑤상침
※반대쪽도 ①~⑤과정과 같은 방법으로 만든다

5 몸판을 만든다

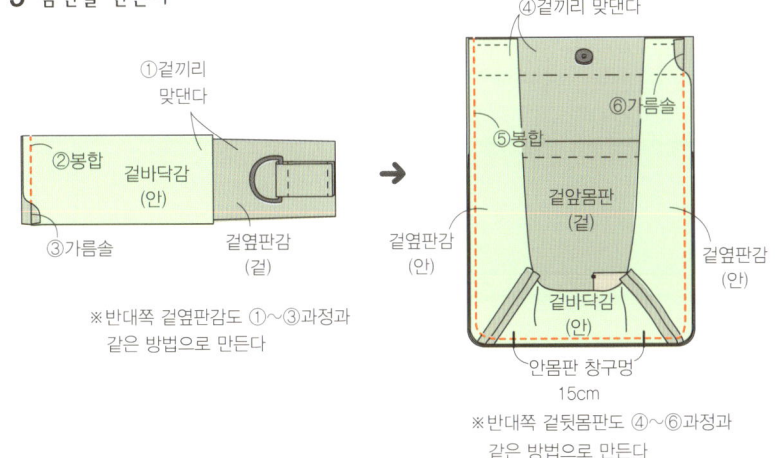

①겉끼리 맞댄다
②봉합
겉바닥감(안)
③가름솔
겉옆판감(겉)

※반대쪽 겉옆판감도 ①~③과정과 같은 방법으로 만든다

④겉끼리 맞댄다
⑤봉합
⑥가름솔
겉앞몸판(겉)
겉옆판감(안)
겉옆판감(안)
겉바닥감(안)
안몸판 창구멍 15cm

※반대쪽 겉뒷몸판도 ④~⑥과정과 같은 방법으로 만든다

※안몸판은 창구멍 15cm를 제외하고 ①~⑥과정과 같은 방법으로 만든다

6 겉·안몸판을 연결한다

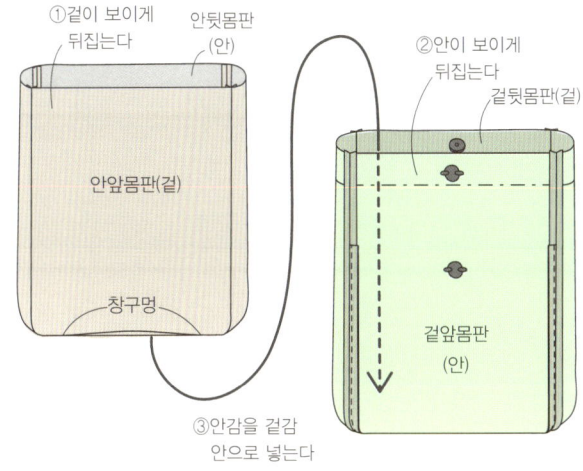

①겉이 보이게 뒤집는다
안뒷몸판(안)
안앞몸판(겉)
창구멍

②안이 보이게 뒤집는다
겉뒷몸판(겉)
겉앞몸판(안)

③안감을 겉감 안으로 넣는다

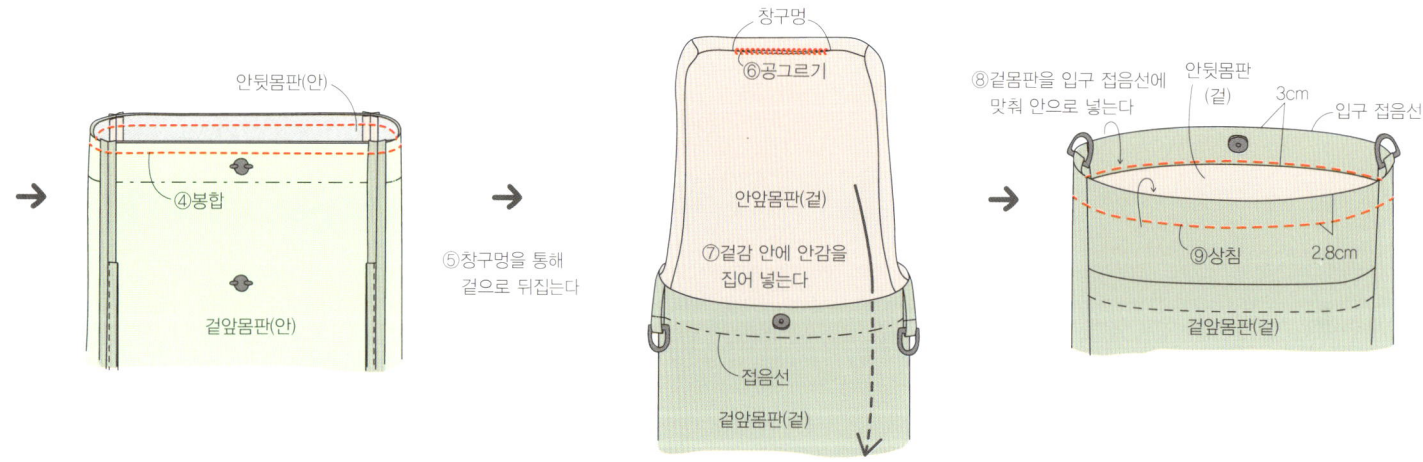

안뒷몸판(안)

④봉합

겉앞몸판(안)

⑤창구멍을 통해
겉으로 뒤집는다

창구멍
⑥공그리기

안앞몸판(겉)

⑦겉감 안에 안감을
집어 넣는다

접음선

겉앞몸판(겉)

⑧겉몸판을 입구 접음선에
맞춰 안으로 넣는다

안뒷몸판(겉)

3cm

입구 접음선

⑨상침

2.8cm

겉앞몸판(겉)

7 어깨끈을 만들어 몸판에 단다

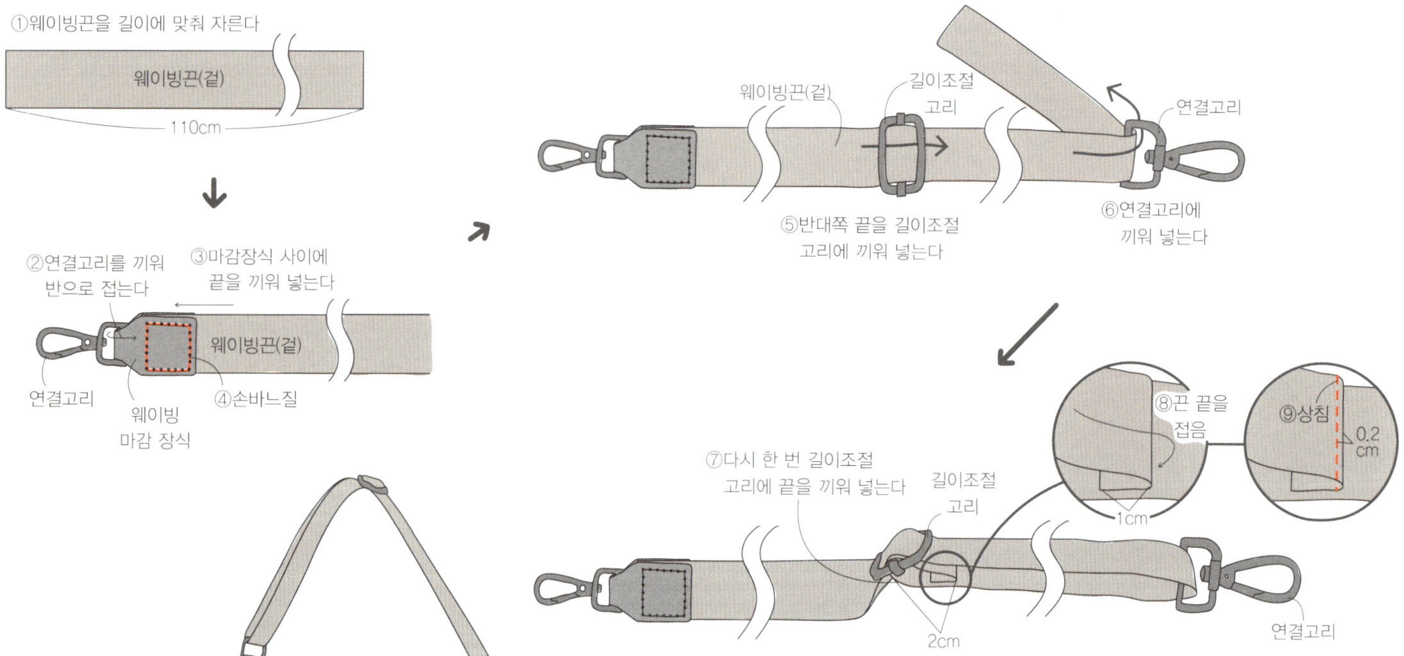

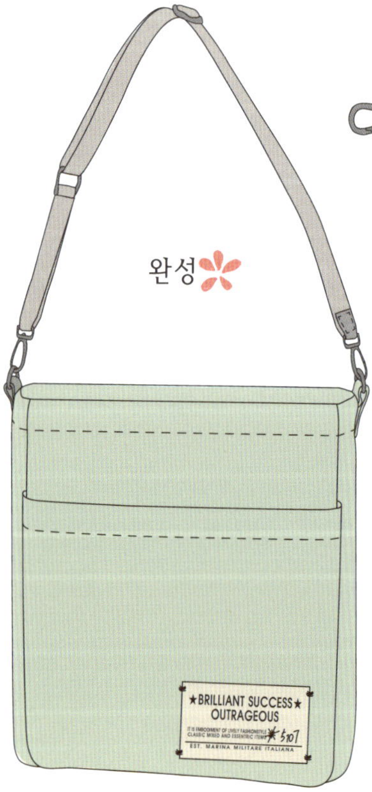

①웨이빙끈을 길이에 맞춰 자른다

웨이빙끈(겉)

110cm

②연결고리를 끼워
반으로 접는다

③마감장식 사이에
끝을 끼워 넣는다

연결고리

웨이빙
마감 장식

④손바느질

웨이빙끈(겉)

웨이빙끈(겉)

길이조절
고리

연결고리

⑤반대쪽 끝을 길이조절
고리에 끼워 넣는다

⑥연결고리에
끼워 넣는다

⑦다시 한 번 길이조절
고리에 끝을 끼워 넣는다

길이조절
고리

2cm

⑧끈 끝을
접음

1cm

⑨상침

0.2
cm

연결고리

완성 ✹

심지 재단 · 부착

※P.98을 참고하여 심지 작업을 한다
①소잉심지
–안앞 · 뒤몸판(각 1장), 안옆판감(2장), 안바닥감(2장)
  지퍼주머니(1장)을 재단하여 붙인다

BRILLIANT SUCCESS
OUTRAGEOUS

no.32 빅 크로스백

▶ 화보 : P.78
▶ 패턴 : Pattern C면

완성 사이즈   One size 31cm x 30cm

재료

· 겉감 …… 110cm폭 x 90cm
· 안감 …… 110cm폭 x 135cm
· 소잉심지 …… 110cm폭 x 60cm
· 가방심지 …… 110cm폭 x 90cm
· 3.5cm폭 라벨 …… 1개
· 30cm길이 코일 지퍼 …… 2개
· 1.8cm폭 자석단추 …… 2쌍
· 3.2cm폭 웨이빙끈 …… 1팩
· 3.2cm폭 웨이빙 마감 장식 …… 1개
· 3.2cm폭 연결고리 …… 1개
· 3.2cm폭 길이조절 고리 …… 1개
· 2cm폭 연결고리 …… 1개
· 2cm폭 가죽 D링 …… 2개

재단배치도

· 지정 이외의 시접은 1cm

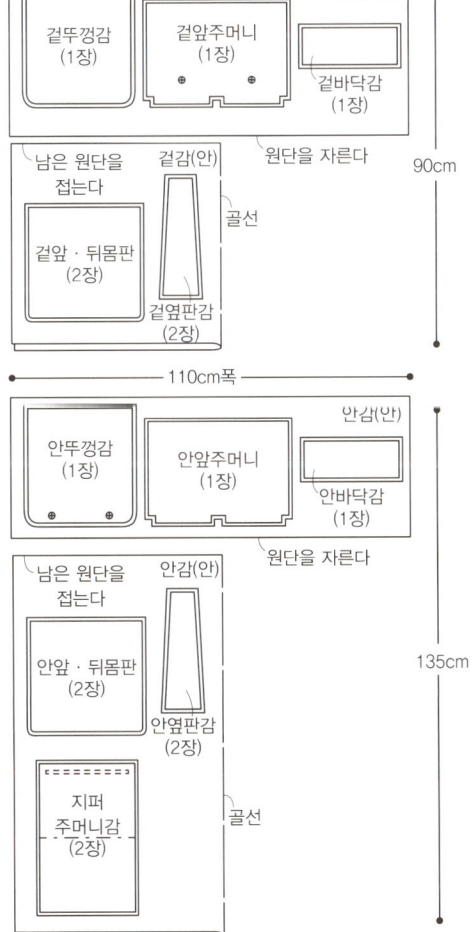

※ **심지 재단 · 부착은 P.181에 있습니다.**

만드는 순서

8 끈을 만들어 몸판에 단다
3 손잡이를 만들어 몸판에 단다
4 뚜껑감을 만들어 몸판에 단다
2 뒷몸판에 지퍼주머니를 만들어 단다
7 몸판에 가죽 D링을 단다
1 앞주머니를 만들어 몸판에 단다
5 몸판을 만든다
6 겉 · 안몸판을 연결한다

만드는 방법   ★치수가 기재되어 있지 않은 곳은 1cm로 봉합합니다.

1 앞주머니를 만들어 몸판에 단다

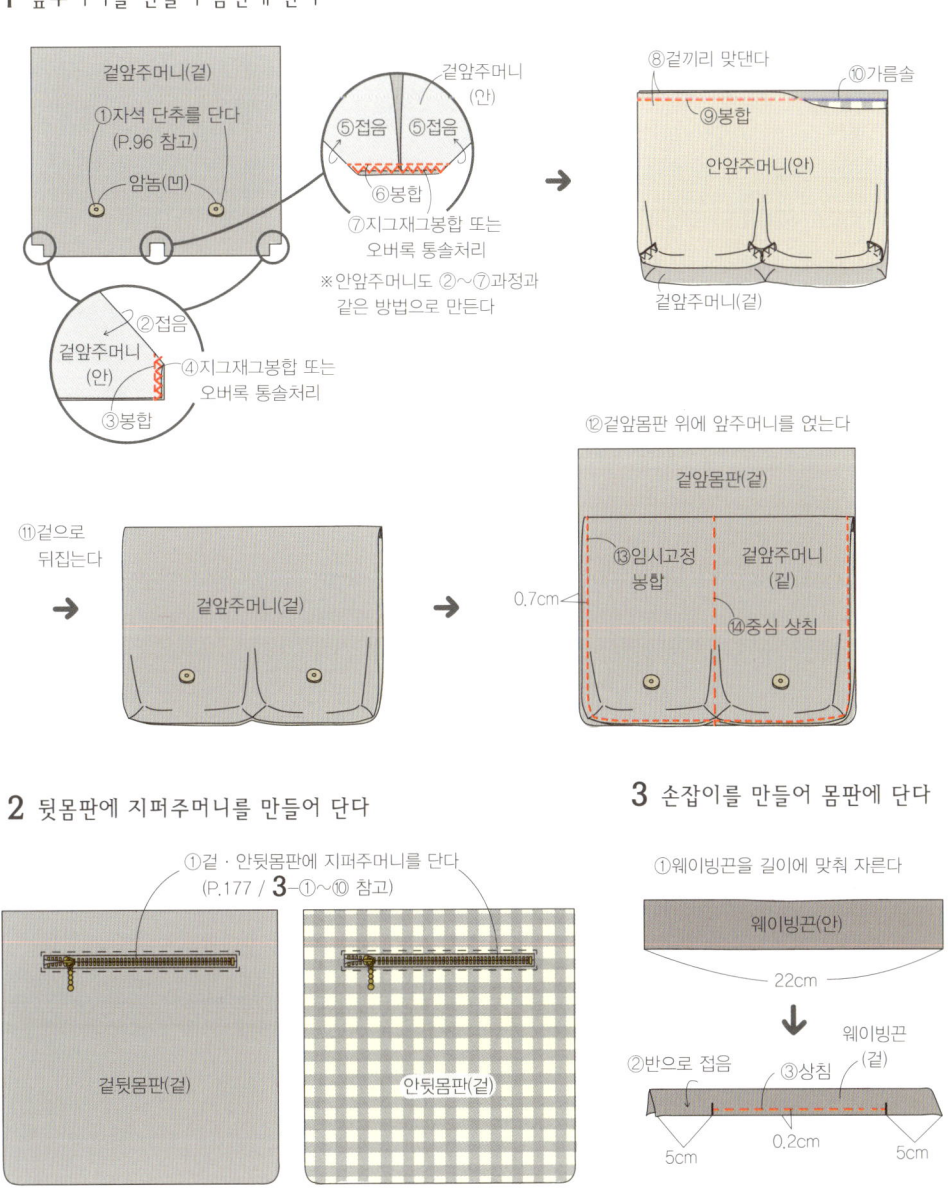

2 뒷몸판에 지퍼주머니를 만들어 단다

3 손잡이를 만들어 몸판에 단다

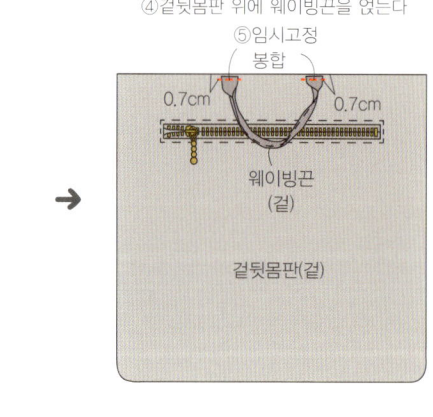

④겉뒷몸판 위에 웨이빙끈을 얹는다
⑤임시고정 봉합
0.7cm   0.7cm
웨이빙끈 (겉)
겉뒷몸판(겉)

4 뚜껑감을 만들어 몸판에 단다

①겉뚜껑감 위에 라벨을 얹는다

겉뚜껑감 (겉)

②상침
앞몸판 (겉)
0.2cm
라벨(겉)
Stormfront series
라벨(겉)

안뚜껑감 (겉)
③자석 단추를 단다 (P.96 참고)
수놈(凸)

④겉끼리 맞댄다
안뚜껑감(겉)
⑤봉합
겉뚜껑감 (안)

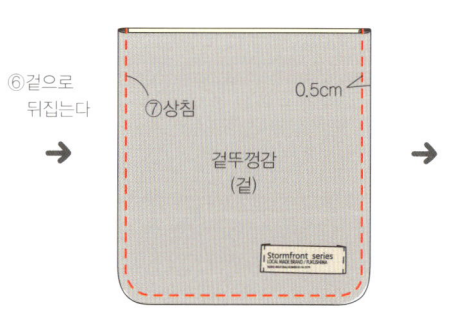

⑥겉으로 뒤집는다
⑦상침
0.5cm
겉뚜껑감 (겉)
Stormfront series

⑧겉뒷몸판 위에 뚜껑감을 얹는다
0.7cm
⑨임시고정 봉합
안뚜껑감 (겉)
겉뒷몸판(겉)

5 몸판을 만든다

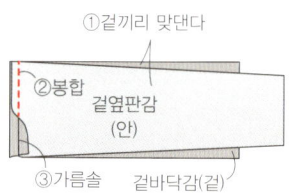

①겉끼리 맞댄다
②봉합   겉옆판감 (안)
③가름솔   겉바닥감(겉)

※반대쪽 겉옆판감도 ①~③과정과 같은 방법으로 만든다

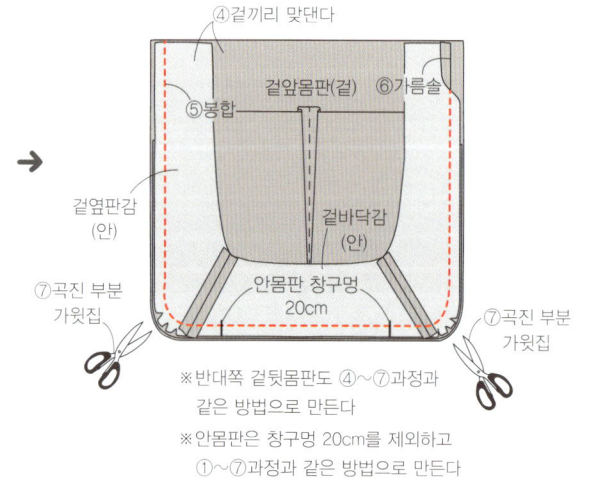

④겉끼리 맞댄다
겉앞몸판(겉)   ⑥가름솔
⑤봉합
겉옆판감 (안)
겉바닥감 (안)
⑦곡진 부분 가윗집
안몸판 창구멍 20cm
⑦곡진 부분 가윗집

※반대쪽 겉뒷몸판도 ④~⑦과정과 같은 방법으로 만든다
※안몸판은 창구멍 20cm를 제외하고 ①~⑦과정과 같은 방법으로 만든다

6 겉·안몸판을 연결한다

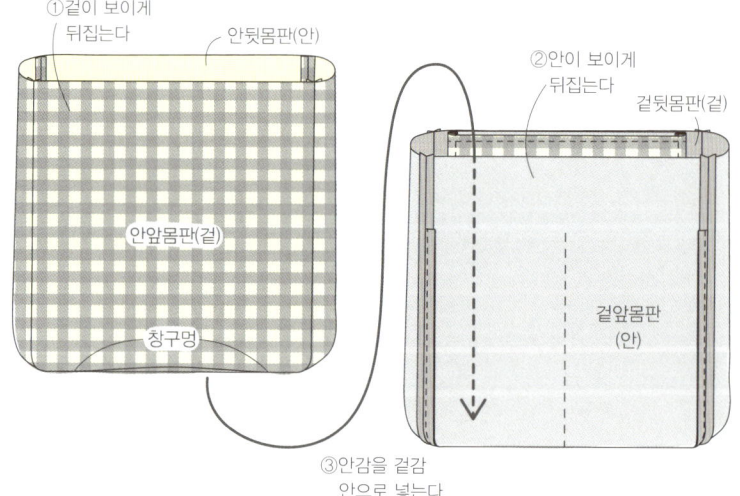

①겉이 보이게 뒤집는다   안뒷몸판(안)
②안이 보이게 뒤집는다
겉뒷몸판(겉)
안앞몸판(겉)
창구멍
겉앞몸판 (안)
③안감을 겉감 안으로 넣는다

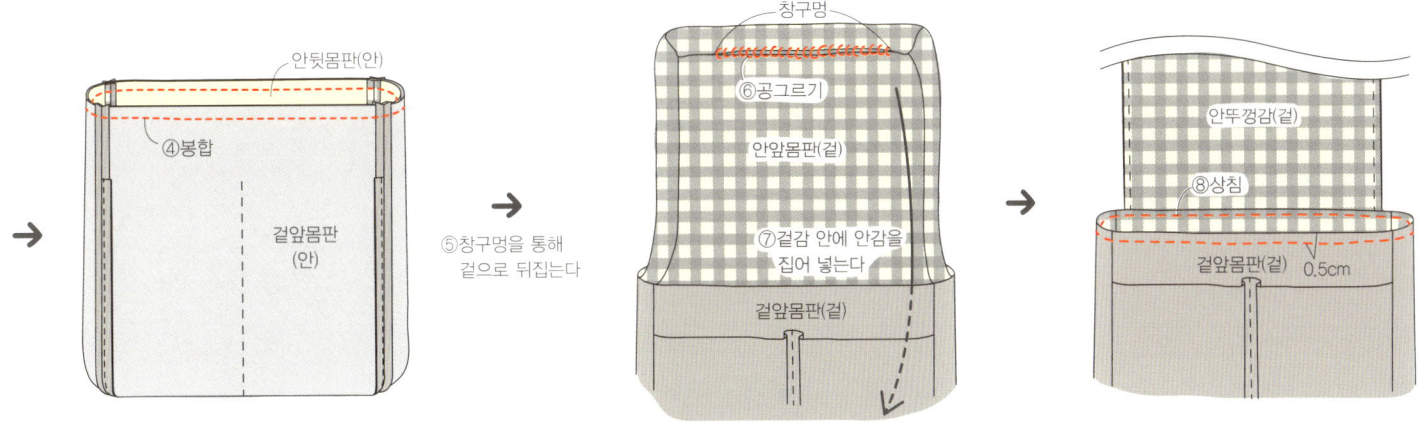

→ ④봉합
안뒷몸판(안)
겉앞몸판(안)

⑤창구멍을 통해 겉으로 뒤집는다

창구멍
⑥공그리기
안앞몸판(겉)
⑦겉감 안에 안감을 집어 넣는다
겉앞몸판(겉)

안뚜껑감(겉)
⑧상침
겉앞몸판(겉) 0.5cm

7 몸판에 가죽 D링을 단다

①겉옆판감 위에 가죽 D링을 얹는다

②손바느질하여 단다
안뚜껑감 (겉)
가죽 D링 (겉)
겉옆판감 (겉)

※반대쪽도 ①~②과정과 같은 방법으로 만든다

8 끈을 만들어 몸판에 단다 (P.178 / 7-①~⑨ 참고)

심지 재단 · 부착

※P.98을 참고하여 심지 작업을 한다
①소잉심지
−지퍼주머니감(2장), 안앞주머니(1장)을 재단하여 붙인다
②가방심지
−안앞 · 뒤몸판(각 1장), 안뚜껑감(1장), 안바닥감(1장), 안옆판감(1장)을 재단하여 붙인다

완성 ❋

rmfront series
MADE BRAND / FUKUSHIMA

no.33 보스턴백

▶ 화보 : P.80
▶ 패턴 : Pattern A면

완성 사이즈 One size 35cm x 27.5cm
재료

· 겉감 ······ 110cm폭 x 70cm
· 가방 바닥판 ······ 50cm폭 x 20cm
· 안감 ······ 110cm폭 x 135cm
· 소잉심지 ······ 50cm폭 x 30cm
· 안감심지 ······ 30cm폭 x 30cm
· 가방심지 ······ 110cm폭 x 90cm
· 소프트 보강심지 ······ 110cm폭 x 70cm
· 양면 멜트심지 ······ 110cm폭 x 70cm
· 2.5cm폭 솜고정용 접착테이프 심지 ······ 1팩
· 47cm길이 가죽 지퍼 ······ 1개
· 토트형 가죽핸들 ······ 1쌍
· 3.2cm폭 웨이빙끈 ······ 1팩
· 3.2cm폭 웨이빙 마감 장식 ······ 1개
· 3.2cm폭 연결고리 ······ 1개
· 3.2cm폭 길이조절 고리 ······ 1개
· 2cm폭 연결고리 ······ 1개
· 가죽 소꼬발 ······ 2개
· 1.3cm폭 파이핑 테이프 ······ 1팩

재단배치도
· 지정 이외의 시접은 1cm
· ∨∨ 표시된 부분은 지그재그봉제 또는 오버록 처리한다
· 몸판 둘레용 바이어스천은 직접 제도하여 사용합니다

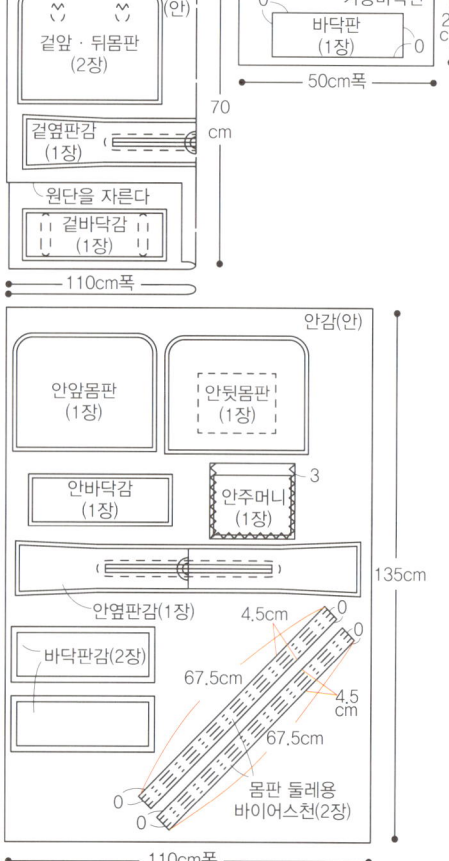

※ **심지 재단 · 부착은 P.183에 있습니다.**

만드는 순서

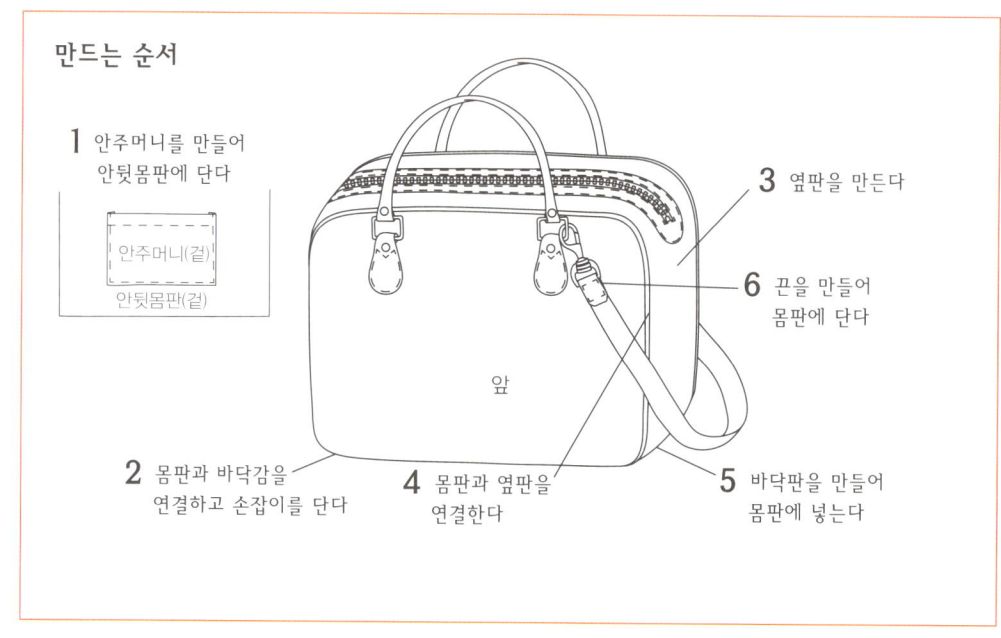

1 안주머니를 만들어 안뒷몸판에 단다

3 옆판을 만든다

6 끈을 만들어 몸판에 단다

앞

2 몸판과 바닥감을 연결하고 손잡이를 단다

4 몸판과 옆판을 연결한다

5 바닥판을 만들어 몸판에 넣는다

만드는 방법 ★치수가 기재되어 있지 않은 곳은 1cm로 봉합합니다.

1 안주머니를 만들어 안뒷몸판에 단다

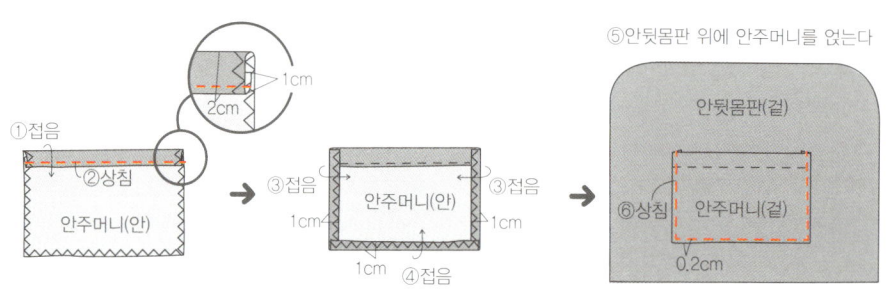

2 몸판과 바닥감을 연결하고 손잡이를 단다

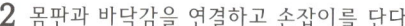
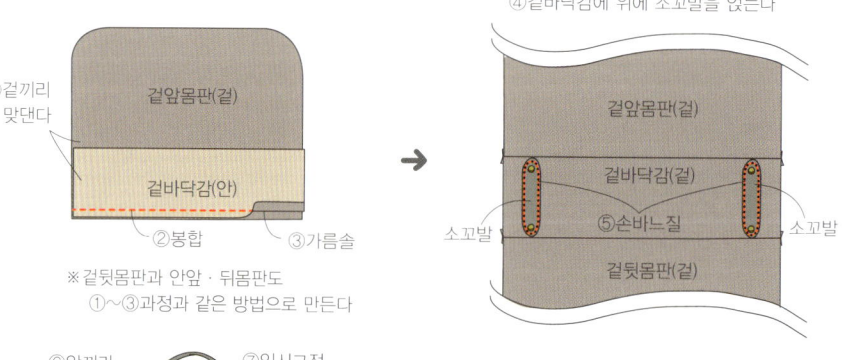

※겉뒷몸판과 안앞 · 뒤몸판도
①~③과정과 같은 방법으로 만든다

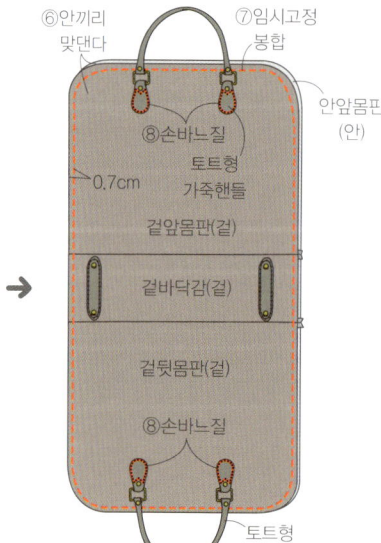

3 옆판을 만든다

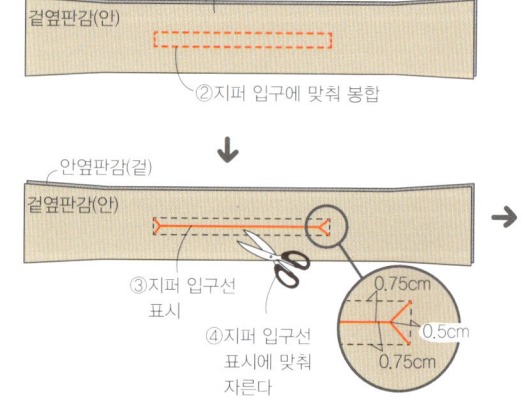

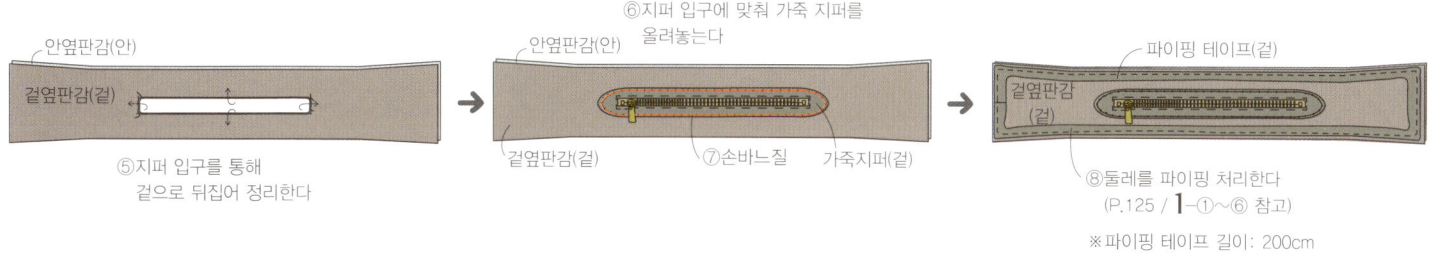

안옆판감(안)
겉옆판감(겉)
⑤지퍼 입구를 통해
겉으로 뒤집어 정리한다

⑥지퍼 입구에 맞춰 가죽 지퍼를
올려놓는다
안옆판감(안)
겉옆판감(겉)   ⑦손바느질   가죽지퍼(겉)

파이핑 테이프(겉)
겉옆판감(겉)
⑧둘레를 파이핑 처리한다
(P.125 / 1-①~⑥ 참고)
※파이핑 테이프 길이: 200cm

4 몸판과 옆판을 연결한다

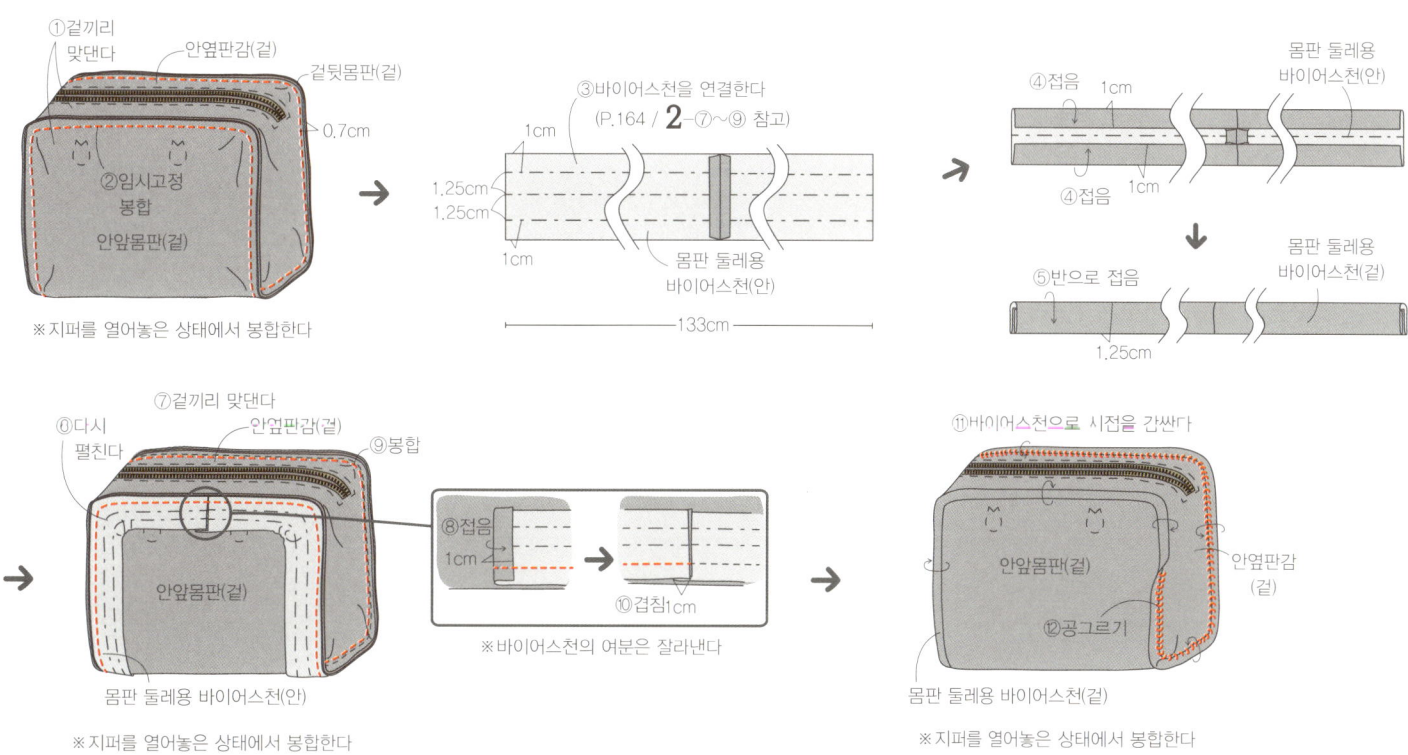

①겉끼리 맞댄다
안옆판감(겉)
겉뒷몸판(겉)
0.7cm
②임시고정 봉합
안앞몸판(겉)
※지퍼를 열어놓은 상태에서 봉합한다

③바이어스천을 연결한다
(P.164 / 2-⑦~⑨ 참고)
1cm
1.25cm
1.25cm
1cm
133cm
몸판 둘레용 바이어스천(안)

④접음   1cm   몸판 둘레용 바이어스천(안)
④접음   1cm
⑤반으로 접음   몸판 둘레용 바이어스천(겉)
1.25cm

⑥다시 펼친다
⑦겉끼리 맞댄다
안옆판감(겉)
⑨봉합
안앞몸판(겉)
몸판 둘레용 바이어스천(안)
※지퍼를 열어놓은 상태에서 봉합한다

⑧접음
1cm
⑩겹침1cm
※바이어스천의 여분은 잘라낸다

⑪바이어스천으로 시접을 감싼다
안앞몸판(겉)
안옆판감(겉)
⑫공그르기
몸판 둘레용 바이어스천(겉)
※지퍼를 열어놓은 상태에서 봉합한다

5 바닥판을 만들어 몸판에 넣는다

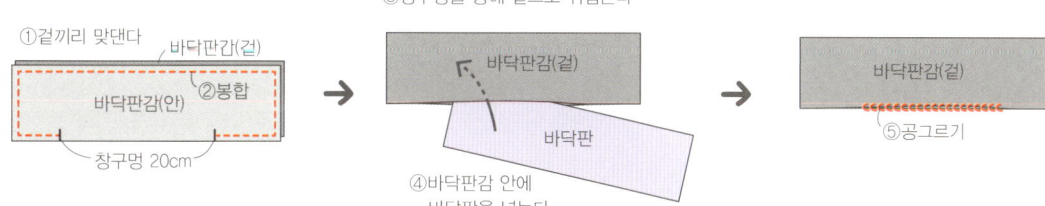

①겉끼리 맞댄다
바닥판감(겉)
바닥판감(안)   ②봉합
창구멍 20cm

③창구멍을 통해 겉으로 뒤집는다
바닥판감(겉)
바닥판
④바닥판감 안에 바닥판을 넣는다

바닥판감(겉)
⑤공그르기

6 끈을 만들어 몸판에 단다 (P.178 / 7-①~⑨ 참고)

심지 재단 · 부착
※P.98을 참고하여 심지 작업을 한다
①소잉심지
-바닥판감(2장)을 재단하여 붙인다
②안감심지
-안주머니(1장)을 재단하여 붙인다
③가방심지
-겉앞 · 뒤몸판(각 1장), 안앞 · 뒤몸판(각 1장),
 겉 · 안옆판감(각 1장), 겉 · 안바닥감(각1장)을
 재단하여 붙인다
④소프트 보강심지
-겉앞 · 뒤몸판(각 1장), 겉옆판감(1장),
 겉바닥감(1장)을 재단하여 붙인다

완성 🌸

이미영 (미네)

대학교에서 마케팅학을 전공하였고, 졸업 후 외식업 관리자로 10여년 근무하며 긍정적인 마인드로 이웃들과 좋은 유대관계를 형성하였다. 이후 적성에 맞는 새로운 전문적인 소잉활동을 시작하였고 한국머신소잉협회(KMSA)에서 정규과정을 수료하였다. 현재 한국머신소잉협회(KMSA)에서 이사직을 맡고 있으며, 심플소잉NCC 동래 온천점을 운영하고 있다.

[블 로 그]   https://blog.naver.com/mine011
[인스타그램]   simplesewing_minerva
[연 락 처]   심플소잉NCC 동래 온천점
            부산광역시 동래구 금강로 29, 1층
            051-365-1591

Sewing harue Vol.22

미네와 함께 하는
'우리 가족 소잉 소품과 의상'

초판 1쇄 인쇄   2019년 07월 19일
초판 1쇄 발행   2019년 07월 29일

발행인   정용효
저자   이미영
기획/제작   이슬희, 유윤경
감수   브라이언
편집디자인   전하리
일러스트   이슬희, 유윤경
패턴제작   소잉컨텐츠
패턴편집   이슬희

사진   Reina Ryu
모델   이한지(성인) / 최유나(아동)
촬영장소   오스튜디오
인쇄   웰컴P&P
등록번호   제 2016-000002호
등록일자   2016년 01월 26일
발행처   (주)핸디스 소잉스토리
            광주광역시 북구 서암대로 133 (신안동), 3층
대표전화   062_513_8957
팩스   062_515_8827
문의전화   070_8893_9218
홈페이지   www.sewingstory.com

Printed in Korea
ISBN   979-11-88062-24-9 13590
판매가 17,000원

소잉스토리는
소잉D.I.Y 취미실용서를 출간합니다.

※ 본 책은 저작권법에 따라 보호받는 저작물이므로 무단전재와 무단복제를 금지하며,
   이 책 내용의 전부 또는 일부를 이용하려면 반드시 저작권자 (주)핸디스의 서면 동의를
   받아야 합니다.

※ 본 책에 사용된 인쇄 용지는 표지-미스틱(208g), 내지-미스틱(105g)·모조지(120g)입니다.

※ 잘못 인쇄된 책은 구입처에서 교환해 드립니다.

이 도서의 국립중앙도서관 출판예정도서목록(CIP)은 서지정보유통지원시스템 홈페이지 (http://seoji.nl.go.kr)와
국가자료공동목록시스템(http://www.nl.go.kr/kolisnet)에서 이용하실 수 있습니다. (CIP제어번호:CIP2019027138)

초보자의 눈으로 개발하는
실물 패턴전문 브랜드 패턴인!

1000여종의
상품 구성 및
매달 신상품 출시!

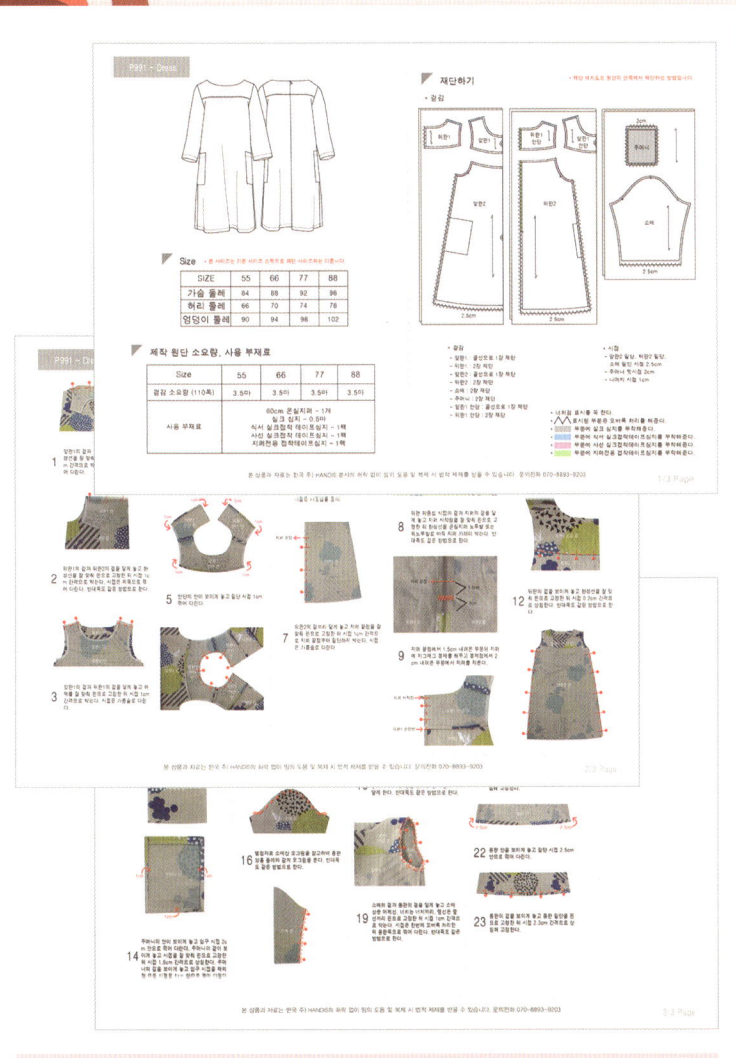

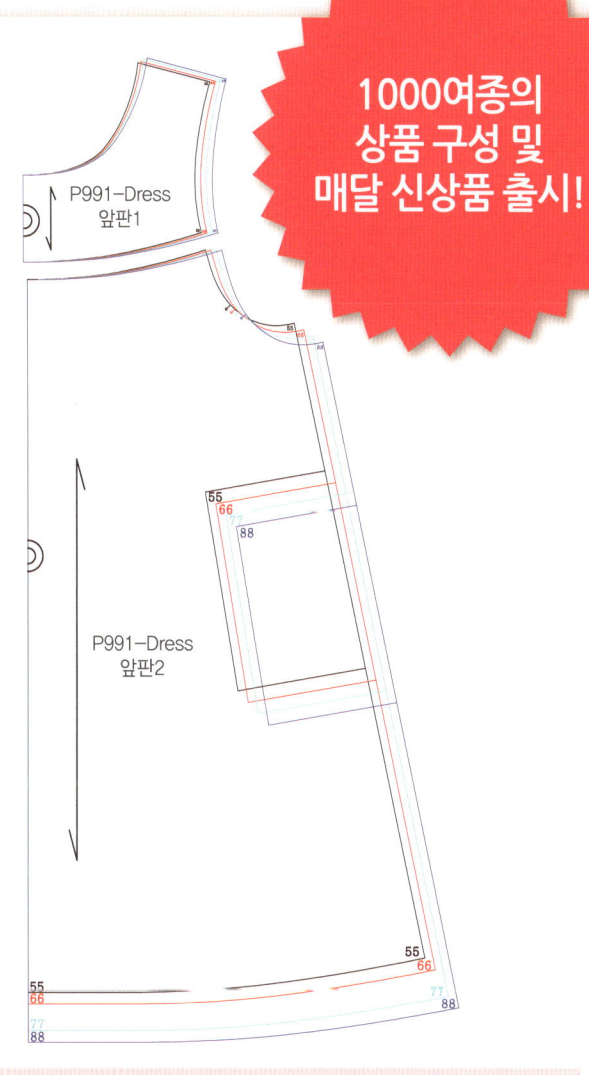

재단배치도부터 소잉 팁까지
꼼꼼한 사진 제작 설명서와 웹 제작 설명서로

쉽고 재미있게!

패턴 전문 캐드를 사용한
전 사이즈 실물 패턴과 사이즈별 컬러선으로

깔끔하고 편리하게!

아래의 구매처에서 패턴인의 모든 상품을 만나 보세요!

패션스타트
패션스타트NCC 대리점

심플소잉
심플소잉NCC 대리점

퀼트스타

천가게 / 천싸요 / 인패브릭 / 앤쏘라이프 / 선퀼트 / 아이러브아이웃 / 원단천국 / 원단1번지

베이직 코튼린넨
스테이시 솔리드 무지

작품을 만들기 가장 좋은 두께로 의상이나 소품, 홈패션으로
사용하기 좋은 패브릭을 기획 생산 하였습니다.

내추럴한 텍스쳐와 고급스러운 컬러감이 완벽하게 조화를 이루어
가방, 파우치와 같은 소품부터 원피스, 치마 등의 의상까지
여러 방면으로 부담없이 사용하기 좋은 스테이시 솔리드 입니다.

스테이시 솔리드 무지 15종

사이트 바로가기

TALK
@심플소잉
친구추가하기

심플소잉 NCC 오프라인 매장

경기지역	화성동탄점, 분당수내점, 수원영통점, 수지신봉점, 경기광주오포, 평택소사벌점, 이천창전점, 안양동편마을, 일산주엽점, 수원광교점, 용인죽전점, 남양주별내점, 인천구월점
충청지역	천안백석점, 세종나성점, 청주가경점, 아산배방점, 서산호수공원, 대전노은점, 청주율량점, 천안신방점, 제천중앙점
경상지역	창원남양점, 안동북문점, 울산남구점, 대구범어점, 포항대이점, 김해내외점, 동래온천점, 양산물금점, 울산성안점
전라지역	광주충장점, 순천동외점, 광주수완점, 목포하당점, 여수엑스포점, 나주빛가람점, 전주송천점, 군산지곡점
강원, 제주지역	제주시제주점, 원주중앙점

온라인 www.simplesewing.co.kr   고객센터 1644-5744   오프라인 www.simplesewing.co.kr/offline/

심플소잉 동래 온천점 개점을 축하합니다.

Natural Sewing Life

심플소잉NCC

Simple 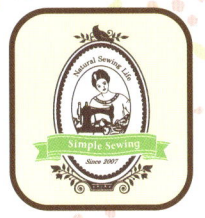 Sewing

Sewing DIY Life

심플소잉NCC미싱

동래 온천점 051-365-1591

내 삶의 즐거움과 행복을 더해주는 심플소잉NCC 대리점

경인지역
화성 동탄점 070-4190-3830, 분당 수내점 031-711-0015, 용인 죽전점 031-265-0301
수지 신봉점 031-264-3769, 수원 영통점 031-273-9411, 평택 소사벌점 031-651-7794
일산 주엽점 031-906-6577, 이천 창전점 031-638-0251, 경기광주 오포점 031-767-6415
수원 광교점 031-211-3885, 인천 구월점 032-233-0708, 남양주 별내점 031-572-7353
안양동편마을점 031-703-7249

충청지역
천안 백석점 070-4078-9135, 청주 가경점 043-232-0306, 청주 율량점 043-900-3579
대전 노은점 070-7776-5337, 천안 신방점 041-579-7275, 아산 배방점 041-532-5476
서산호수공원점 041-665-0607, 제천 중앙점 043-642-3106, 세종 나성점 070-8820-8922

경상지역
대구 범어점 053-201-0060, 동래 온천점 051-365-1591, 울산 남구점 052-271-1188
울산 성안점 052-248-8671, 창원 남양점 055-263-5662, 안동 북문점 054-852-5662
포항대이점 054-272-6349, 김해 내외점 055-337-5744, 양산 물금점 055-388-3636

전라지역
광주 충장점 062-225-5662, 광주 수완점 062-653-2335, 순천동외점 061-900-9965
목포 하당점 061-287-8155, 군산 지곡점 063-468-6338, 전주 송천점 063-278-1088
나주 빛가람점 061-336-6055, 여수엑스포점 061-642-0427

강원, 제주지역
제주시 제주점 064-733-5151, 원주 중앙점 033-742-9884

누구나 생각하던 일반적인 '공방'이 아닙니다.

소잉에 필요한 원단, 부재료, 패턴, 서적의
다양하고 풍성한 상품구성 공간!

그동안 눈으로만 봤었던 "재봉틀(미싱)"을
샵에서 직접 만져보고 체험 할 수 있는 공간!

본사의 체계적인 관리와 교육을 마스터한
전문강사와 다양한 과정의 수준높은 소잉교육
공간!

눈으로 보고, 손으로 만져보고, 몸으로 체험하는
국내최초 신개념 소잉 복합공간, 소잉DIY 전문
멀티샵! 입니다.

심플소잉NCC 대리점은 소잉을 통한 즐거움과
행복으로 더욱 풍성해지고 가치있는 삶을
전해드립니다.

대리점 개설 상담 및 문의
(NCC미싱 사업부) **1644-5662**

웹페이지
www.nccmising.com

Fashion Start

Clothes D.I.Y Shop

패션스타트는 원단, 부자재, 패턴/서적 그리고 미싱 등
19,000여종의 의상 및 소잉 DIY 상품을 갖추고 있으며,
소잉을 처음 시작하는 분부터 고급 수준의 고객님까지
DIY를 사랑하는 모든 분들과 함께 하고 있습니다.
행복한 소잉의 모든 것, 여기는 패션스타트입니다.

패션스타트의 다양한 상품과 스타일,
그 밖에 특별혜택을 지금 바로
사이트에서 확인해보세요.

www.fashionstart.net   T. 1644-8957

▲ 사이트 바로가기

Creative Happy Life

QUILT ★ STAR

퀼트스타 사이트 바로가기

DIY의 모든것
퀼트스타 쇼핑몰

퀼트스타는 유와 공식 에이전시로 일본수입원단과 미국수입원단을 판매하고 있으며,
DIY 패키지, 부자재, 서적, 패턴, 미싱을 판매하고 있는 DIY전문 쇼핑몰입니다.
문의전화 : 1644-8755 [도매문의] / www.quiltstar.co.kr

| DIY 패키지 | 자수패키지 | 일본/미국 수입원단 |
| 부자재 | 서적/패턴 | 미싱 |

▮ FROM HAPPY BEARS

직접 만들어서 더 의미있는 DIY 작품은 어떤 마음을 가지고 만드냐에 따라서 그 가치가 또 달라지는 것 같아요. 누군가를 걱정하고, 아끼고, 사랑하는 마음을 담아 완성 한다면 그 마음까지 함께 고스란히 전해지는 것이 손으로 직접 만드는 핸드메이드(HAND MADE)가 아닐까 생각됩니다 :-)

해피베어스 역시 소잉 DIY를 하는 모든 사람들을 위하는 마음을 담아 소잉작업에 필요한 좋은 상품(Product)을 고민하여 보다 더 멋진 작품을 완성할 수 있고, 늘 즐겁고 행복한 작업시간을 가질 수 있도록 가치있고, 실용적인 다양한 소잉 부자재를 기획하는데 노력하고 있습니다.

01 작품의 완성도와 품격을 UP↑
프라임 소잉전용실

의상, 소품, 홈패션, 미싱퀼트/자수 등 작품 구분없이 사용 가능하며 일반 원단부터 론(아사), 시폰, 수영복원단, 다이마루, 모직 등 다양한 원단을 봉제할 수 있는 멀티실입니다. 코어(CORE)사로 일반 폴리에스테르실에 비해 내구성이 Good! 파인 프라임(53수2합/얇은 원단용), 프라임(45수2합/일반 원단용), 스티치 프라임(29수3합/두꺼운 원단용) 총 3종으로 구성.

SIZE 약 바닥 3 X 높이 5cm
　　　파인 프라임/프라임(400m), 스티치 프라임(200m)
PRICE 2,400~2,600 won

02 꽃잎처럼 부드럽고 가벼운
라라실 (고급 날나리실)

다이마루, 저지, 수영복 원단 등 스판성 있는 원단을 봉제하거나 퀼팅 작업시 밑실 전용으로 사용하기 좋고, 가장자리 오버록 및 인터록 처리시 더욱 고급스럽게 마무리 할 수 있습니다. 보송보송 부드러운 촉감으로, 아이들 피부에도 자극이 없습니다.

SIZE 약 바닥 3 X 높이 5cm / 100D/2 / 350m
PRICE 2,500 won

03 달달한 분위기를 더해요
마시멜로 무지개실

실 한가닥에 다채로운 색상이 그러데이션 되어 있어 무척 매력적인 무지개실. 미싱퀼트, 미싱자수, 의상, 소품, 홈패션 등 다양한 작품에 사용할 수 있는 달콤한 멀티실입니다. 일반 무지개실과 달리 실 중심에 나일론사가 들어있는 코아사(코어사)로 내구성 또한 good! 총 10컬러 구성.

SIZE 약 바닥 3 X 높이 5cm / 45수 2합 / 400m
PRICE 2,500 won

04 귀엽지만 할일은 다하는
와이즈 소잉웨이트

제도, 재단 등의 마름질 작업시 이리저리 움직이는 작업물을 고정해주는 문진입니다. 작은 손에도 쏙 들어오는 그립감과 포갤 수 있는 실용적인 디자인으로 무게감을 더해서 작업할 수 있고, 복수보관할 수 있습니다.

SIZE 바닥 약 5.5 X 높이 약 3.8cm / 무게 약 400g
PRICE 6,000 won

05 덕분에 작업시간이 줄었어요
아이론 시접자

아이론 시접자는 고열에 녹지 않는 특수 열경화성 아크릴 소재로, 직선, 곡선, 완만한 곡선, 각지거나 둥근 모서리 부분 등 거의 모든 시접 부분을 한번에 손쉽게 다릴 수 있는 스마트한 시접자입니다. 원단을 꺾어 원하는 치수에 재단선을 맞춘 다음, 꺾인 부분을 다려주세요. 2가지 사이즈 구성.

SIZE 약 20 X 10cm / 약 30 X 10cm / 두께 약 0.4mm
PRICE 9,000 / 12,000 won

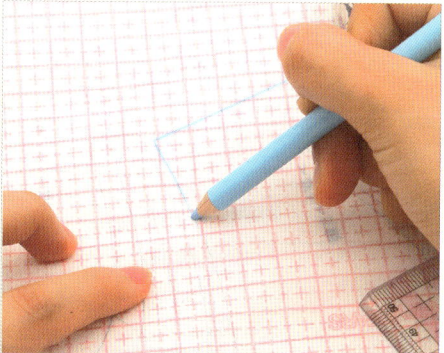

06 모눈 디자인으로 더 똑똑하게!
그리드(모눈) 부직포 패턴지

흔하지 않는 핑크색 모눈 눈금으로, 선이 선명하며 1cm(굵은 실선), 5mm(십자, 점선)로 표시되어 구분하기 쉽습니다. 눈금이 있어 쉽게 면적 계산을 할 수 있고, 원단 소요량 측정이 가능하며, 깔끔하게 롤로 말려 있어서 퀼트나 의류 패턴 작업 등 다양한 작업 시 편리하고 오래 사용할 수 있습니다.

SIZE 약 폭 50cm, 총 길이 27m(2,700cm)
PRICE 26,500~71,000 won

〈상품구매처〉 패션스타트/ 패션스타트NCC 대리점/ 심플소잉/ 심플소잉NCC 대리점/ 퀼트스타/ 그외 온·오프라인

"소잉 미싱의 새로운 기준"

소잉 파이오니아 CC-1877

Sewing Pioneer

제품전체가
특수합금 통주물 구조로
제작되어
뛰어난 힘 & 내구성

작품 제작 크기에
구애받지 않는
넓고 편리한 작업공간

원터치 침판 교체 & "일반, 직선, PRO
전용 침판"을 활용하여 어떠한
상황에서도
최상의 봉제 퀄리티를 구현

**최고급 "디지털 미싱"의
다양한 편의기능**
200가지 패턴, 액정표시창,
LED 전구, 버튼 & 다이얼
기기조작

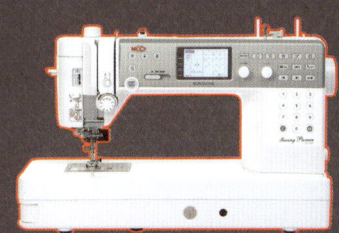

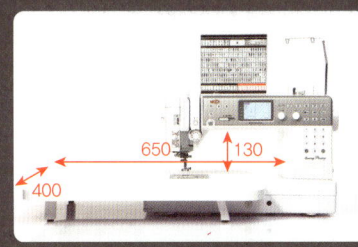

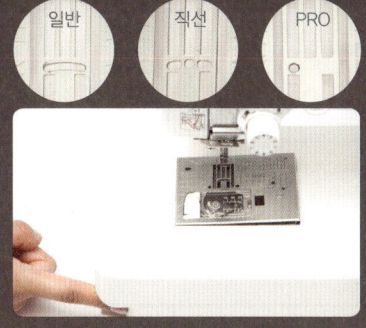

일반 · 직선 · PRO

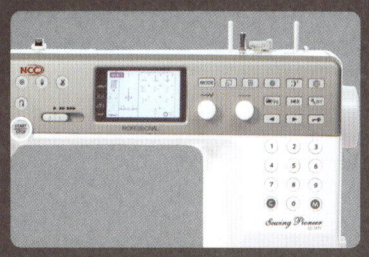

민간자격 등록번호 2017-004750

사단법인
KMSA **한국머신소잉협회**

한국머신소잉협회(KMSA : KOREA MACHINE SEWING ASSOCIATION)는
소잉전문영역에서 가장 높은 교육수준을 유지하여 작가와 강사를 양성하고,
그 강사들이 모여 구성된 명실공히 국내 최대의 협회입니다.
KMSA는 능률적이고 안정적인 소잉을 구현할 수 있는 소잉기술을 바탕으로 교육 프로그램,
교재를 마련하고 이들의 품질을 계속적으로 개선하고 감독합니다.
또 강사에게 자격을 부여하고 KMSA 교육을 전파하기 위한 지원 서비스를 합니다.

《2016년 제 7회 전시회》 주제- 보자기, 사랑을 담다.

《2017년 제 8회 전시회》 주제- 소잉으로 짓는 '가방 A to Z'

《2018년 제 9회 전시회》 주제-소잉, 명화를 만나다.

| 소잉마이스터강사 299명 | 81개의 대리점과 공방 |
| 매년 2,400명 취미반 양성 | 강사준비 500명 진행중 |

KMSA 정규과정 운영과정

취미반 수강(2~6개월)
▼
KMSA 정규과정 수강(6~15개월)
▼
포트폴리오 등록(인증시험 2개월전)
▼
포트폴리오 및 실물 심사(인증시험 1개월전)
▼
정규과정 인증시험 합격

소잉 아트 디자이너 자격 취득
▼
MSET 수료 또는 소잉 관련학과 졸업과 심사
▼
소잉 마이스터 자격 취득
▼
정규과정 교육운영(강사용 정규과정 교재 수령)

※ 본 머신 소잉 지도강사 자격은 매년 갱신됩니다.

협회원 누적 15,000명이 먼저 경험한 검증된 정규 운영과정입니다. 취미반부터 소잉 지도강사 자격증까지 쭉 경험해보세요.

여러분도 창업이 가능한 소잉강사가 될 수 있습니다.
지금 바로 문의하세요~

KMSA 사무국   전화번호 070.8281.8958   팩스 062.522.8827   이메일 kmsa2015@naver.com   홈페이지 ikmsa.or.kr
교육장 주소 - 대전광역시 서구 문정로 28 청솔빌딩 3층 303호   사무국 주소 - 광주광역시 북구 서암대로 133.3층
서울사무실 주소 - 서울특별시 서초구 사평대로 353 서일빌딩 614호

KMSA
korea machine sewing association

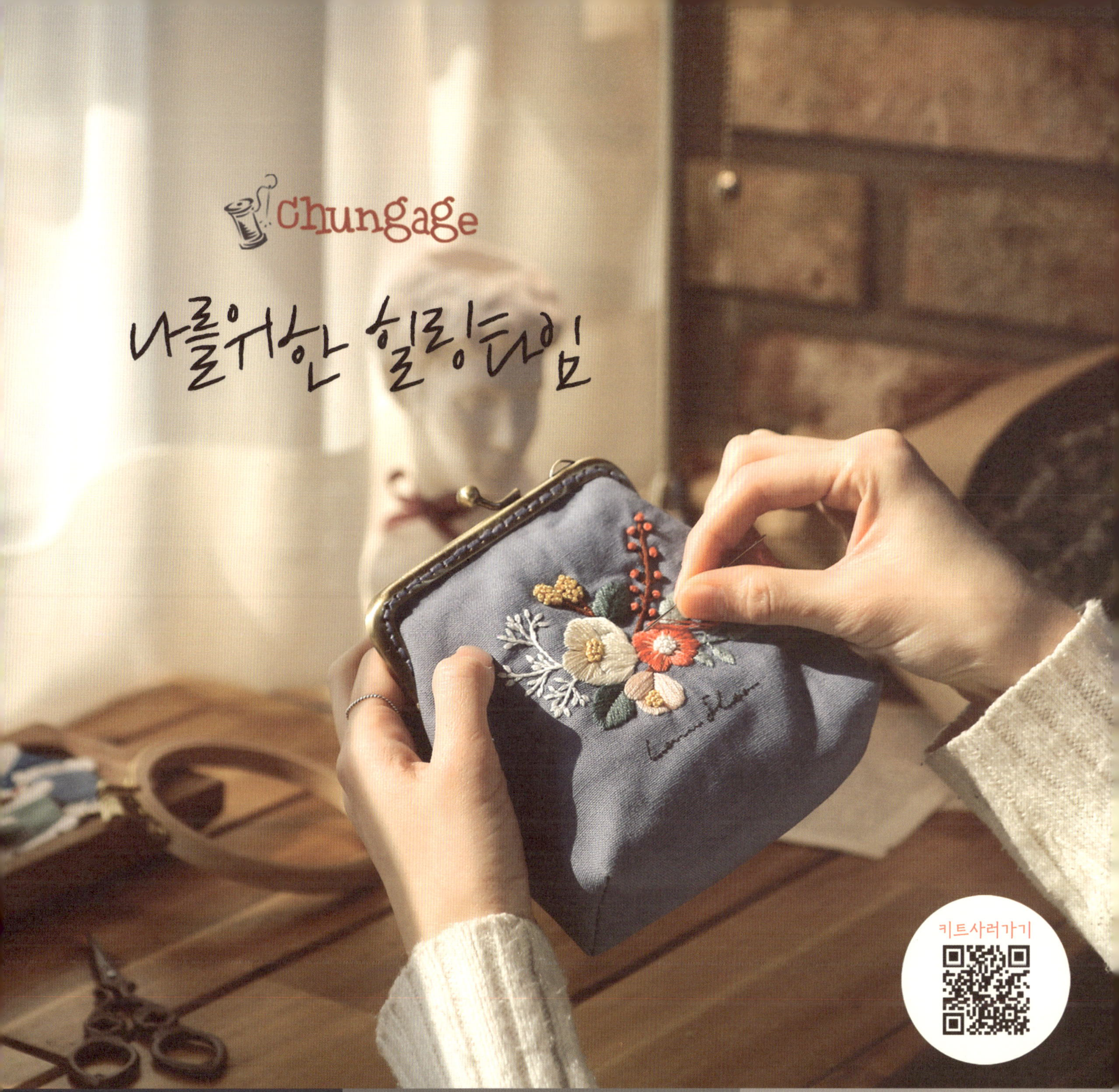

Chungage

나를위한 힐링타임

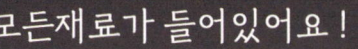

키트사러가기

모든재료가 들어있어요 !　　기초영상+만들기영상 제공!　　원단에 도안이 그려져있어요!

• 천가게 어플 다운받고 **특별혜택** 받기 •

1 모바일 앱으로 주문시 **500원** 즉시 추가할인

2 푸시 알림만 확인해도 **적립금**이!

3 쿠폰/깜짝세일특가상품 **푸시만의 혜택**이 팡팡

WEBSITE

YOUTUBE

천가게 DIY 자수&퀼트패키지

www.1000gage.co.kr

Sewing Harue

[Vol.15] 그녀들이 만드는 행복한 홈인테리어

홈인테리어 소품들을 소개합니다. 거실 / 침실 / 아이방 / 주방의 4가지 테마로 총 36가지의 아이템들이 수록되어 있으며, All Color 일러스트 제작 설명서와 실물크기 패턴를 수록하여 쉽게 작품을 만들 수 있습니다. 직접 만든 소품들로 집안 곳곳을 꾸며 보세요.

36작품 수록 / 134쪽
실물크기 패턴 2매(4면) 27종 수록 /
정가 15,000원

[Vol.16] 여우꼬리가 들려주는 행복한 자수 소품 이야기

다양하고 실용적인 자수 소품들을 소개합니다. 소잉룸 / 키친 / 리빙 / 외출의 4가지 테마로 총 26가지의 아이템들이 수록되어 있으며, All Color 일러스트 제작 설명서와 실물크기의 자수 도안을 수록하여 쉽게 작품을 만들 수 있습니다. 세상에 하나뿐인 나만의 자수 소품을 만들어 보세요.

36작품 수록 / 134쪽
실물크기 패턴·자수도안 2매(4면) 19·26종 수록 /
정가 15,000원

[Vol.17] 처음 배우는 소잉 가방과 파우치 26

다양하고 실용적인 가방과 파우치를 소개합니다. 처음하는 소잉 / 재미있는 소잉 / 자신있는 소잉의 난이도별 3가지 테마로 총 26작품의 아이템들이 수록되어 있으며, All Color 일러스트 제작 설명서와 전 작품 실물크기 패턴을 수록하여 초보자들도 쉽고 즐겁게 만들 수 있도록 도와줍니다. 쉽고 간단한 나만의 가방을 만들어보세요.

26작품 수록 / 130쪽
실물크기 패턴 2매(4면) 26종 수록 /
정가 15,000원

[Vol.18] 리넨으로 시작하는 여성복 만들기

입을수록 멋스러운 리넨 여성복을 소개합니다. 블라우스, 스커트, 팬츠, 원피스, 자켓, 코디 아이템 등 총 34가지 아이템들이 다양하게 수록되어 있으며, All Color 일러스트 제작 설명서와 소잉에 필요한 다양한 팁을 소개하고 있어 쉽고 즐겁게 작품을 만들 수 있도록 도와줍니다. 친절한 소잉 하루에와 함께 나만의 리넨 의상을 직접 만들어 보세요.

34작품 수록 / 164쪽
실물크기 패턴 2매(4면) 32종 수록 /
정가 16,000원

[Vol.19] 트렌디한 소잉 DIY 클러치와 가방만들기

트렌디하고 실용적인 클러치와 가방을 소개합니다. 심플한 디자인부터 독특하고 개성 있는 디자인까지 총 30작품의 다양한 아이템들이 수록되어 있으며, All Color 일러스트 제작 설명서와 가방을 더욱 튼튼하게 도와주는 심지의 종류 및 잠금장식의 소개까지 소잉에 필요한 다양한 팁을 소개하고 있어 쉽고 즐겁게 만들 수 있도록 도와줍니다. 소잉 하루에와 함께 나를 더욱 빛내줄 트렌디한 클러치를 직접 만들어 보세요.

30작품 수록 / 144쪽
실물크기 패턴 2매(4면) 30종 수록 /
정가 15,000원

[Vol.20] Man & Kid Clothes 트렌디한 남성복 만들기

이지 캐주얼 스타일의 다양한 남성복을 소개합니다. 티셔츠, 셔츠, 팬츠, 자켓, 소품 등 총 29가지 아이템들이 수록되어 있으며, 아이와 함께 입을 수 있는 아이템도 수록되어 있습니다. 소잉에 필요한 다양한 팁을 소개하고 사진 제작 설명서와 All Color 일러스트 제작 설명서가 들어있어 쉽고 즐겁게 작품을 만들 수 있도록 도와줍니다. 세상에 하나뿐인 옷을 만들어 소중한 사람에게 선물해 보세요.

29작품(아동 6작품) 수록 / 124쪽
실물크기 패턴 2매(4면) 29종(아동 6종) 수록 /
정가 15,000원

[Vol.21] 리넨으로 만드는 엄마와 딸의 커플룩 36

엄마와 딸이 함께 입을 수 있는 커플룩을 소개합니다. 데일리 룩 / 피크닉 룩 / 리빙 룩 / 커플 아이템 의 4가지 테마로 총 36종의 아이템이 수록되어 있습니다. 소잉에 필요한 다양한 팁을 소개하고 All Color 일러스트 제작 설명서가 들어있어 쉽고 즐겁게 작품을 만들 수 있도록 도와줍니다. 나와 아이가 함께할 커플룩을 만들어 소중한 추억을 남겨보세요!

36작품 수록 / 136쪽
실물크기 패턴 2매(4면) 34종 수록 /
정가 16,000원

소잉스토리는 소잉 D.I.Y. 서적을 출간하는 소잉 전문 출판사입니다.
〈소잉 하루에〉 시리즈는 소잉스토리의 대표 개발서적 시리즈로, 각 서적에는 All Color 사진 / 일러스트 제작 설명서가 들어있어 초보자들도 쉽게 따라 만들 수 있습니다.
각 사이즈별로 그레이딩된 실물크기 패턴도 함께 들어있습니다.

Sewing Harue 시리즈 구매처

패션스타트(https://fashionstart.net),
심플소잉(https://simplesewing.co.kr),
퀼트스타(http://quiltstar.co.kr),
온/오프라인 서점에서 더 다양한 소잉스토리의 서적을 만나보세요!

Homepage